创新创业

数字化时代的
创新思维与商业模式

高泽华 / 主编

林泊安 兰楚文 孙文生 / 编著

U0275014

清华大学出版社

北京

内 容 简 介

创新是一个民族进步的灵魂，是一个国家兴旺发达的不竭动力。本书系统梳理了创新思维、创新原理与创新方法，给出了创新、创意、创业方向，并创新性地引入创业资源为双创助力，诠释了创业技能与技术系统进化法则，全面叙述了创业团队搭建、创业计划书撰写、创业公司融资、创业实践与路演等内容，并结合产品、运营、销售、市场等形成创新创业体系化的充实内容。本书还重点探讨了基于元宇宙、物联网、大数据、云计算、人工智能、区块链、自媒体、跨境电商等技术与应用资源的商业模式等。本书的显著特点是体现数字化时代的创新思维与商业模式。本书以丰富充实的内容和多样的案例引导读者树立创新创业意识，培养创新创业思维，运用创新创业资源条件，提升创新创业能力，对于创新创业课程教育与学习实践具有较高的价值。本书前 5 章着重介绍创新思维、创新方法、创新创意创业方向及资源，第 6～11 章着重介绍高科技及资源的应用场景。第 12、13 章着重介绍创业计划书、创业路演、创业实践等内容。

本书可作为高等院校各专业特别是计算机、互联网、信息通信、自动化、商科等专业创新创业课程的教材，也可供投资机构、投资人以及从事双创教育的教育工作者参考。

图书在版编目（CIP）数据

创新创业：数字化时代的创新思维与商业模式/高泽华主编；林泊安，兰楚文，孙文生编著.—北京：清华大学出版社，2024.3
ISBN 978-7-302-65909-9

Ⅰ.①创… Ⅱ.①高… ②林… ③兰… ④孙… Ⅲ.①大学生－创业 Ⅳ.①G647.38

中国国家版本馆 CIP 数据核字（2024）第 064731 号

责任编辑：崔　彤
封面设计：李召霞
责任校对：刘惠林
责任印制：丛怀宇

出版发行：清华大学出版社
　　　　网　　　址：https://www.tup.com.cn，https://www.wqxuetang.com
　　　　地　　　址：北京清华大学学研大厦 A 座　　　邮　　编：100084
　　　　社 总 机：010-83470000　　　　　　　　　邮　　购：010-62786544
　　　　投稿与读者服务：010-62776969，c-service@tup.tsinghua.edu.cn
　　　　质量反馈：010-62772015，zhiliang@tup.tsinghua.edu.cn
　　　　课件下载：https://www.tup.com.cn，010-83470236
印 装 者：三河市铭诚印务有限公司
经　　销：全国新华书店
开　　本：186mm×240mm　　　　印　张：17　　　　字　　数：383 千字
版　　次：2024 年 4 月第 1 版　　　　　　　　　印　　次：2024 年 4 月第 1 次印刷
印　　数：1～1500
定　　价：69.00 元

产品编号：096505-01

前 言
PREFACE

习近平总书记在二十大报告中指出："必须坚持科技是第一生产力、人才是第一资源、创新是第一动力，深入实施科教兴国战略、人才强国战略、创新驱动发展战略，开辟发展新领域新赛道，不断塑造发展新动能新优势。"大众创业、万众创新已经上升到国家战略，要实现中华民族伟大复兴的中国梦，必须要点燃大众的热情来推动技术创新和创业升级。本书结合信息技术等高科技行业，注重创新创业落地，并创新性地引入海外创业资源为双创助力。本书编者多年从事创新与创业教学和实践，参考了国内外最新文献和资料，并结合信息专业特色，增加了信息行业专业内容，精心打造了本书。

本书主要针对信息技术领域的创新与创业。通过创新，引导同学们培养创新思想，锻炼创新创业思维。本书还对接行业资源，引导同学们进行前沿技术实践，这对计算机、通信等专业的学生进行创新创业有较好的帮助作用，本书特别引进海外创业资源为学生创业实践使用，可以让同学们的创业更容易落地。

本书系统讲述了创新与创业体系，包括创新思维、创新方法 TRIZ、技术系统进化法则、创新创业资源、创意、创业方向、产品、运营、销售、市场、基于新技术资源（元宇宙、物联网、大数据、云计算、人工智能、区块链、自媒体、跨境电商等）的创业、创业团队搭建、创业计划书撰写、创业公司特点与融资、创业实践与路演等内容。本书特色是将最新高科技及资源引入创新创业，侧重创新创业实践，读者对象是本科生、研究生、对创新创业感兴趣的读者和高科技领域的创业者等，投资人、从事双创教育的教育工作者也可以参考。

本书编者所在课程组近年来在课程内容整合、教学信息化、课程资源、新型教学模式等方面进行了广泛探索和实践，并增加若干新媒体资源，以适应信息化的需要。本书具有如下特点。

（1）入门要求低：本书介绍了创新创业最基本的知识以及元宇宙、物联网、大数据、云计算、人工智能、区块链、自媒体、跨境电商内容，适用于各专业的本科生及研究生，没有门槛。对于元宇宙、物联网、大数据、云计算、人工智能、区块链、自媒体、跨境电商内容，读者只需要对感兴趣的方向选读即可，内容照顾到了多个专业并尽量通俗易懂。

（2）完整性：本书内容完整，涉及面广，内容不仅涵盖创新创业基本方法，还包含元宇宙、物联网、大数据、云计算、人工智能、区块链、自媒体、跨境电商等领域的内容，包含它们的概况、基本原理、关键技术、体系架构及应用、创业方向等内容，使读者可以全面深刻地领会基于这些技术如何去创新、创业。

（3）概括性：本书每章标题及第一段都是对该章内容的高度概括，对其内容解释尽可能做到准确、翔实。

（4）实用性：本书紧密结合应用，对创新方法、各种技术应用场景以及如何创业做了较详细的介绍。

本书由高泽华主编，陈文斌、林泊安、兰楚文、孙文生、林磊参与编写。高泽华主要负责编写第2(2.4、2.5)、3、4、6(6.3、6.10、6.13)、7、8(8.8)、13章及附录，并对每章进行内容讨论，最后对全书进行统稿。陈文斌主要负责编写第6(6.1、6.2、6.4～6.9、6.11、6.12)、8(8.1～8.7)、9、11章，林泊安主要负责编写第1、2(2.1、2.2、2.3)章，兰楚文主要负责编写第10章，孙文生主要负责编写第5章，林磊主要负责编写第12章。

同时，在本书的编写过程中，林磊、戴波涛、许建军、程超月、胡凯达、刘正望、赵惜茹、高宇、胡梦娜、刘高文、朱玉英、张震岳、袁野、张冠雷、钱习琴、刘嘉辰、高若晋、古诗怡、胡轶韬、朱常青、胡聪慧、徐志豪、陈奕璇、曹永状、何苗、鲍俊宇等协助完成了全书资料收集和整理工作，对他们的辛勤劳动表示感谢。

另外，在本书的编写过程中，得到北京邮电大学领导及教研室同事张平院士、寿国础、张宁波、赵国安、何欣欣，南昌大学石磊，北京科技大学贺可太，北京大学高毅勤，临沂大学李庆胜，中国移动北京邮电大学兼职教授段云峰，北京邮电大学校友企业家协会秘书长著名企业家胡晓鹏，北京邮电大学杰出校友企业家创业家尹兴良、曾天鹏，著名企业家尹明山、周常民、陈素武、陆坦、梁得隽、高振宇、鹿平，国家重点支持的专精特新"小巨人"企业福建瑞达精工股份有限公司总经理蒋维以及贺铮、卢志勇、侨梦、苑颜兵、张靖雪、李建军、刘守宪、张兴富，北京邮电大学校友鲁超、杨亚飞、郑智民、郝文俊、马健、张腾跃的支持和帮助，他们对本书内容的取舍、主次安排均提出了很好的意见，在此表示衷心的感谢。在书稿撰写整理过程中，清华大学出版社崔彤老师、盛东亮老师为书稿的内容提出了大量有益建议，在此表示特别的感谢。

由于编者水平有限，加之编写仓促，书中不足之处在所难免，敬请读者批评指正。

编　者

于北京邮电大学

2023 年 12 月

目 录
CONTENTS

第1章 创新创业——形势与趋势 ……………………………………………… 1

1.1 开启创新创业的历程 ……………………………………………… 1
    1.1.1 为什么要创新创业 ……………………………………… 1
    1.1.2 我国的"大众创业，万众创新"政策 ……………………… 4
    1.1.3 创新创业的基本过程 …………………………………… 5

1.2 结构良好问题与结构不良问题 ………………………………… 8
    1.2.1 创意的产生 …………………………………………… 8
    1.2.2 结构良好问题 ………………………………………… 11
    1.2.3 结构不良问题 ………………………………………… 12

1.3 创意的发展及其商业化 ………………………………………… 13

1.4 创业方法与创业资源 …………………………………………… 13
    1.4.1 创业者必须要了解的内容 ……………………………… 13
    1.4.2 投资创业的注意事项 …………………………………… 15
    1.4.3 创业资源问题 ………………………………………… 15
    1.4.4 创业资源中潜在的注意事项 …………………………… 17

1.5 本章小结 ………………………………………………………… 18

习题 ……………………………………………………………………… 19

第2章 创新思维 ………………………………………………………… 20

2.1 创新思维概述 …………………………………………………… 20
    2.1.1 创新思维的本质、特点及结构模式 …………………… 21
    2.1.2 逻辑思维及其与创新思维的关系 ……………………… 23

2.2 发散思维与收敛思维 …………………………………………… 25
    2.2.1 发散思维的特点和应用 ………………………………… 25
    2.2.2 发散思维的形式 ……………………………………… 26
    2.2.3 收敛思维的特点、方法和作用 ………………………… 30

2.3 形象思维、直觉思维和灵感思维 ………………………………… 33

2.3.1 形象思维 ……………………………………………………… 33

2.3.2 直觉思维和灵感思维 ……………………………………… 35

2.4 TRIZ 创新思维 …………………………………………………………… 37

2.4.1 TRIZ 简介 ……………………………………………………… 37

2.4.2 TRIZ 主要体系 ………………………………………………… 38

2.4.3 TRIZ 创新思维方法 …………………………………………… 39

2.4.4 TRIZ 创新思维应用 …………………………………………… 42

2.5 本章小结 …………………………………………………………………… 48

习题 …………………………………………………………………………………… 48

第3章 发现与解决问题的创新方法 ……………………………………………… 50

3.1 常见创新方法 ……………………………………………………………… 50

3.2 TRIZ 发现与解决问题的方法 …………………………………………… 53

3.2.1 40 个创新原理 ………………………………………………… 53

3.2.2 矛盾分类与工程参数 ………………………………………… 69

3.2.3 技术矛盾与解决方法 ………………………………………… 71

3.2.4 物理矛盾与解决方法 ………………………………………… 74

3.2.5 科学效应知识库 ……………………………………………… 78

3.3 创新方法-技术系统进化法则 …………………………………………… 79

3.3.1 S 曲线与技术系统进化法则 ………………………………… 79

3.3.2 技术进化应用创意实践讨论 ………………………………… 85

习题 …………………………………………………………………………………… 88

第4章 创新创业方向——高科技与创新创业资源对接 ……………………… 89

4.1 创新创业方向与创业误区 ……………………………………………… 89

4.1.1 创新误区 ……………………………………………………… 89

4.1.2 创业方向误区 ………………………………………………… 90

4.1.3 创业误区 ……………………………………………………… 90

4.2 高新技术与市场趋势 …………………………………………………… 91

4.2.1 高新技术产业概述 …………………………………………… 91

4.2.2 高新技术市场趋势 …………………………………………… 92

4.3 美国硅谷创业资源 ……………………………………………………… 94

4.3.1 产品产业 ……………………………………………………… 95

4.3.2 硅谷技术创新与人才培养储备 ……………………………… 96

4.3.3 风险投资 ……………………………………………………… 96

4.3.4 技术引进探讨 ………………………………………………… 97

4.4 英国等海外创业资源 ·· 97

4.5 本章小结 ··· 98

习题 ··· 98

第 5 章 创新创意 ·· 99

5.1 创新创意交互 ·· 99

5.1.1 物联网创新创意 ··· 99

5.1.2 创新创意实例 ·· 100

5.2 创新创意路演、专家指导 ··· 105

5.2.1 创新创意路演 ··· 105

5.2.2 专家指导 ··· 107

习题 ·· 108

第 6 章 创业场景：元宇宙 ·· 109

6.1 元宇宙概念 ··· 109

6.2 元宇宙的时间地图 ··· 110

6.3 元宇宙的特征 ··· 111

6.4 元宇宙架构 ··· 112

6.5 元宇宙相关技术 ··· 113

6.6 元宇宙的技术实现 ··· 114

6.7 新兴技术 Web 3.0 与元宇宙 ·· 115

6.8 DAO——适合元宇宙的组织形式 ······································· 116

6.9 元宇宙的社会意义 ··· 118

6.9.1 元宇宙相较移动互联网的主要进化 ································· 118

6.9.2 元宇宙会衍生出的元问题 ··· 118

6.10 元宇宙的应用领域 ·· 119

6.10.1 工业 ·· 120

6.10.2 旅游 ·· 120

6.10.3 教育 ·· 120

6.10.4 互联网 ·· 120

6.10.5 游戏 ·· 120

6.10.6 开发商 ·· 120

6.10.7 房地产 ·· 121

6.11 元宇宙产业链 ·· 121

6.12 元宇宙的实现路径——布局模式 ······································· 122

6.13 元宇宙与创业 ·· 123

习题 ……………………………………………………………………… 126

第 7 章　创业场景：物联网 ……………………………………………… 127

　　7.1　物联网体系架构与关键技术 ………………………………………… 127

　　　　7.1.1　物联网体系架构 ……………………………………………… 127

　　　　7.1.2　物联网关键技术 ……………………………………………… 128

　　7.2　物联网＋新技术 ……………………………………………………… 129

　　　　7.2.1　物联网＋可穿戴设备 ………………………………………… 130

　　　　7.2.2　物联网＋人工智能技术 ……………………………………… 131

　　　　7.2.3　物联网＋区块链技术 ………………………………………… 131

　　　　7.2.4　物联网＋机器人技术 ………………………………………… 132

　　　　7.2.5　物联网＋无人机技术 ………………………………………… 133

　　　　7.2.6　物联网＋VR 技术 …………………………………………… 134

　　　　7.2.7　物联网＋其他技术 …………………………………………… 136

　　7.3　物联网＋新技术创业 ………………………………………………… 137

　　习题 ………………………………………………………………………… 139

第 8 章　创业场景：大数据、云计算和人工智能 ……………………… 140

　　8.1　大数据、云计算和人工智能 …………………………………………… 140

　　　　8.1.1　大数据的概念 ………………………………………………… 140

　　　　8.1.2　云计算的概念 ………………………………………………… 141

　　　　8.1.3　人工智能的概念 ……………………………………………… 141

　　　　8.1.4　云计算与大数据 ……………………………………………… 141

　　　　8.1.5　人工智能与大数据 …………………………………………… 141

　　　　8.1.6　人工智能与云计算 …………………………………………… 142

　　　　8.1.7　云计算最初的目标 …………………………………………… 142

　　　　8.1.8　云计算管理资源和应用 ……………………………………… 144

　　8.2　大数据拥抱云计算 …………………………………………………… 145

　　　　8.2.1　数据含智慧 …………………………………………………… 145

　　　　8.2.2　数据升华智慧 ………………………………………………… 146

　　　　8.2.3　大数据时代众人拾柴火焰高 ………………………………… 146

　　　　8.2.4　大数据需要云计算，云计算需要大数据 …………………… 147

　　8.3　人工智能拥抱大数据 ………………………………………………… 147

　　　　8.3.1　机器要懂人心 ………………………………………………… 147

　　　　8.3.2　让机器推理 …………………………………………………… 147

　　　　8.3.3　教机器知识 …………………………………………………… 147

8.3.4 教不会自己学 ·········· 147

8.3.5 模拟大脑的工作方式 ·········· 148

8.3.6 没道理但能做到 ·········· 149

8.3.7 人工智能的经济学解释 ·········· 149

8.3.8 人工智能需要大数据 ·········· 149

8.4 云计算的关键技术 ·········· 150

8.5 大数据的关键技术 ·········· 151

8.6 人工智能的关键技术 ·········· 151

8.7 大数据、云计算和人工智能与创业 ·········· 153

8.7.1 大数据与创业 ·········· 153

8.7.2 云计算与创业 ·········· 155

8.7.3 人工智能与创新创业 ·········· 156

8.8 ChatGPT 及创业分析 ·········· 159

8.8.1 ChatGPT 起源 ·········· 159

8.8.2 ChatGPT 相关技术与原理 ·········· 160

8.8.3 竞争 ·········· 161

8.8.4 ChatGPT 会取代哪些岗位 ·········· 161

8.8.5 基于 ChatGPT 的创业 ·········· 162

习题 ·········· 166

第 9 章 创业场景：区块链 ·········· 167

9.1 比特币创世 ·········· 167

9.2 比特币白皮书 ·········· 169

9.3 密码朋克说 ·········· 172

9.4 区块链溯源 ·········· 173

9.5 区块链发展体系 ·········· 173

9.6 区块链定义 ·········· 173

9.7 区块链特征 ·········· 174

9.8 区块链的模型架构 ·········· 175

9.9 区块链的核心原理 ·········· 175

9.10 以太坊 ·········· 176

9.10.1 以太坊区块链的特点 ·········· 176

9.10.2 以太坊虚拟机 ·········· 177

9.10.3 以太坊技术架构 ·········· 177

9.10.4 以太坊工作原理 ·········· 178

9.11 区块链从 1.0 到 3.0 ·········· 179

9.11.1　区块链 1.0 ······ 179

9.11.2　以太坊为代表的区块链 2.0 ······ 179

9.11.3　区块链 3.0 ······ 180

9.12　区块链的分类 ······ 182

9.13　区块链七大应用场景 ······ 184

9.13.1　应用场景：信息共享 ······ 184

9.13.2　应用场景：版权保护 ······ 184

9.13.3　应用场景：物流链 ······ 185

9.13.4　应用场景：供应链金融 ······ 185

9.13.5　应用场景：跨境支付 ······ 186

9.13.6　应用场景：资产数字化 ······ 186

9.13.7　应用场景：令牌代币 ······ 186

9.14　什么是突然爆火的 NFT ······ 187

9.15　什么是 DeFi ······ 189

习题 ······ 191

第 10 章　创业场景：自媒体 ······ 192

10.1　自媒体简介 ······ 192

10.1.1　自媒体的定义 ······ 192

10.1.2　自媒体的发展历程 ······ 192

10.1.3　自媒体的本质和逻辑 ······ 193

10.1.4　自媒体的分类 ······ 193

10.2　自媒体典型代表：短视频自媒体 ······ 194

10.2.1　短视频平台介绍 ······ 194

10.2.2　市场定位 ······ 196

10.2.3　运营逻辑 ······ 197

10.2.4　变现逻辑 ······ 201

10.2.5　未来趋势 ······ 203

10.3　自媒体所需能力 ······ 204

习题 ······ 204

第 11 章　创业场景：跨境电商 ······ 205

11.1　跨境电商概述 ······ 205

11.1.1　什么是跨境电商 ······ 205

11.1.2　跨境电商的发展趋势 ······ 206

11.2　跨境电商的运营模式 ······ 206

　　　11.2.1 跨境电商运营模式的分类 …………………………………… 206
　　　11.2.2 跨境电商运营模式的特点 …………………………………… 207
　11.3 新手跨境电商的分销运营 ……………………………………… 208
　　　11.3.1 招募种子分销员 …………………………………………… 208
　　　11.3.2 选择分销爆品 ……………………………………………… 208
　　　11.3.3 提升分销员业绩 …………………………………………… 209
　11.4 跨境物流与海外仓库操作 ……………………………………… 209
　　　11.4.1 海外仓库 …………………………………………………… 209
　　　11.4.2 成本分析 …………………………………………………… 209
　　　11.4.3 海外仓库的意义 …………………………………………… 210
　　　11.4.4 五种主流跨境物流模式 …………………………………… 210
　　　11.4.5 海外仓储的优势 …………………………………………… 211
　　　11.4.6 海外仓储的特色 …………………………………………… 212
　11.5 跨境电商第三方平台与自营平台的区别 ……………………… 212
　　　11.5.1 跨境电商第三方平台的特点 ……………………………… 212
　　　11.5.2 自营平台的特点 …………………………………………… 213
　　　11.5.3 跨境电商不同平台的详细区别 …………………………… 213
　11.6 跨境电商关键词描述 …………………………………………… 217
　11.7 跨境电商工具介绍 ……………………………………………… 218
　　　11.7.1 选品网站 …………………………………………………… 218
　　　11.7.2 关键词工具 ………………………………………………… 219
　11.8 跨境电商 SaaS、DTC 和独立站 ……………………………… 220
　　　11.8.1 SaaS ………………………………………………………… 220
　　　11.8.2 DTC ………………………………………………………… 220
　　　11.8.3 独立站 ……………………………………………………… 221
　　　11.8.4 SaaS 的优点 ……………………………………………… 222
　习题 ……………………………………………………………………… 222

第 12 章　创业计划书及创业公司注册、资金规划 ……………………… 223
　12.1 创业团队 ………………………………………………………… 223
　12.2 创业计划书 ……………………………………………………… 225
　　　12.2.1 创业计划书的意义 ………………………………………… 225
　　　12.2.2 创业计划书的撰写 ………………………………………… 225
　　　12.2.3 创业计划书的组成与要点 ………………………………… 229
　　　12.2.4 注意事项 …………………………………………………… 230
　12.3 创业公司注册 …………………………………………………… 231

12.4　创业公司的特点 ··· 232

12.5　创业资金规划 ··· 236

12.6　创业融资方法 ··· 237

习题 ··· 243

第 13 章　创业交互、创业实践与项目路演 ······························· 244

13.1　创业交互 ·· 244

13.1.1　交互的概念 ·· 244

13.1.2　创业交互的概念 ·· 244

13.1.3　创业交互的基本内涵 ·· 245

13.1.4　创业交互的基本逻辑 ·· 248

13.1.5　如何衡量创业交互 ··· 251

13.1.6　投资人互动 ·· 251

13.2　创业实践 ·· 253

13.3　项目路演 ·· 254

13.3.1　项目路演的概念 ·· 254

13.3.2　项目路演的形式 ·· 254

13.3.3　项目路演的成功关键点 ······································ 255

13.3.4　项目路演常见的四大欠缺 ··································· 256

13.3.5　项目路演时要小心的五个问题 ···························· 256

13.3.6　项目路演成功的演讲技巧 ··································· 258

习题 ··· 259

第1章

创新创业——形势与趋势

1.1 开启创新创业的历程

近年来,随着全球化程度提升,网络应用越来越广泛,个性化需求越来越高,我国逐渐步入转型升级的关键时期。在全球化体系中,以资源消耗为代价的发展模式已经不再适用新的发展形势。同时,我国人口结构发生变化,劳动力成本不断攀升,为保持国家竞争力及经济稳定,我国政府不断鼓励和引导创新,提出"大众创业,万众创新"等国家大政方针。

1.1.1 为什么要创新创业

创新创业的理由对于每个创业者来说都是不同的,但是大体上有以下五方面的原因。

1. 全球创业

随着全球现代化浪潮的兴起,如何促进创新及激发创业已经成为全球关注的焦点。2007年1月10—11日,全球创业观察(Global Entrepreneurship Monitor,GEM)年度会议在伦敦召开,包括经济合作组织在内的二十余个国家、地区和组织的代表参加了会议。GEM年度会议是1999年在美国考夫曼基金的赞助下,由美国巴布森学院和英国伦敦商学院的学者联合成立的。会议的根本目的是回答以下广受关注的问题:创业活动率在不同的国家和地区之间是否存在差别?创业活动与国民经济的增长是否有因果关系?为什么有些国家的创业活动率比其他国家高?采取哪些措施可以提高创业活动率?

GEM年度会议自1999年成立以来,对创业研究和创业活动产生了重要而深刻的影响,得到了政府官员、专家学者和创业者的广泛认可。参加该年度会议的成员也已经由发起时的10个国家增加到了2008年的43个国家和地区。清华大学"中国创业研究中心"自2002年起开始参加GEM的中国研究,并取得了相应的研究成果。

那么,什么是创业呢?尽管很难给出统一的定义,但一般认为创业是一个发现和利用机会、筹措资源、创建组织、创造价值和分配价值的过程。创业成功的直接结果是一个有竞争力企业的诞生和成长,间接结果是创造就业机会、增加居民收入、增加企业投资、促进资源重新合理配置,从而促进宏观经济的增长。这种宏观经济增长可能起源于实际生产能力向潜在生产能力的靠近,也可能起源于生产可能性曲线的外延。正因如此,无论是发达国家还发展中国家都越来越重视和支持创业活动。

企业家的创业活动在提高国家形象、构建和谐社会和增加就业等方面具有积极作用，希望更多的人能够支持创业，容忍创业者的"合理"失败，并能够在条件成熟时自己创业。

2．世界不平

美国记者托马斯·弗里德曼的《世界是平的》曾经畅销世界。书中指出，随着软件的不断创新和网络的普及，世界各地的人们都可以通过互联网轻松实现自己的社会分工；肤色或东西文化差异不再是合作或竞争的障碍——世界变得越来越平坦了。

决定一个国家强弱的根本要素是什么呢？日本明治维新的经验表明，是经济实力。那么，又是什么原因决定了一个国家的经济实力呢？答案可能很多，但是已经趋同的学术观点是：决定一个国家经济实力的直接要素是企业家的创业活动，包括政府在内的其他要素只能通过企业家的创业活动才能间接地影响国家的经济实力。由此可见，企业家的创业活动是何等重要。

3．改变中国

有一种说法是，也许世界上有很多人不知道东京是日本的首都，可是很少有人不知道松下和索尼是日本公司。这种说法可能有些言过其实，但至少表明了松下和索尼对提高日本国际形象的巨大作用。根据美日两国学者共著的《创业与冒险》记载，20 世纪 50 年代的"日本制造"还是质低价廉的代名词。1953 年，盛田昭夫为了打开国际市场，第一次到美国、欧洲等地参观考察，当他偶尔在德国杜塞尔多夫一家餐馆吃冰淇淋时，看到桌子上插着一把只有手指大小的小纸伞装饰。"这可是贵国生产的啊！"侍者有礼貌地介绍说，但话语中却带有一丝不屑。说者无意，听者有心，饱受大和文化熏陶的盛田觉得自己的心就像被别人用针刺了一样的痛："难道日本只能生产出口这些廉价品吗？"经过盛田昭夫、松下幸之助、本田宗一郎等一代创业者的努力，日本企业彻底改变了本国在世界上的形象，Made in Japan 不再意味着劣质、低能，而成为高科技、高品质的象征。盛田昭夫和石原慎太郎在 1989 年共著的《日本可以说不：日美关系新战略》中，向美国和世界宣称：如果美国不用日本企业生产的芯片，它的导弹就不能准确地命中目标！

令人欣慰的是，同样的事情正在中国企业重演，我们也许有理由相信中国的崛起正从屏幕走向现实。

2001 年 4 月 5 日，位于美国东南部的南卡罗来纳州加姆登市市长宣布将纵贯市内的一条大街更名为"海尔街"，用以表彰中国家电企业海尔集团对该市经济发展做出的贡献。

2006 年 6 月，东软集团董事长兼 CEO 刘积仁在美国芝加哥的世界经营者大会发表演讲后，再度出席纽约举行的世界经营者大会，与美国前总统克林顿、前国务卿鲍威尔、美国 GE 公司前 CEO 杰克·韦尔奇、日本著名战略家大前研一等 11 位影响世界潮流的政治家和企业家同台演讲，与 6000 多名来自美国企业界的高级管理者分享创业型公司生存与发展的智慧和创新。刘积仁在一年内两次被邀请出席如此规格的高峰会议，表明中国企业正在得到美国企业界的关注，中国企业在经济全球化的过程中与世界的联系越来越紧密。

正像松下电器、索尼、本田、丰田等企业彻底改变了日本的国际形象,使其成为经济强国一样,海尔、东软等企业也正在改变中国在国际经济大家庭中的形象和地位:美国地摊小贩的休闲鞋可能是中国制造的,但是美国人家中的电器、美国人所使用的电子设备和软件同样可能是中国制造的。企业家的出现和成长同时改变了中国在世界的形象和地位。

4. 为富而仁

市场追求效率,政府讲究公平,为富而有德者则应该献身于社会公益,决不应该把为富和不仁联系起来。"仓廪实而知礼节,衣食足而知荣辱。"从现实中看,正是那些创造了社会财富的企业家们更有为富而仁的可能性和条件。

2006年4月11日,"胡润2006中国慈善家排行榜"公布,年过八旬的深圳彭年酒店掌门人余彭年老先生以20亿元的捐赠位列第一。从地域分布来看,出生在浙江的企业家所占比例最大,其次是广东,上海和江苏平分秋色。也就是说,那些处于经济发达地区创业成功的企业家也往往是最大的慈善家。

从2008年7月开始,比尔·盖茨不再负责微软公司的日常管理,而将精力放在比尔及美琳达·盖茨基金会的慈善事业上。比尔·盖茨许诺,将把自己大部分的个人财富捐给他的基金会,用于资助贫困国家的卫生与教育事业,而他的3个孩子只能从父亲500亿美元的身家中得到几百万美元的遗产。拥有291亿美元资金的比尔及美琳达·盖茨基金会,是目前全球最大的慈善机构,捐款数额甚至超过了世界卫生组织。

在我们身边为富而仁的企业家也不在少数。作为一家房地产企业的老总,沈阳振浩集团董事长宋宝全先生和他的员工们连续多年在做同一件事:每年建一所希望小学。

5. 提供就业

企业家的成功创业,不仅提升了中国的信心,改变了世界对中国的看法,使创业者得到了应有的回报,而且为解决就业问题做出了巨大贡献。

无论起因如何,大学生就业难已经成为不争的事实。那么有谁能够为大学生提供更多的就业机会呢?政府机关、学术机构还是产业界?答案是企业,特别是中小企业。只有诞生更多的有成长潜力的企业才能从根本上解决大学生的就业问题。研究表明,在提供就业机会方面,人数在500人以下的中小企业比那些入选《财富》500强的大企业更能发挥作用。比如,自1980年以来,美国已经创造了3400多万个新的就业机会,但是《财富》500强企业同期却减少了500多万个就业岗位。那么是谁创造了这些新的就业机会呢?美国促进小企业管理局的统计表明:是500人以下的中小企业提供了上述就业机会。同样的事实在包括中国在内的其他国家同样存在。

除了提供就业机会,中小企业在"破坏性"创新方面也要优于大企业。从统计结果来看,第二次世界大战以后,美国所有创新的50%、破坏性创新的95%是通过中小企业实现的。早在1945年11月16日,当时的波士顿联邦银行总裁拉尔夫·弗兰德斯在芝加哥召开的全美证券业协会上就指出:只有在自由体制下不断诞生的创业企业才能保证美国的产业发展、美国的就业增加和美国国民生活水平的提高。我们不能单纯依靠大企业的成长来保证上述事实的发生。在哈佛大学商学院教授乔治·多里特的帮助下,拉尔夫·弗兰德斯等于

1945 年共同设立了世界上第一家以向创业企业提供资金为主业的创业投资公司——美国研究与发展公司。

积极创业,通过殖产兴业达到富国强兵的发展模式,其可行性已经被日本的明治维新所证明。为了中国的富国强邦之梦,也希望更多人能投身创业,让理想与现实重叠,为社会贡献更多就业岗位。

1.1.2 我国的"大众创业,万众创新"政策

对于中国这个拥有 14 多亿人口的大国,闯出大众创业、万众创新这条路,不仅可以为人民群众提供广阔的创新创业空间,而且对稳定就业、增强经济活力都是新的支撑。在纵深推进大众创业、万众创新,激发市场活力方面,中国出台了更多支持政策。

(1)进一步推进双创,坚持创业带动就业,培育更多充满活力、持续稳定经营的市场主体,特别是促进重点群体多渠道创业就业,增强中小微企业吸纳就业能力。

• 社会服务领域双创带动就业

发挥在线教育、智慧家政、远程医疗、智慧旅游、智慧农业、线上回收等社会服务领域就业潜力大、带动作用突出的优势,深化实施社会服务领域双创带动就业专项行动,进一步提升社会服务供给质量和效率,力争全年创造 60 万个就业机会。

• 高校毕业生创业就业"校企行"

支持高校、企业示范基地深化实施高校毕业生创业就业"校企行",将释放一批就业岗位、提供一批就业导师、发布一批创新创业需求、对接一批优秀创业项目、打造一批创业就业服务品牌、组织一批成果展示等"六个一批"任务落到实处,力争全年创造 30 万个就业机会。

• 大中小企业融通创新

围绕保产业链供应链稳定安全,支持示范基地实施大中小企业融通创新专项行动,整合创新资源、组织创新活动、促进成果应用,力争带动 2000 家以上中小企业在细分领域精耕细作、搞出更多独门绝技,力争全年创造 10 万个就业机会。

• 精益创业带动就业

着眼培育成长型初创企业、"隐形冠军"企业和专精特新中小企业、专精特新"小巨人"企业,支持示范基地深化实施精益创业带动就业专项行动,构建专业化、全链条的创新创业服务体系,力争全年转化 1000 项技术,创造 10 万个就业机会。

(2)营造更优双创发展生态,政府要关注研究社会和产业发展的规律和经验,顺势而为,更多采取市场化的办法,尽可能打造更优的双创发展生态。

• 深化"放管服"改革

自 2021 年 7 月 1 日起,在全国范围内实施涉企经营许可事项全覆盖清单管理。清单之外,一律不得限制企业进入相关行业开展经营。企业登记注册后首次办理的公章刻制、申领发票和税控设备、员工参保登记、住房公积金企业缴存登记等企业开办业务纳入企业开办"一网通办"平台覆盖范围。

到 2021 年年底,商标注册平均审查周期稳定在 4 个月以内,一般情形商标注册周期由

8个月压缩至 7 个月;2021 年全年完成发明专利审查结案 135 万件,发明专利审查周期由 20 个月压缩至 18.5 个月,其中,高价值专利审查周期压缩至 13.8 个月。

- 促进更多中小企业成长壮大

构建优质企业梯度培育格局。分类制定完善遴选标准,选树"小巨人"企业、单项冠军企业、领航企业标杆三类典型标杆。

促进各类企业由小变大、由弱变强、带动提升。具体包括,引导专精特新中小企业成长为国内市场领先的"小巨人"企业;聚焦重点行业和领域引导"小巨人"等各类企业成长为国际市场领先的单项冠军企业;引导大企业集团发展成为具有生态主导力、国际竞争力的领航企业。

- 强化公正监管

严格落实公平竞争审查制度,对各类市场主体一视同仁,清理废除歧视、妨碍各类市场主体参与市场经济活动的政策和法规。深入推进反垄断、反不正当竞争执法,依法查处具有优势地位的企业为抢占市场份额恶意补贴、低价倾销等行为。整治各种乱收费乱罚款。

(3)强化创业创新政策激励。相关激励政策要继续发力、有所作为。

- 落实好税收优惠政策

制造业企业研发费用加计扣除比例提升,将运输设备、电气机械、仪器仪表、医药、化学纤维等制造业企业纳入先进制造业企业增值税留抵退税政策范围,实行按月全额退还增量留抵税额。对自主创业、个体经营者和小微企业给予创业担保贷款及贴息政策支持。

- 拓展双创融资渠道

加大普惠金融力度。确保银行业普惠小微贷款实现增速、户数"两增",确保五家国有大型商业银行普惠小微贷款增长。引导扩大信用贷款、首贷、中长期贷款、无还本续贷业务规模,推广随借随还贷款。鼓励社会资本以市场化方式设立创业投资引导基金。

1.1.3 创新创业的基本过程

Drucker 最早将创新创业看作具有目的性和系统性的学科进行研究,之后诸多研究者在这一领域辛勤耕耘,取得了丰硕的成果。综合不同研究者对创业过程的描述,创业过程的主要环节可以总结为以下几个阶段:设立企业愿景与文化,机会识别,方案生成,构建商业模式,创办新企业,建立原型并进行试点,推广与规模化,新企业的成长管理。其中,设立企业愿景与文化、创办新企业及新企业的成长管理这三个阶段属于企业家行为,其他阶段共同构成创新过程。

阶段一:设立企业愿景与文化

创业过程的第一步是设立企业愿景,将愿景与创业伙伴沟通,且达成一致共识,并建立以愿景实现为导向的企业文化,从而塑造企业成员的行为方式。

企业愿景是企业未来的目标、存在的意义,也是企业的根本所在。它回答的是企业为什么要存在,对社会有何贡献,未来的发展方向等根本性问题。

企业愿景的设立包括以下两方面:第一,确认企业目的;第二,明确企业使命。例如,马云在初创阿里巴巴时,提出"让天下没有难做的生意"的愿景,致力于成为商业贸易的核心基础,并为海量买家和卖家搭建平台,同时设立了价值观考核等企业文化,保证企业愿景的实现。

阶段二：机会识别

创新创业的实质开端为机会识别。创业活动的机会导向表现为创造价值,创业意味着要向顾客提供有价值的产品和服务,通过产品和服务使消费者的需求得到实质性的满足。机会识别的出发点在于识别出人们需要而且愿意购买的产品和服务,并非创业者自己想生产和销售的产品或服务。因此,创业者的机会识别关键在于发现用户在使用场景中所面临的问题,即用户所在使用场景的现状与意图状态之间的差异。

此外,创业机会具有时效性,随着时间变化,用户所处的使用场景及面临的问题会发生动态改变,新投入市场的其他产品也会对机会的存续产生影响。因此,创业者利用机会时,机会窗口必须是打开的。

阶段三：方案生成

在明确了使用场景中需要解决的问题之后,创新目标也随之确定,创业者进入寻找解决方案的阶段。方案产生阶段首先需要明确这一过程中利益相关者或可能参与者有哪些,明确可以利用的问题解决工具和方法论有哪些,而不是直接进入非结构化的方案求解过程。例如,确定哪些人是与新方案密切相关的利益相关者,可邀请到方案解决过程的专家资源有哪些,方案解决过程将在团队内解决还是邀请外部资源,哪些工具和方法论有助于更好地产生解决方案等。这一阶段产生的多种解决方案将成为后续创新创业过程的基础,具有重要意义。

阶段四：构建商业模式

前述阶段明确了企业的用户在哪里,以及企业能为用户提供怎样的产品或服务来解决用户面临的问题。在此基础上,创业者在本阶段需要厘清两方面：第一,企业向顾客提供了哪些价值？第二,企业如何从提供这些价值中获益？

构建商业模式首先要进行客户细分,定位好企业想要接触和服务的不同人群和组织。然后提出价值主张,指明为特定细分客户提供的系列产品和服务所创造的价值。接下来构建渠道通路,以接触细分客户并沟通传递上述价值主张,并与特定客户细分群体建立相应的客户关系。设计好利润现金流来源,设置从每个细分客户群体获得利益的渠道。此外,还包括明确核心资源、关键业务、重要合作伙伴及成本结构等保障商业模式运转的重要因素。

阶段五：创办新企业

通常,创建一个新企业,要经历几个基本的步骤,包括以下几方面。

(1)组建创业团队：良好的创业团队是创建新企业的基本前提。创业活动的复杂性,决定了所有的事务不可能由创业者个人包揽,要通过组建分工明确的创业团队来完成,而这需要一个过程。

(2)开发商业计划：成功的商业计划是创业的良好开端。通过商业计划的开发,创业者开始正式面对组织创建中的诸多问题。商业计划是创业者对整个创业活动的理性分析、定位的结果。一份有效的商业计划可以对创业者的行动选择起到良好的指导作用,从而避免无谓的代价和资源的浪费。

（3）创业融资：资金是新企业的首要问题。创业融资不同于一般的项目融资,新企业的价值评估也不同于一般企业,因此需要一些独特的融资方式。创业的融资方式大致分为内源式和外源式两种。在不同阶段,创业者可以选择不同的融资方式。针对不同的融资方式,融资策略亦有所不同,风险也不同。

阶段六：建立原型并进行试点

原型和试点的差别在于：原型是指在"实验室"条件下接受测试,如访问者和用户组喜好测试,通常依赖于产品模拟或业务市场表现;试点则是指在市场内进行测试,专注于向真正的客户展示真实的产品和企业。

创新过程中构建原型主要基于两个原因。一是降低风险和不确定性。为此,创新原型需要关注创新概念中的核心问题,包括可能涉及的客户行为、产品可行性或可行的商业模式。与传统的显示产品外观的模型相比,创新原型不仅需要考虑产品本身,还需测试整个业务系统,包含如何围绕产品和服务开发系统、如何将其推向市场并交付给客户等核心元素。二是可以利用原型反复发展和改进创新。这就意味着创新原型本质上是过渡性和暂时性的,在不确定性逐渐下降和概念得到验证的情况下,从廉价的可视化和简单模型过渡到保真度和成本更高的原型。

阶段七：推广与规模化

推广与规模化要适当,不恰当地扩大规模存在三个致命处：一是把创业者本应该在实践中逐渐增长的能力,过早地推到了极限,由此发生混乱与失控;二是对用户需求及产品服务的内涵,本应该在成长过程中不断地加深认识和理解并进行迭代,却在进一步迈大的过程中被省略;三是绷紧了资金的链条,本应该是宽松有余的资金链条,被拉紧再拉紧,以至于完全没有松动的余地,一旦绷断则运转就中断了。适当的规模范围取决于行业种类、市场容量、开拓能力、流动资金和管理能力等因素。

阶段八：新企业的成长管理

新企业快速成长,需要以动态的观点看待新企业成长过程中所遇到的各项管理问题,根据企业的发展阶段积极、适时地制定适宜的解决方案。主要包括以下两方面。

（1）新企业的战略管理：新企业的战略管理重点在于战略位置的确立与战略资源的获取。制定适合企业自身的战略对于企业的良性成长相当重要。新企业要想在市场竞争中取胜,应该重点抓住自己和市场上已有企业的差异来做文章,形成自己独特的竞争优势,发展核心竞争力。

（2）新企业的危机管理：新企业的发展面临着更多的不确定性,出现危机的可能性也远高于一般企业。创业者需要时刻关注企业发展中出现的技术和市场危机、财务危机、人力资源危机等。危机不是一成不变的,采用适当的措施,可以将危机转化为企业发展的机遇。

创新与创业的关系如图 1-1 所示。

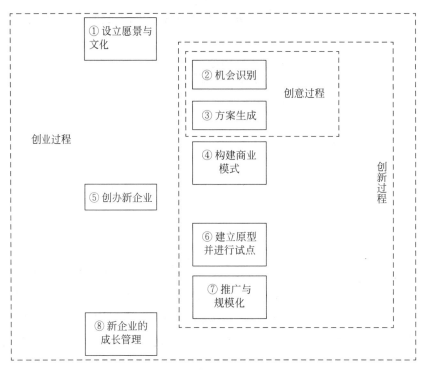

图 1-1　创新与创业的关系

1.2　结构良好问题与结构不良问题

　　对于日常生活中的问题,根据初始状态目标状态和解决方法不同,常见的是分为结构良好问题和结构不良问题,在开始了解二者区别之前,应该提前了解创意的相关知识。

1.2.1　创意的产生

　　“创意”涵盖的丰富内涵外延无法仅由单一词汇清晰展示,实际上在英语中有多个词语共同对应于“创意”这一词汇,包括:①creative,形容词,原意是创造性的、富创造力的;②creativity,名词,意为创造力、创造性;③originality,名词,指独创性、新颖性;④create,动词,含义为产生、创作、创造;⑤idea,名词,具有主意、概念、想法、构想、理念、计划、建议、方案等含义。这是创意最为普遍和代表性的表达。上述五方面互相联系,共同组成“创意”的范围,如图 1-2 所示。

　　“创意”没有通用的标准定义,在不同领域有不同的解释,学者们对创意的认识不同,所作的定义也各不相同。例如,Robert J. Sternberg 认为,创意是生产作品的能力,这些作品既新颖(具有原创性,是不同于常规的)又恰当(符合用途,适合目标所给予的限制)。广告大师 James Webb Young 认为,创意是“旧元素,新组合”。赖声川说:“创意是看到新的可能,再将这些可能性组合成作品的过程。”

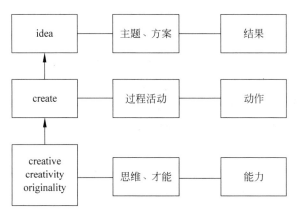

图 1-2 创意概念涵盖范围

虽然学术意义上统一的"创意"概念尚未定义,但通俗意义上对"创意"的理解有一定的共识:创造具有新颖性和独创性的设想或方案,例如广告创意、文化创意等。创意具有诸多特征:来源广泛,具有较强的创新性,未来的发展带有很大的不确定性。通俗意义上的"创意"来源可以是创意者内在表达的艺术创造活动,也可以是解决用户问题的创新方案。

创新创业过程中的"创意"不是无目的性的艺术创造活动,而是针对特定群体需求,寻求问题解决方案,并且评选出可执行方案的过程。可以是针对尚未得到满足的用户需求,提出创造性解决方案;也可以是针对已有解决方案的用户需求,提出比现有方案在性能、价格、美感、便利或舒适性等方面有明显优势的新颖解决方案。因此,创意指的是可执行的、具有创造性或新颖性的需求解决方案。

创新创业过程中的"创新"不同于日常概念中"创造和发现新东西"的含义。创新创业过程中的"创新"在创意的基础上更进一步,不只要求所得的解决方案能够实现,还需要所得的解决方案具有盈利前景,能够在商品市场上存活,从而实际产生经济价值,能切切实实走入人们的生活。因此,创新不只是想出一个新奇的方案,它要求方案针对特定需求的满足,有可执行性,具有可盈利的商业模式,并实际产生经济价值。

哈佛大学商学院的特丽莎·艾曼贝尔(Teresa M. Amabile)教授于 1983 年发表了论文《创造力社会心理学:一种组成元素观念》,提出了创意能力的组成元素模型,认为不管在什么领域,创意能力的产生都是三个组成元素联合作用的结果,它们是专门知识、创造性思维技巧和动机。这三个组成元素对于创意能力的产生是充要条件,它们的共同作用,决定了创意能力水平的高低,如图 1-3 所示。

(1)专门知识。

专门知识指的是个人在特定专业领域内积累的知识和技能,如科学家的专业知识,音乐家演奏钢琴的技

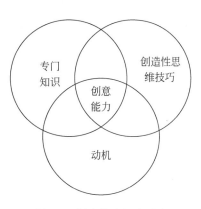

图 1-3 创意能力组成元素

能。这些专门知识是创意过程的原材料,创造性的成果通常建立在这些知识和技能的基础上。

专门知识包括：①该领域有关的实际知识——事实、原理、范例、问题解决的主要策略、审美标准等；②该领域的基本技能,如实验技能、雕刻技能；③属于该领域的特殊才能,如文学天赋、音乐天赋和数学天赋等。领域技能所能达到的水平,一方面取决于先天的认知能力和感知运动能力,另一方面也取决于个体所接受的教育。

（2）创造性思维技巧。

创造性思维技巧是指开放的态度、创造性思维的能力及技巧。创造性思维技巧并不是固定于某一专业领域的,如思维的开放性、延展性、灵活性并不是只作用于某一特定领域的活动。此外,一些创造性思维技巧,如脑力激荡、强制关联等,也具有通用性。这些创造性的态度和技能都可以通过后天的培训、学习和经验积累来增强。

创造性思维技巧对创意能力水平具有最直接的影响,甚至对问题解决具有决定性作用。创造性思维技巧除了与个体思维习惯有关以外,也取决于一定的创新思维训练。

（3）动机。

动机指的是内在地去创造的动力。当人们觉得某项任务很有趣的时候,就不需要外在的因素,如奖金、上级指示等,也会自然而然地努力把工作做好,这就是动机。管理学的研究表明,当人们由内在因素驱使时,更容易做出出色的创意。外在因素,如奖金,并不一定能促进创造力,有时反而会起到负面的作用。

有趣和适度的挑战性任务能够激发个体的创意能力。当个体具有一定自主权的时候,也能更好地发挥创意能力。鼓励尝试的企业文化也有助于提高个体创造的内在动机。

总而言之,在个体的创意过程中,上述三个元素缺一不可。任何一项的缺陷都会影响创意的水平。创意过程大体分为五方面,即发现问题、酝酿准备、产生方案、验证方案和评价选择。其中,动机负责发动和维持创意过程,并对产生方案的某些方面有影响作用；专门知识则是用于创意过程的全部知识和技能,它决定了初始方案搜索的可能途径,并为所产生的可能方案提供评价标准；创造性思维技巧则决定创意过程的执行和控制,它对解决方案的搜索方式也起决定性作用。

创意产生过程实质上就是用户所面临问题的解决过程。创意产生过程更包含了大量的辩证思维活动,创新创业者需要自己来明确问题,创建问题表征,权衡问题的不同方面,设计不同的解决方案,并对各种方案进行比较和衡量。创意产生的一般过程如图 1-4 所示。

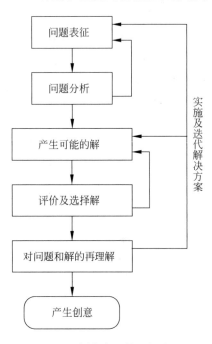

图 1-4　创意产生的一般过程

（1）问题表征。

在创意产生过程中,创新创业者常常首先要确定问题是否真的存在。有时所寻找的信息实际上隐含在情境中,只是一时没有被察觉。创新创业者要查明问题的实质。用户面临的问题常常是在一定的情境或事件中自然而然地出现的,问题的条件和目标常常是不确定、不明确的。为了解决问题,创新创业者必须思考分析问题的背景信息,把握问题的实质。要权衡各种可能的理解角度,建立有利于解决问题的问题表征。

在厘清问题时,创新创业者需要总结自己原有的知识经验。针对当前的具体情况,需要考虑:在这个问题中,已经知道的事实有哪些？有什么假定？解决过与此相关的问题吗？学过哪些有关的知识？还应该查阅哪方面的资料？

（2）问题分析。

在初步理解了问题的性质之后,创新创业者还需要进一步考虑问题中的多种可能性,从多个角度、不同立场来看这一问题的解决,在此基础上再把各个侧面、各个角度结合起来,看哪种理解方式最有意义,最有利于问题的解决。在选择理解方式和角度时,创新创业者需要分析问题中可能存在的不同立场,权衡问题所牵涉的各方面的利害关系。这一问题情境都关系到哪些人？各方追求的目标分别是什么？他们都是怎么看待这一问题的？

例如,要治理城市空气污染,其中涉及大量普通市民,他们希望能有最清新的空气;涉及交通车辆用户、车辆制造商,以及造成空气污染的工厂等,他们也希望治理污染,但又不希望有太多的额外支出;也涉及政府,它既要保护环境,又要保证经济发展……不同的立场实际上反映了问题的不同侧面,产生好的创意就需要对问题不同的侧面不断地进行思考和判断。

（3）产生可能的解。

在确定了各自的立场和理解方式之后,创新创业者就可以分别从这些立场和理解方式出发,看有哪些相应的解决方案。而在创意产生过程中,不仅需要从问题的目的出发去思考,同时也需要从问题的条件和原因出发去推论问题的解决方案。对问题情境的不同理解导致问题的不同解法和思路。

（4）评价及选择解。

创意所针对的用户面临的问题通常没有唯一的标准答案,因此这种问题的解决实际上是要寻找一种在各种解法中最为可取的解决方案。创新创业者需要对各种不同解法的有效性进行评价,而这需要他们形成自己的评价,反思自己的基本假定。对问题持不同视角和观点,就会对解法有不同的判断和主张,创新创业者要澄清这些不同角度的主张,看自己同意什么,不同意什么,这实际上就是创新创业者形成自己的评价,得出自己认为的满意解的过程。创新创业者要为自己选择的解提供证据,用有力的、充分的理由来支持自己的判断,为此,常常需要预测某种解决方案可能导致的后果,以及事物、现象将会由此而发生怎样的变化,并给出预测所依据的证据和理由。

1.2.2 结构良好问题

结构良好问题是具有明确初始状态、目标状态以及解决方法的问题。在基础学习以及学科学习中所学习解决的绝大多数问题往往都是结构良好问题,如解数学方程式。由于问题清晰明确,解法路径清楚,结构良好问题的解决过程基于人的经验、知识和认知,将熟练掌握的知识和技能直接以一定逻辑结构甚至基于直觉进行"解法搜索"就能得以解决。这需要用到大量专门知识,但较少用到创造性思维技巧。若创新创业者在创意产生过程中针对的用户需求属于结构良好问题,则行业的进入门槛往往较低,可能会面临激烈的同行竞争。

1.2.3　结构不良问题

结构不良问题指的不是这个问题本身有什么错误或不恰当之处,而是指这个问题没有阐述明确的结构或解决途径。问题的已知条件与要达成的目标比较模糊,问题所处的情景不明确,各种影响因素不完全确定,不能简单直接对应到解决方案,往往很难得以解决。

结构不良问题有如下特点。

(1) 问题界定不清晰。

(2) 问题界定会动态变化。

(3) 需要同时解决多个子问题。

(4) 解决问题需要跨学科知识。

(5) 问题没有标准答案。

若创新创业者在创意产生过程中针对的用户需求属于结构不良问题,并且形成了优秀的创意解决方案,那么企业往往可以快速占领市场,形成跟随者难以追赶的先发优势。

本书精选了几种问题发现和解决的基本方法,其中有些方法更适用于结构良好问题,还有一些方法更适用于解决结构不良问题,其中包括 TRIZ(发明问题解决理论)分析和解决问题的基本方法。对这些方法的熟练掌握将有助于创意能力的提高,是创新创业者必须具备的技能。本书中所阐述的问题发现和解决方法如表 1-1 所示。

表 1-1　本书中所阐述的问题发现和解决方法

问　　题	问题发现方法	问题解决方法
结构良好问题	逆向思维法 视觉转换法	头脑风暴法 平行思维法 ……
结构不良问题	根因分析法 功能分析与裁剪法 问题网络构建与冲突发现	TRIZ 解决问题基本方法: 理想解 资源分析 九屏幕法 尺寸-时间-成本法 小人法 冲突解决原理 技术系统进化

1.3　创意的发展及其商业化

创意进一步发展及其商业化是创新的重要阶段。创意不但可以促使形成一个全新的商业模式,也可以促进产生新技术,进而可以构建新的商业模式。

当今市场中,创意的重要性越来越突显,新产生的创意提供了创业机会。创意往往决定了商业模式的成功与否。创新创业者要想实现基于创意形成的商业模式,首先需要关注实现什么样的客户价值,为实现这种客户价值需要提供什么样的产品或服务,以及能否获得独特的竞争优势;其次需要确定盈利模式,即如何为企业创造价值的详细计划;最后要确定取得价值的关键资源、能力和流程。这些构成了成功商业模式的创新核心。

创意的进一步发展及其商业化受到多种因素影响,主要包含以下几方面。

(1) 创新创业者需要进行对企业竞争方向的思考和谋划,将商业模式和企业战略两者有效融合,才可能从创新的商业模式中获取持久的竞争优势。

(2) 企业家精神所代表的敢于创新、冒险、合作、进取、敬业、勤奋学习、诚信等品质对创新创业者的成功具有重要影响。

(3) 资金上的支持是创意的发展及其商业化阶段的重要影响因素。资金是开展各种工作的基础,资金缺乏必定会影响到商业化,会使创业者错过最佳的市场投入时期。可以是创新创业者自己出资、筹资,也可借力于外部资本的投资。

(4) 基于创意,要构建出合适的商业模型,帮助创新创业者构建一个可持续创造价值并带来回报的企业生态体系。

(5) 要结合新兴技术的发展,如元宇宙、物联网、人工智能、区块链、自媒体流量、大数据、智能化等高科技的发展,不断迭代商业模式形态。

1.4　创业方法与创业资源

对于创业者来说,创业能否成功,创业方法和资源有着至关重要的作用,好的方法往往能让创业者事半功倍,在了解创业方法之前,创业者还需要了解一些其他内容。

1.4.1　创业者必须要了解的内容

越是伟大的创业想法越是会带来挥之不去的"痛苦",让创业者彻夜难眠。只有在创业思路逐渐明朗成形后,痛苦才可能会稍微减轻一点。但是创业者所要承受的困扰、付出的汗水甚至流下的泪水却不会就此结束。在痛苦的创业过程中,创业者应该了解以下几点内容,以期创业之路能轻松一些。

1. 目标明确

很多年轻的创业者可能有多个不错的创业想法,但是创业者应该只关注其中一个,而不要轻易将注意力从一个目标转向另一个目标。

2．项目选择

创业者对于项目的选择也应该非常重视。

（1）选择个人有兴趣或擅长或从事的人员少的项目；

（2）选择市场消耗比较频繁或购买频率比较高的项目；

（3）选择投资成本较低的项目；

（4）选择风险较小的项目；

（5）选择客户认知度较高的项目；

（6）可先选择网络创业（免费开店）后进入实体创业项目；

（7）选择民生行业进行创业，如食材餐饮创业；

（8）选择教育行业进行创业，如元宇宙 VR 教学；

（9）选择加盟项目，如富硒食材餐饮连锁项目；

（10）选择新兴的蓝海项目，如富硒水绿色食品、新能源、文化创意、环保领域的项目；

（11）选择可以在家里创业的项目；

（12）选择商业机遇，如没有在市场上出现的商机，或者是在生活范围内没有大幅度覆盖的商业。

3．地理位置

地理位置不仅对房地产重要，对于创业的影响也很大。

（1）如果创业者希望目标客户能够很快了解公司的存在，那么公司的地理位置就要选择在与客户群相关的区域内。

（2）如果创业者经营的是一家电商公司，那么将公司设立在淘宝、京东等大电商平台上就是自然而然的事，在未来设立在元宇宙商业中心也是必然趋势。

（3）如果创业者希望能够在行业中与大企业抗衡，那么就将公司设在这些大企业还无暇顾及的某个小城内。

4．数据

如果创业者正准备花几周的时间撰写一份商业计划书，这就需要重新考虑定位，商业计划书更应该是一份数据翔实的表格，而不是一份由文字堆砌的文稿。计算出相关的经营数据，有时远比陈述自己将如何利用社交媒体重要得多，所有诸如此类的内容都会随时间的推移而发生变化。所以，应当将注意力放在数据上。一步到位，不要想着走捷径。

例如，不能因为工资低，就聘用没有经验的平面设计师。当他们提交的平面设计一团糟时，还得找人将工作重新做一遍，导致为一份工作付双份的钱，就更别提因此而浪费掉的时间了。

5．销售额

销售额不等于现金流。在资金有限的情况下，现金流才是公司生存的必要条件。创造价值初创公司所聘用的员工不仅要符合工作岗位的能力要求，还要能够为公司创造附加值。最关键的创业初期，有能力的创业者是不会总在用人方面考虑节约的。

6．生活规划

创业者应当将个人财务和公司财务分开来管理。在开始创业前,要先保证你的个人生活不会出现问题,否则你很难取得成功。创业者可以通过贷款解决公司运营资金的需求。创业是为了生活得更好,而生活不是为了更好地创业。

7．进退

创业者要设定好退出策略,可以选择转让、出售公司或者独立经营。创业者也一定要知道何时该进,何时该退。金钱未必就能让你生活幸福,但是出于某些原因,每个人又都希望自己能够通过努力做个有钱的人。创业可能会让你整晚失眠,暂时感到非常痛苦,但是一旦公司业务发展有所起色,生活会因此变得更加幸福。有很多创业者在创业道路上往往会遇到各种各样的问题。然而,要做一名合格的创业者,就必须要学会去面对这些问题,学会怎么解决这些问题,还要学会积累这些解决问题的经验,这样才会使事业有条不紊地发展下去。

1.4.2 投资创业的注意事项

(1)创业毅力的问题。众所周知,发展靠实力,创业靠毅力。有很多创业者之所以会失败,其中最主要的原因就是因为毅力不足。当然,造成毅力不足的因素是多方面的。创业者素质不够,对风险估计不足,没有足够的市场知识,是一个重要因素;缺少支持和理解,缺少理念,又是另一个因素;浮躁,短视,看重眼前利益,也是一个因素。

(2)个人独资企业的相关政策出台对创业者来说无疑是个福音。但是相对于有限公司而言,这种企业形式还是没有被目前国内的经济市场真正认可。同时,调查数据显示,所谓的一分钱当老板的个人独资企业在不同的地区,设立的难度也有所不同。有的地区的工商部门根本就不欢迎此政策,其主要原因是难以控制。

(3)对于多数创业者来说,资本可能是最大的难题。多数创业者不敢考虑风险投资,即使创业者敢考虑,资本在哪里?银行贷款?虽然有的银行出台了个人投资贷款,但是能够申请到的人少之又少,没有资产没有不动产,想要进行银行贷款是难之又难。当然,如果有专利和技术那就另当别论了。

创业者在创业中应该注意以上三个问题,要随时迎接创业道路上的挑战,敢于去解决面临的创业问题,在创业的过程中必须头脑清醒,认清形势,一旦决定,追求到底,这才是一种明智的创业心态,一旦缺乏耐心,没有毅力,那么将会与成功失之交臂。对能帮自己生存的项目,要优先进行考虑。不要在只能改善形象或者带来更大方便的项目上乱花费用。

1.4.3 创业资源问题

优秀的创业资源能够帮助创业者快速完成前期准备工作,但是对于创业资源的使用也是很值得关注的方面。

1. 切不可误用资源

在职老板不能将个人生意与单位生意混淆,更不能唯利是图,否则不仅要冒道德上的风险,而且很可能会受到法律的制裁。在自己的地盘,时间、金钱和才能任由自己使用。但是,如果乱搞一气,自己的生意就会逆转而下。

2. 业务渠道

有些上班族有投资资金或有一定的业务渠道,但苦于分身无术,因此会选择合作经营的创业方式。如果自己需要合伙人的钱来开办或维持企业,或者这个合伙人帮助自己设计了这个企业的构思,或者他有自己需要的技巧,或者自己需要他为自己打鼓吹号,那么就请他加入自己的公司。这虽能让兼职老板轻松上阵,但要慎重选择合作伙伴,在请帮手和自己亲自处理上,要有一个平衡点。

(1) 首先要志同道合,其次要互相信任。

(2) 不要聘用那些适合工作,却与自己合不来的人员,也不要聘用那些没有心理准备面对新办企业压力的人。

(3) 和合作伙伴之间的责、权、利要分清楚,最好形成书面文字,有合作双方和见证人的签字,以免起纠纷时空口无凭。

3. 细致准备必不可少

创业是一项庞大的工程,涉及融资、选址、营销等诸多方面,因此在职人员创业前,一定要进行细致的准备。通过各种渠道增强这方面的基础知识;根据自己的实际情况选择合适的创业项目,为创业开一个好头;写一份详细的商业策划书,包括市场机会评估、盈利模式分析、开业危机应对等,并摸清市场情况,知己知彼,打有准备之仗。

不要将未经试验的创意随手扔在一边。如果用这种创意来做生意,也得留心其中可能的陷阱。自问一下:自己是否得花大力气来宣传自己的产品或者服务?自己具有足够的财经资源、技能、人手和业务关系吗?

4. 尽量用足相关政府部门

有很多政策鼓励和支持大学生创业,创业时一定要注意"用足"这些政策,如免税优惠、在某地注册企业可享受比其他地区更优惠的税率等。这些政策可大大减少创业初期的成本和创业风险。

5. 经商之道

从表面上来看,所有商业经营活动好像是一种仅仅同物质打交道的经营活动。但是,透过现象看本质,在今天的"食脑时代",商业经营活动实质上已经变成了一种人与人之间的智力角逐,是一场"斗智斗勇"的"智力游戏",是人与人之间的谋略大比试。

因此,正如古代军事家所说的"用兵之道,以计为首",经商之道也应该以计为首。面对空前惨烈的市场竞争,想要找准自己的立足点和切入点、站稳脚跟、生存下来、谋取利益、发展壮大,就必须首先考虑如何运用自己的商业智慧制定全面系统的、可执行的、可操作的和切实有效的经营策略和实施方案,以便确保每战必捷、战无不胜。

6. 决策失误

在决策失误时,不要对失误过于敏感。自己的失误会带来直接后果,如发错货可能致使一个客户立刻与自己断绝关系。作为企业家,冒风险时,要谨而慎之。如果出现失误,不要过于激动,要接受事实,从中吸取教训。

7. 不要被胜利冲昏头脑

第一步的成功全靠创意好、时机合适、运气不错和良好的业务关系。不过,这一切随时都可能离自己而去。因此,不要太过自信,不要投入过量的资金使自己陷入泥沼之中。拿起笔,将每次与顾客洽谈的每个细节都一条条记下来,包括固定包装、宣传小册子等其他介绍产品的方法。美国联邦营销公司总裁、企业网站栏目主编迪姆·乔丹建议:"如果当时你们不能立即复印出所有的东西,至少也应该与图像设计师和抄写员一起将所有资料初步确定好,以便能在谈判时看到这些资料。"

1.4.4　创业资源中潜在的注意事项

如果创业初期实力有限,觉得这样的负担有些过重时,可以从当地大学聘用一个艺术或营销专业的学生当钟点工,也可以与其他家庭企业进行物物交换,以扩大产品销售渠道。

(1) 注意口头问候顾客。口头信息似乎不能算在营销手段之内,但是在一个潜在的顾客随口询问企业情况和产品信息时,如果有工作人员能立即应答,这样招揽到的顾客要比通过高科技主动联系顾客的效果好。因此,营销专家迪姆建议在初创企业时,经营者要制定一套专业口头信息表达系统。

(2) 尽量要把受众群体缩小。不要花大力气企图满足每个顾客,这样做是不现实的。要尽量明确目标顾客,为他们提供高品质的服务。最佳的方法是每周只到发展前景好的两家销售商那里推广就可以了。不要把全国五百家知名超市和商店都当成自己产品的销售地点。仅需从这些公司中挑选两三家效益好的公司,和他们谈判就可以了。另外,也应该通过电话主动与这些公司保持联系,经常把产品资料寄给他们,如果觉得有必要,可以选择时间碰头。这样做既节约了时间也节省了金钱。

(3) 尽量用商品博览会推销产品。在著名经营专家瑞克·格兰达关于营销的书籍中有很多关于这方面的内容:如果你负担不起一个摊位的话,可以试着找其他人合伙租摊位。你可以负责帮他们经营摊位,而合伙人必须是熟悉当地情况的人。如果你不想租摊位,还有其他的推销方法。可以直接与产品展览者谈判,这就要求经营者首先要找到吸引对方的有效方法,然后才能与这些大公司进行富有成效的谈判。每次博览会后,经营者都要总结这次博览会是否展现了自己产品的特点。如果在博览会上转了一圈却无功而返怎么办?博览会展览中心调查得出,在2000年有88%的博览会参观者都没记清商家的产品。看准这点,试着改善这种情况。

(4) 在网上寻找对手的信息。1980年,当乔伊丝·博斯在马里兰州创建立博斯特营销信息交易公司时,她对对手的信息一无所知。今天,乔伊丝在自己开设的公司里,很注意收集竞争对手的信息:创立公司初期,你要努力发现对手在如何经营,他们在经营什么东西,凭什么吸引什么样的顾客？乔伊丝谈到："信息完全就在你的指尖上。可以找到对手的网站,轻易获得对手的资料。"一般而言,竞争对手信息搜集工作应由两部分组成,一是常规的、日常性的信息搜集活动,即对竞争对手进行持续的、全面的、系统的、日常跟踪与监测,在此基础上建立竞争对手数据库,它是竞争情报活动乃至企业信息管理的基础,具有长期性、持续性、全面性、系统性、日常性等特点;二是针对某一课题、某一任务、某一事件而进行的暂时性、任务性的信息搜集工作,即围绕某一特殊的任务,进行有针对性的信息搜集,一旦该任务完成,信息搜集活动即告结束,这种任务式的信息搜集工作具有针对性、临时性、深入性等特点。无论哪一类信息搜集工作,在执行任务前,都有必要对情报需求、搜集目标与任务、人员安排、时间进度表、财务支出、信息搜集渠道、方法与技术手段等作全面的权衡与考虑,制订周密的计划,并尽可能地规范化、流程化、制度化、标准化,提高企业情报工作的效率与效益。

(5)给别人提供帮助。如果想成为知名的经营者,还要学会帮助别人。位于新泽西州的埃伦·卡格纳斯公司的主要产品是手制香皂——玛伦香皂。它是当地家喻户晓的知名产品,这不仅在于其精致的工艺,更在于埃伦·卡格纳斯公司充满善意的举动。埃伦·卡格纳斯公司是一家在线肥皂零售商。"首先,我们号召要帮助其他人,为顾客提供力所能及的帮助",卡格纳斯说,"这才是我成功的关键"。新泽西妇女商业中心和郊区委员会是卡格纳斯提供帮助的主要场所。另一个能帮助摆脱生意困难的是与非营利组织建立合作关系。《摇钱树营销》的作者帕科·毕晓普坚持这样的观点:建立基金资助学校似乎是个赔本的买卖,但是同时,这些孩子也认识了你的产品,开始购买它,而这又反过来促进了公司的经营。原因和效果的市场营销规则清楚地表明了这点。

(6)了解产品生产环节。格兰特建议,如果一个网络工程师想在互联网中有所作为,就要发现有潜力的顾客,给他们提供一些能改善网络的建议。或者也可以按照安妮·柯林的做法去做。她的家庭公司是位于马里兰州的形象设计公司——柯林创意服务工作室。从单件产品上来说,关注产品的原材料批次、装配的部件及部件的工艺流程信息、部件的质检信息、产品的工艺流程信息、产品质检信息,从批量产品上来说,关注产品的用料信息、库存及销售分布信息。当有产品出现异常时,能快速地确定原因所在,对客户最终消费者进行回馈,对问题产品进行召回,减少企业自身、客户、消费者的损失。

1.5　本章小结

本章在指明当代大学生创新创业能力提升必要性的基础上,首先介绍了创新创业的基本过程,其次通过介绍"创意"的含义及创意与创新创业之间的关系,阐明了创新创业对"创意产生"的需求,进而对创意能力的组成元素和创意产生的一般过程进行了介绍,然后对创意产生过程中涉及的两类基本问题——结构不良问题和结构良好问题的定义和特点进行了说明,并简要概述本书中所涉及的问题发现和解决的基本方法,最后简述创意产生后的商业化过程。

习题

1. 对自己的创意能力进行自我审视,思考自己要提高创意能力还有哪些知识、技能方面以及思维方法的缺陷。

2. 观察身边的实际生活案例,列举最近遇到的结构不良问题,并尝试按本章所述内容对其进行思考。

3. 依据创意能力的组成因素,分析要解决上述结构不良问题,自己现有的优势及存在的薄弱点,明确自己提高的方向。

4. 分析几个创新创业过程中成功创意的案例,按照创意产生过程所述的内容,对这些创意的产生过程进行复盘分析。

第 2 章

创 新 思 维

人们常说"不怕做不到，就怕想不到"，当面对问题束手无策时，我们的思维往往需要有所突破，有所创新。我们需要一种前所未有的思考问题的方式，我们需要创新思维。

创新思维过程可概括为发现问题和形成新概念（或提出新设想）两个阶段，在创新思维的引导下，才可能有创新的成功。在某种程度上，创新思维训练比知识训练更为重要，创新思维并非少数发明家特有的素质，它是普通人都可具备的思维方式，如何挖掘以产生创新成果是一件重要的事情。在解决问题的过程中提出新设想是解决问题的关键。打破固定思维模式进行思考，寻找有利于发现问题、分析问题和解决问题的正确思路，这样的创新活动才是有价值的。创新活动能够引导学生进行研究和探索，是激发学习兴趣的原动力。

创新思维方法作为一种新型方法论，已被社会广泛认同，并应用于工业、农业、商业、科技、民生、医疗等诸多领域，它是行业发展的关键要素，已超越了形式和结构，带来超乎想象的社会效益和经济效益。

2.1 创新思维概述

创新（innovation）起源于拉丁语，它包括三层含义：一是更新，二是改变，三是创造新的东西。

创新思维（innovative thinking）是指以新颖独创的方法解决问题的思维过程，通过这种思维突破常规思维的界限，以超常规甚至反常规的方法、视角去思考问题，提出与众不同的解决方案，从而产生新颖、独到、有社会意义的思维成果。

那么思维是什么？思维是人脑进行逻辑推导的能力和过程。人脑是思维的器官，但思维的产生又不单纯是由大脑的生理基础决定的，思维是社会的人所特有的反映形式，它的产生、存在、发展都与社会实践紧密地联系在一起。因此，思维是社会的产物，是人在感性认识的基础上，对客观世界间接的、概括的反映，是对客观事物的本质、属性及内在规律的认识过程。思维根据其整体发展分为逻辑思维与非逻辑思维，根据其理论与实践关系分为理论思维与经验思维，根据其创新与否分为继承性思维与创新性思维。

2.1.1　创新思维的本质、特点及结构模式

1. 创新思维的本质

创新思维的本质在于将创新意识的感性愿望提升到理性的探索上,实现创新活动由感性认识到理性思考的飞跃。目前学术领域未对创新思维进行权威界定,心理学家大多称为"创造性思维"或"创造思维",哲学家称为"创意思维",企业策划人称为"点子思维"或"黄金思维"。创新思维是人类思维的一种高级形态,是人们在一定知识、经验和智力的基础上,为解决某种问题,运用逻辑思维和非逻辑思维,突破旧的思维模式,通过选择重组,以新的思考方式产生新的设想并获得成功实施的思维系统。

关于创新思维有狭义和广义两种不同的解读。狭义的创新思维是指:建立新理论、发明新技术等的思维活动,它强调思维成果的独创性,并能得到社会承认,产生巨大社会经济效益。广义的创新思维是指:思考自己所不熟悉的问题,且缺乏现成经验和思路的思维活动,它强调思维的突破,所思考的问题对思维者是生疏、没有固定思维程序和模式的。

《科学创造方法论》一书对创造性思维的定义:"创造性思维"是一种特殊形式的思维活动,与"问题解决"有很多共同点,如它们所经历的思维步骤、对高水平心智的要求以及思维发散和转化所引起的作用等基本上都是相同的,就此而言,很难将"创造性思维"与"问题解决"这两个概念明确分开。但"创造性思维"与"问题解决"概念也经常在不同情况下使用,这说明它们之间有所区别。其区别在于,前者指的是具有某种特殊品质的思维,这些品质主要包括原创性、新颖性、流畅性、灵活性和精致性等,它强调以有别于常规的方式来应用分析和综合、概括与推理等心理操作。

2. 创新思维的特点

1) 积极的求异性

创新思维也被称为求异思维。其求异性贯穿于整个创新活动全过程。创新思维中的人往往对司空见惯的现象和已有的权威性结论持怀疑和批判的态度,而不盲从和轻信,即用陌生的眼光看熟悉的事物。例如,伽利略看到教堂里吊灯的摆动发现了等时性原理;牛顿看到苹果落地发现了万有引力。

(1) 创新思维与敏锐的洞察力。社会生活中人们不断地将观察到的事物与已有知识联系起来,把事物之间的相似性、特异性、重复性现象进行比较、思考,寻找它们之间的必然联系及其中的问题,找到创新点,做出各层次、各领域的发明创造。这就是敏锐的洞察力,即用陌生的眼光看熟悉的事物,善于在大量重复出现的事物中寻找出共同的规律,在人们容易忽略的环节中敏锐地发现和分析问题并加以解决,就会产生创新性的成果。例如,鲁班受小草割破手指的启发而发明了锯子;人们因洗浴中水温调节不便发明了冷热水混合调节器。

(2) 创新思维与丰富的想象力。创新思维与丰富的想象力密切相关,不断改造人们头脑中对原有事物的印象,创造新表象,赋予抽象思维以独特的形式,去除想象中主观臆想和虚假错误的部分,采用正确的思维方式,获取有意义、有价值的信息。

2) 多维的灵活性

人们的思维往往会受过去思维习惯的束缚,面对一个新生事物,习惯用过去的思考和处理模式应对,因此摆脱不了传统观念的束缚,显得落后、僵化。创新思维的多维灵活性是指思维能够依据客观条件的变化而变化,表现出一种向多方向、多角度、多层次的发散性。

3) 新颖的独特性

创新思维的独特性表现在思考问题的"独到"和"新"。所谓"独"是独一无二,所谓"新"是新奇、新颖、新鲜,这是创新思维最明显的特征。创新思维构想出新生事物,或者对旧事物新挖掘之后更新换代。

4) 宽泛的知识结构

科学技术的进步是建立在已有知识基础之上的,而创新思维所产生的成果意味着对已有知识的突破和创新。人们掌握的知识越多越有利于创新,但知识的多少与创新思维能力并不绝对成正比。因为创新活动需要知识上升为思想因素和智力因素,否则知识就是死板的、凝固的、束缚创新思维的。对于创新应具备宽泛扎实的基础知识、精深的专业知识、多元的交叉学科和人文社会学科等知识结构体系,才能在科学技术等领域的创新层面有所作为。

3. 创新思维的结构模式

关于创新思维的结构模式,各领域专家学者提出了不同的见解。英国心理学家沃拉斯提出了四阶段结构模式;奥斯本提出了三阶段和七步结构模式。

1) 沃拉斯的准备、酝酿、明朗、验证四阶段结构模式

(1) 创新思维的准备阶段。新思维不是凭空产生的,也非灵感的突然呈现,它需要孕育。这个阶段主要是发现问题、分析问题。发现问题并运用一定的方式方法分析问题是形成创新性课题的关键步骤。例如,爱因斯坦青年时期常为物理学中的基本问题感到不安,尤其是光速问题,他日夜思考长达7年之久。后来他想到了解决方案,只用了5周时间就写出了"相对论"。可见创新思维的前期准备至关重要。

(2) 创新思维的酝酿阶段。发现并分析问题之后,需要寻找解决问题的途径,这个阶段是创新思维的酝酿阶段。经过收集相关信息、规划解决方案、进行试验探索、解决矛盾冲突等多种方法的尝试之后,简单的问题多数可以找到相应的答案,复杂的问题可能会经历多次失败。繁杂的基础工作漫长且枯燥,还要经历失败的痛苦与磨炼,经受意志和决心的考验。这一阶段的努力为下一阶段奠定了良好的基础。

(3) 创新思维的明朗阶段。明朗阶段也是创新思维的成果收获阶段,酝酿达到一定程度,思维的顿悟和灵感才会相继产生。

(4) 创新思维的验证阶段。验证阶段是创新思维结构模式的最后一个阶段,创新思维的成果应该进行科学、客观的论证和实践的检验,以判断其意义和价值。

2) 奥斯本的三阶段结构模式和七步结构模式

(1) 三阶段模式:寻找事实(找问题)—寻找构想(提假设)—寻找解答(得出答案)。

(2) 七步结构模式:定向(强调某个问题)—准备(收集有关资料)—分析(对收集的资料进行分析)—观念(用观念进行选择)—沉思(促进启迪)—综合(将各部分结合在一起)—

评价(判断所得到的思维结果)。

2.1.2 逻辑思维及其与创新思维的关系

1. 逻辑思维的特征、形式及运用

逻辑一词源于希腊文,是由希腊文音译而来的。原意是指思想、概念、言辞、理性等,后来被人们在更广泛的意义上使用。逻辑是关于思维形式和规律的科学。

思维可以分为逻辑思维和非逻辑思维。逻辑思维是人在感性认识的基础上,以概念为操作的基本单元,以判断、推理为操作的基本形式,以辩证方法为指导,间接地、概括地反映客观事物规律的理性思维过程。

逻辑思维又称抽象思维,是思维的一种高级形式。逻辑思维既不同于以动作为支柱的动作思维,也不同于以表象为凭借的形象思维,它已摆脱了对感性认识的依赖。逻辑思维以理论为依据,运用科学的概念、原理、定律、公式等进行判断和推理。它是人脑对客观事物抽象的、间接的、概括的反映,是具有论证性的思维活动。同时它使人们更准确、更广泛地把握客观事物。

1) 逻辑思维的特征

逻辑思维的特征包括普遍性、严密性、稳定性、层次性。

普遍性指的是事物发生的常见性和必然性。

严密性指的是事物之间结合紧密,没有空隙和疏漏。

稳定性指的是事物的状态在一定空间或时间内不会轻易发生变化。

层次性指的是事物承载系统结构方面的等级秩序,不同层次具有不同的性质和特征。

2) 逻辑思维的形式

逻辑思维包括形式逻辑、数理逻辑、辩证逻辑。

(1) 形式逻辑。

形式逻辑是指抛开具体的思维内容,仅从结构形式上进行判断、推理及相互联系的逻辑体系。形式逻辑以保持思维的确定性为核心,帮助人们正确地思考问题和表达思想,若要思维保持确定性,就要符合形式逻辑的一般规律,即同一律、矛盾律、排中律、充足理由律。

同一律是形式逻辑的基本规律之一,就是在同一思维过程中,必须在同一意义上使用概念和判断,不能在不同意义上使用概念和判断。

矛盾律是传统逻辑的基本规律之一,它要求在同一思维过程中,对同一对象不能同时做出两个矛盾的判断,不能既肯定它又否定它。矛盾律首先是作为事物规律提出来的,意为任一事物不能同时既具有某属性又不具有某属性。

排中律是传统逻辑的基本规律之一,即指任一事物在同一时间里具有某属性或不具有某属性,而没有其他可能。

充足理由律是指任何判断必须有(充足)理由。

(2) 数理逻辑。

数理逻辑(定量的数理分析)是在形式逻辑基础上发展起来的。由于数理逻辑使用了数

学语言和符号,它揭示的是事物和事物之间的数量关系。数理逻辑使传统自然科学学科的研究得到深化,它对计算机科学、信息科学、生物科学及控制技术等学科的发展具有重要意义。

(3) 辩证逻辑。

辩证逻辑是研究人类辩证思维的科学,即关于辩证思维的形式、规律和方法的科学。它把概念的辩证运动以及如何通过概念反映现实矛盾的问题作为自己的主要研究对象,是认识科学中一门关于思维辩证运动的逻辑。

辩证逻辑就是按照辩证唯物主义哲学对客观世界的认识方法和思维方式。它的思维原则主要有全面性原则、动态性原则、实践性原则、具体性原则。

3) 逻辑思维的运用

各学科体系都是由多层次系统构建而成的,其中包含了诸多的逻辑概念、逻辑判断、逻辑推理、逻辑证明等。在规划管理、科学研究、设计研发等过程中,无一不需要逻辑思维的运用,其作用显而易见。逻辑思维对创新目标的实现有引导和调控作用;逻辑思维可以直接产生创新结果;创新结果的正确与否需要通过逻辑推理检验;逻辑思维可以准确引导创新成果进入科学体系;创新成果推广应用需要逻辑思维。

2. 逻辑思维的方法

1) 分析与综合

分析与综合是形式逻辑与辩证逻辑共同的研究方法。分析是在思维过程中把对象分解为各部分或要素并分别加以考察的逻辑方法。综合是在思维过程中把对象的各部分或要素结合成一个统一体并加以考察的逻辑方法。分析与综合的思维过程方向是相反的。

2) 比较与分类

比较是指比较两个或两类事物的共同点和差异点。通过比较,能够更好地认识事物的本质。根据事物的共同性与差异性给它们分类,具有相同属性的事物归入一类,具有不同属性的事物归入不同的类。分类是比较的后继过程,关键是分类标准的选择,选择得当可能导致重要规律的发现。例如,门捷列夫根据原子量与化学元素的关系,对化学元素进行分类,发现了元素周期律这一重要规律。

3) 归纳与演绎

归纳是从个别性的前提推出一般性的结论,前提与结论之间的联系是或然性的。在科学研究中,归纳是对经验事实的概括。演绎是从一般性的前提推出个别性的结论,前提与结论之间的联系是必然性的。演绎是对一般性原理的应用。归纳和演绎相互联系、相互渗透、相互转化。

4) 抽象与概括

抽象是运用思维的力量,针对某一对象,把事物的规定、属性和关系从有机联系的整体中孤立地抽取出来,抽取的是事物本质的属性,抛开其他非本质的东西。概括是在思维过程中,从单独事物的属性推广到这一类事物的一种思维方法。抽象与概括和分析与综合一样,也是相互联系不可分割的。例如,汽车和大米,从买卖的角度看都是商品,都有价格,这是它们的共同特征和本质。但其他方面有许多不同,这要看从什么角度来抽象,分析问题的目的决定了抽象的角度。

3. 逻辑思维与创新

创新活动需要运用逻辑思维的各种形式,特别是形式逻辑思维和辩证逻辑思维。形式逻辑思维是凭借概念、遵循形式逻辑规律的思维。它从相对稳定的视角出发,运用归纳、演绎、推理等方法认识事物。辩证逻辑思维是凭借概念、遵循辩证逻辑规律的思维。它从发展变化的视角分析、认识事物的思维。它是用辩证方法研究事物内在矛盾和相互关系及发展趋势的思维方法。

逻辑思维的过程、形式与创新活动密切相关。逻辑思维的严谨性不一定导致创新,但一切创新活动的成果必须符合逻辑思维的严谨性。因为创新思维需要概念明确、判断恰当、推断合理。一切创新活动都是以逻辑思维为基础的,运用逻辑思维可以将创新过程系统化,层次合理、思路清晰,才能最终取得创新成果。逻辑思维与创新密切相关,通过相关学习可提高逻辑思维能力,增强分析、推理和判断能力,从而提高创新思维与创新活动的能力。

2.2　发散思维与收敛思维

2.2.1　发散思维的特点和应用

发散思维(divergent thinking)又称辐射思维、放射思维、扩散思维或求异思维,是指大脑在思考时呈现的一种扩散状态的思维模式,它表现为思维视野广阔,思维呈现出多维发散状。发散思维是创造性思维最主要的特点,是决定创造力的主要标志之一。发散思维是对人们思维定式的一种突破,是启发大家从尽可能多的角度观察同一个问题,所采用的思维方法不受任何限制的思维活动。它是人类思维活动向多方向、多层次、多视角展开的过程。"发"的含义是向外,并且所涉及的线路是不确定的。"散"的含义是在不确定性中加入了新的含义,"散"表示一种混乱的程度和不确定性,同时伴随"进"的概念。线路的不确定性及出入的相伴性必然产生多方向、多层次、多视角。有人将发散思维比喻为一盘散沙在风中被吹散,沿不同方向弥漫散去,这种弥漫散去的效应使人们在思维过程中可以不断寻找方向、变换视角,从而激活自身的创新思维能力。

1. 发散思维的特点

发散思维的特点包括思维的流畅性、思维的变通性、思维的独特性。

1) 思维的流畅性

思维的流畅性是指人们在遇到问题时,能够在规定的时间内按要求表达出足够多的信息。它是思维发散的速度(单位时间的量),是发散思维"量"的指标,其中包括字词流畅性、图形流畅性、观念流畅性、联想流畅性、表达流畅性等。例如,请说出一台冰箱与一只猫相似的地方,信息量越大越好,时间为5分钟。于是我们从多个角度来描述冰箱与猫的相同特征,如非人类、需要消耗能量、有色彩、可移动、可发音等。

思维的流畅性又称非单一性，是思维对外界刺激做出反应的能动表述。它是表现思维活动的量而不是质的标准，表示思维活动畅通无阻、灵敏迅速，能在短时间表达较多信息。培养思维的流畅性需要知识的积累和信息的收集，信息时代为人们提供了诸多学习平台。

2）思维的变通性

思维的变通性指的是发散思维的思路能迅速地转换、变化多端、举一反三、触类旁通，从而提出新观念、新方法及解决问题的方案。变通性是发散思维"质量"的指标，体现了发散思维的灵活性。它是指知识运用上的灵活性，观察和思考问题的多层次、多视角，以及概念、定义、内容的借用、替换、交叉、整合等。它还表现为思维的连续性、一种内在毅力和事物发展的可拓展性。发散思维必须要注意变通性内涵，人们在考虑问题时应注意一个事物"是什么"的概念特征，并注意这一概念"有什么"用途，特别在"广度"上积极拓展和联想，培养丰富的想象力。

3）思维的独创性

独创性是指发散思维成果的新颖、独特、稀有的特点，是发散思维的本质和灵魂，属于最高层次。独创性也可称为新颖性、求异性，是创新思维的基本特征，无此特征的思维活动，不属于创新思维。思维的独创性是人类思维的高级形态，也是智力的高级表现，它是面对新情况采取对策，并在独特、新颖地解决问题过程中表现出来的智力品质。此处，独创性是针对问题的解决而取得的成果。心理学家认为，人们对某问题的解决是否属于创造，不在于是否有人曾经提出，而在于问题及解决方案是否新颖，这也是广义创造所表述的内容。独创性是针对解决问题的两方面而言的，一个是主体，另一个是客体。客体的独特新颖促进了社会的进步，主体的独特新颖促进了个人层次的提高。

2. 发散思维的应用

发散思维方法在科学研究、规划管理和工程技术研发中都已被广泛应用，从大量成功案例中可以看出此方法的核心价值。

生活中人们观察问题的角度、层面不同，思维方法也不同，有人固守思维定式，思维方向单一；有人思维发散，不拘一格。例如，某公司副总裁在一家渔具生产企业中，看到其产品都配有漂亮的绿紫色诱饵，便问："鱼儿真能对这玩意儿感兴趣吗？"结果得到的回答是："我们又不是把这玩意儿卖给鱼！"

2.2.2 发散思维的形式

发散思维包括平面思维、立体思维、横向思维、逆向思维、侧向思维、多路思维、组合思维等。

1. 发散思维中的平面思维

平面思维是指人的各种思维线条在平面上聚散交错，这种思维具有跳跃性和广阔性，它受逻辑的制约和联想的支持，联系和想象是平面思维的核心，形象思维属于平面思维的范畴。平面思维也是我们常用的思维方法，常常在平面问题上进行发散思维训练。例如，有家啤酒厂，啤酒味道好、物美价廉，但销路不好。问题出在哪里？老板百思不得其解。他请人对啤酒的生产、销售等各个环节进行了评估,找到了失误的原因是促销广告。原方案在二维图表上表述的是:纵坐标显示性别,横坐标显示价格。图表从价格的高低、顾客性别的分布入手。啤酒的价格、包装定位及顾客性别定位都在市场上占有较小份额。改变产品定位后,啤酒面向辛勤的工人群众,占据较大的市场份额,啤酒销量陡然上升。

2. 发散思维中的立体思维

立体思维是指对事物的认识跳出点、线、面的限制,从立体式三维空间进行思考的思维方式。立体思维在日常生活、生产管理、产品研发等方面用途广泛。例如,如果用 6 根火柴摆出 4 个等边三角形,平面上无法做到,但摆出一个立体三棱锥,问题即可解决。又如,屋顶花园可以增加绿化面积、减少占地、改善环境、净化空气;玉米地种绿豆、高粱地种花生可以提高土地利用率;高大乔木下种灌木、灌木下种草、草中种植食用菌。以上实例较好地运用了立体思维,立体、多维度地把握了事物的方方面面,既了解事物的局部,又把握事物的整体,足以证明立体思维的价值所在。

3. 发散思维中的横向思维

横向思维是一种打破逻辑局限,将思维往更宽广领域拓展的前进式思维模式,它的特点是不限制任何范畴,以偶然性概念来逃离逻辑思维,从而创造更多新事物的一种创造性思维。所谓横向,是因为逻辑思维的思考形态是垂直纵向的,而横向思维可创造多点切入,它是一种难题解决方法。英国学者爱德华·德博诺博士最早提出了横向思维的概念。他提出的横向思维是针对纵向思维缺陷并与之互补的对立思维方法。德博诺还说明了横向思维的"亦此亦彼"的作用。如何进行横向思维?

(1)横向移入:把其他领域的方法移至本领域。例如,塞缪尔·莫尔斯于 1838 年发明了电报,但长距离输送时,信号衰减严重,他做了大量实验,也解决不了问题。一次,他有急事出差到巴尔的摩,他要求驿站以最快的速度送他,于是每到一个驿站,都会卸下疲劳的马,换上精力充沛的马,以保证它的行程。他从驿站受到启发:电报信号长距离输送衰减可通过若干"驿站"传递来完成。每个"驿站"把衰减的信号放大,这样问题就解决了。又如,以前火车运沙子、石块都靠人工卸车。沙子可用铁锹方便地铲出,但石块用铁锹既费力又低效,甚至不如用手搬。于是人们发明了一种像手一样把石块抓出去的工具,即仿生抓斗。

(2)横向移出:把有关领域的成功方法移出用到其他领域。例如,李斯特是英国的外科医生。19 世纪 70 年代,医学界开始用外科手术解除患者病痛,但术后感染没办法解决。40%~60% 的患者为此丧命。李斯特学习了巴斯德关于细菌隔离方法,他把隔离细菌的理论从制酒业和食品业移出,用于医学界,发明了外科手术消毒法,拯救了无数人的生命。

(3)横向转换:不直接解决要解决的问题,而是转换思路借助其他事物来解决问题,例如,曹冲称象的故事。曹冲生存的时代,一次不能称出较大的重量,大象体重至少在千斤,于是曹冲把称量大象的体重转换成载象船只入水深度的测量,解决了称量困难。

(4)横向交叉:通过对多领域知识的学习和储备,将许多看来不相关的要素交叉孕育并产生创意。

4．发散思维中的逆向思维

逆向思维也称求异思维，它是对司空见惯的似乎已成定论的事物或观点反过来思考的一种思维方式。当人们都朝着一个固定的思维方向思考问题时，你却独自朝相反的方向思索，这样的思维方式就是逆向思维。

1820年，丹麦物理教授奥斯特通过多次实验发现电流的磁效应。英国物理学家法拉第重复了奥斯特的实验，只要导线通上电流，导线附近的磁针立即发生偏转，结果被证实了。法拉第受德国古典哲学中辩证思想的影响，认为电和磁之间必然存在联系并能相互转化，既然电能产生磁场，磁场也应该能产生电。为了验证这个设想，他从1821年开始做磁产生电的实验，最终证明他逆向思维的方法是正确的。十年后，法拉第设计了一种新的实验，即把一块条形磁铁插入一只缠着导线的空心圆筒里，结果导线两端连接的电流计上指针发生了微弱的转动！电流产生了！他还设计了两个线圈相对运动、磁作用力变化同样产生电流的实验。1831年，他提出了著名的电磁感应定律，并根据这一定律发明了世界上第一台发电装置。

1）逆向思维的特征

（1）事物之间都存在正反关系，这种正与反是相对而非绝对的，从内涵上讲，事物之间互为条件、互相依存。数字1、2、3、4是从小到大的排列顺序，此为正，从大到小的排列则为反；反之，同一组数字4、3、2、1是从大到小的排列顺序，此为正，而从小到大的排列则为反。定义不同，结果也不同。

（2）客观世界的许多事物之间可以互换存在。如甲在一定条件下转化成乙，乙在一定条件下转化成甲，对思维不加限定。

（3）甲形成的过程中，乙、丙是形成条件，同时乙、丙可能是对立的，但结果可以是相同的。

逆向思维将事物的条件关系、作用效果、使用方式、过程发展以及其他因素进行多视角的观察与思考，把矛盾的另一方面展现出来予以有效地利用，例如，司马光砸缸的故事。有人落水，常规的思维模式是救人离水，而司马光面对紧急险情，运用了逆向思维，果断地用石头把缸砸破，让水离人，救了小伙伴性命。

2）逆向思维的几种方式

（1）就事物的原理进行逆向思考。例如，空调中的制冷与制热、电动机与发电机、压缩机与鼓风机等都是利用事物转化原理进行逆向思考的。又如，化学能可转化成电能。意大利科学家伏特于1800年发明了伏打电池，近些年发明了燃料电池。反之电能也可以转换成化学能，电解使一种物质在电能的作用下变成多种物质，英国化学家戴维于1807年通过电解将电能转换成化学能，发现了钾、钠、钙、镁、锶、钡、硼七种元素。

（2）就事物的位置进行逆向思考。例如，一般动物园里，被关在笼子里的动物是观看对象，动物是被动的，人是主动的。若把主动与被动的位置倒置，即野生动物园，被关在汽车里的人是被动的，而动物是主动的。这种位置的变化，使人与动物的关系更加贴近。

（3）就事物的过程进行逆向思考。例如，通常人走路、路不动，而自动扶梯则是路动人不动。又如,城市立交桥上时常发生严重堵车,如果立交桥能多层次空间转位,无须司机绕行,问题就会迎刃而解了,这就是逆向思考。

（4）就事物的结果进行逆向思考。例如,美国雪佛隆公司是饮料生产企业,在对饮料市场进行研究期间,威廉·雷兹教授指着一堆按名称、重量、数量、包装分类的垃圾,对雪佛隆公司老板说:"垃圾是最有效的行销研究方法",于是公司通过对垃圾的研究,获得了相关食品消费信息:劳动者阶层所喝进口啤酒比高收入阶层多;中等阶层消费的食品比其他阶层多,因为中等阶层大都是双职工,生活匆忙;高层消费人群喝压榨果汁较多。公司依据调研结果制定了饮料产销战略。这是基于结果的逆向思考。

（5）就事物的缺点进行逆向思考。缺点与优点具有相对性。在事物的转化过程中,优点与缺点可以转化。例如,德国造纸工程师在一次纸张生产过程中,由于粗心导致缺了一种原料,致使纸张容易洇而无法写字。一次偶然的机会,他们发现有人用粗糙的草纸吸干字迹上的墨水,于是把报废的纸张做成吸墨板,得到畅销。这是基于缺点的逆向思考。

总之,逆向思维还可以从反向观念、反向程序、反向功能、反向结构、反向作用等多方面开展。

5. 发散思维中的侧向思维

侧向思维又称旁通思维,侧向思维与正向思维不同,正向思维遇到问题从正面解决,而侧向思维则避开问题,从次要方面入手挖掘思路,会取得意想不到的成果。侧向思维是利用其他领域的知识和信息,从侧向迂回解决问题的一种思维形式。

例如,法国农学家安瑞·帕尔曼切把土豆从德国引种到法国。安瑞·帕尔曼切曾在德国集中营吃过土豆,这种食物可当主食也可当蔬菜。当他把土豆带回法国后,人们却把它叫作"鬼苹果",不能接受它。安瑞·帕尔曼切想出的办法是:在收获的季节,他从地里挖出土豆后架在火上烧,然后美滋滋地吃。土豆的香味引起了农民的品尝兴致,在试吃过后发现,土豆果然很好吃,于是土豆种植逐渐在法国推广开。

6. 发散思维中的多路思维

解决问题或处理信息的方法不应只是沿着唯一的路径,而是应该从多角度、多路径、多层次进行思考。

（1）就事物的整体多向思考。1978年,获得奥运会举办权的洛杉矶面临着巨大的挑战,一位名叫尤伯罗斯的美国企业家出任洛杉矶奥运会组委会主席。他上任之初就遇到了麻烦,政府既禁止动用公共基金,也不准发行彩票,这两项都是奥运会传统的筹款模式。可以说,当时洛杉矶的奥组委举步维艰。但是,头脑灵活的尤伯罗斯没有被困难吓倒,深思熟虑后决定使用他所熟悉的种种商业手段来经营奥运会。

首先,他要出售奥运会的电视转播权。他认为奥运会上参赛的国家越多,竞争就会越激烈,比赛就越精彩,电视转播也就越好看,越能赚钱。接着,尤伯罗斯在各大电视机构之间游说,引起他们的竞争,有意转播奥运会的电视公司须首先支付75万美元作为招标定金。其次,尤伯罗斯提高了这次奥运会的赞助门槛,把竞争机制引入了奥运会的赞助营销中。运用这一策略,尤伯罗斯与可口可乐等公司大打心理战,赢得了超出预计的860万美元赞助费。

凭借着自己卓越的智慧和巧妙的运作方式,尤伯罗斯没有要政府的一分钱,却使洛杉矶奥运会盈利 2.25 亿美元,成为近代奥运会恢复以来第一届真正盈利的奥运会。

(2)就事物的顺序多向思考。可以按照时间和空间顺序,在不同节点进行思考。

(3)就事物的不同角度多向思考。可以换个角度、时间、地点、高度、身份、心情等进行发散思维。在转换操作中,若换不过来,还可采用问题搁置法,即对问题进行思考后,暂时找不到解决方案,过段时间再思考,这样可以摆脱惯性思维的束缚,及时发现新视角,产生新思路。

(4)针对事物绕道迂回进行思考。各种事物发展的进程各不相同,或曲折或顺利,人们在认识事物并进行创新时,就要针对问题多思路迂回进行思考,经常会出现新的转机从而找到解决问题的办法。例如,三洋电机创业者总结的企业经营理念,"做生意的要领与拉人力车攀登斜坡是一样,要利用'Z'字形爬坡"。例如,美国柯达公司是生产胶卷的,1963 年,公司没有急于卖胶卷,而是生产了一种大众化自动照相机,当这种照相机受到欢迎时,柯达公司也没有申报专利,还宣传鼓励各厂家仿制,于是世界各地出现了生产自动照相机的热潮。柯达公司目的明确,就是为了让消费者购买他们的胶卷。

(5)克服思维定式进行多路思考。思维定式就是思考同类问题或相似问题时的惯性轨道。思维定式来自于心理定式。德国心理学家认为:在人们意识中出现过的观念,有在意识中重新出现的趋势。例如,让一个人连续 10~15 次看大小不同的两个球,那么即使再拿来大小相同的两个球,也会被认为不同。这就是过去的感知影响了当前的感知,过去的思维影响了当前的思维。思维定式有好的一面,它对我们学习知识有帮助,举一反三,触类旁通,它帮我们解决了日常生活中的大部分问题。但当我们遇到困难的问题时,思维定式不利于创新思考,会对人们的思维产生束缚。进行创新活动就要学会克服思维定式。

7. 发散思维中的组合思维

组合思维又称连接思维或合向思维,是指把多项貌似不相关的事物通过想象加以连接,从而使其变成彼此不可分割的新整体的一种思考方式。

组合思维是从某一事物出发,以此为发散点,尽可能多地与另一些事物联结成具有新价值(或附加价值)的新事物的思维方式。科学家认为:知识体系的不断重组,是人类知识不断丰富发展的主要途径之一,近现代科学的三次大创造是三次大组合的结果。

第一次是牛顿组合开普勒天体运行三定律和伽利略的物体垂直运动与水平运动规律,从而创造了经典力学。

第二次是麦克斯韦组合法拉第的电磁感应理论和拉格朗日、汉密尔顿的数学方法,创造了更加完备的电磁理论,引发了以发电机、电动机为标志的技术革命。

第三次是狄拉克组合了爱因斯坦的相对论和薛定谔方程,创造了相对量子力学,引发了以原子能技术和电子计算机技术为标志的新技术革命。

2.2.3 收敛思维的特点、方法和作用

收敛思维也称聚合思维、求同思维、集中思维,是指在解决问题过程中,尽可能运用已有

的知识和经验,将众多信息引导到条理化的逻辑序列中,得出符合逻辑规范的结论。收敛思维是创新思维的一种形式。与发散思维相反,发散思维是为了解决某个问题,从问题出发,想出多个解决问题的途径。收敛思维也是为了解决某个问题,将各种信息重新组织,使思维集中指向中心点,向问题的相同方向思考,依据已有的知识和经验,得出恰当的结论或解决方案。

收敛思维的另一种情况是先进行发散思维,越充分越好,在发散思维的基础上再进行集中收敛,从若干种方案中选出一种最佳方案,同时补充其他方案的优点并加以完善,围绕最佳方案进行创造活动。

发散再收敛是创造性解决问题的一种思维方式,应与横向思维、纵向思维、逆向思维等形成互补,不能只用单一思维方式完成一个综合性的创造过程,因为创造性思维本身是一种复杂的、多元化的思维整合。

1. 收敛思维的特点

(1)集中性。收敛思维是针对一个集中的目标,将发散了的思维集中指向这个目标,并通过比较、筛选、组合、论证得到解决问题的答案。

(2)程序性。收敛思维有明确的目标,因此利用现有的信息和线索解决问题,就必须有一定的程序和步骤。

(3)比较性。尽管收敛思维有一定的目标,但毕竟还有多种路径和方法,因此要进行比较、选择,最终达到目标。

2. 收敛思维的方法

1)收敛思维中的目标确定法

通常我们遇到的大多数问题都比较清晰明朗,容易找到解决问题的途径和方法。但有时问题并不清晰明朗,反而纷乱复杂、似是而非,容易被引入歧途,继而得出错误的判断和结论。目标确定法指导我们要正确地确定搜寻目标,并在纷乱复杂的问题面前,进行认真的观察、分析并做出正确判断,找出其中的关键现象,围绕目标问题进行定向思维。目标问题确定得越具体越有效,避免那些条件尚不具备的目标,分析并对其各方面主客观条件有一个全面、正确、清醒的估计和认识。目标可分为近期目标、远期目标、总体目标、单项目标等。

例如,第一次世界大战期间,德国与法国交战时,法国的一支部队在前线构筑了一个隐蔽的地下指挥所,指挥所的人非常注意掩蔽,但却忽略了长官的一只猫。德军侦查员在观察法军阵地时,发现每天都有一只猫在法军阵地后面的小山包上晒太阳。这一情况引起了德军的注意。针对这一现象,德军经过对多种信息分析之后认为,这只猫不是野猫,而是一只家猫,并且猫的栖息地就在附近,而附近并无老百姓,显然是山包附近的法军所养。据此,德军判定山包附近肯定有法军的高级军事指挥所。于是,他们集中了六个炮兵营的火力,向山包猛烈轰击。法军地下指挥所的指战员全部阵亡。目标确定精准,使得德军取得了胜利。因此,进行收敛思维时,目标的精准与否将直接影响创新活动的成败。

2)收敛思维中的求同思维法

如果一种现象在不同场合反复出现,而在各场合中只有一个条件是相同的,那么这个条件就是产生现象的原因,这种寻找条件的思维方法称求同思维法。例如,一位牧羊人在山上发现了一个奇怪的山洞。他带着猎狗走进山洞,不多时,猎狗就瘫倒在地,四肢抽搐,挣扎几下就死掉了,而牧羊人却安然无恙。消息传开后,一位地质学家来此地考察。他用各种动物进行实验,发现凡是狗、猫、鼠等小动物都会遭此厄运,人、牛、马则无事,因此判断小动物头部离地面太近,底部冒出的二氧化碳气体密度比空气大,通常沉积在下面,所以岩洞底部二氧化碳超标,小动物被闷死了,人和高大的牛、马头部在上面,可以呼吸到氧气,因此是安全的。

运用求同思维法应注意产生共同现象的条件是否为最根本条件,有无其他更重要的原因或条件,当产生共同现象的原因不止一个时,求同思维法得到的结论就不一定准确可靠,还需与其他思维方法并用才能达到目的。

3）收敛思维中的求异思维法

求异思维法是从相反的方向求同,求异的目的是要找到事物发生的原因。如果一种现象在第一场合出现、第二场合不出现,而且两种场合只有一个条件不同,那这个条件就是产生现象的原因,此过程称为求异思维法或差异法。

4）收敛思维中的分析综合法

分析综合法是收敛思维中较好的方法,它通过层层分析,从纷乱复杂的情形中找到问题的各方面信息,然后进行分析、综合,找到解决问题的办法,综合而创新,也是发明创造的重要途径。例如,日本索尼公司早年还是一家小厂,他们将美国军用晶体管收音机技术进行综合改造,用于民用收音机并批量生产,价格低廉且很快占领了国际市场,成为世界闻名的企业。本田公司从国外引进 90 多种最新发动机样机,经过 100 多次的试验,设计制造出属于自己的先进发动机,成为世界一流摩托车的重要部件。运用分析综合法可以高效地进行创新活动。

5）收敛思维中的聚焦法

聚焦法是围绕问题进行反复思考,有时停顿下来浓缩和聚拢原有思维,形成思维的纵向深度和强大穿透力,其关键词是特定指向性的反复思考,当信息积累到一定量时,会导致质的飞跃。例如,隐身飞机的制造是一个多目标聚焦的结果。其难度在于,制造使敌方雷达探测不到、红外及热辐射技术追踪不到的飞机需要实现雷达隐身、红外隐身、可见光隐身、声波隐身等多个目标,每个目标又含有许多小目标,须分别聚焦并进行特定、指向性反复思考,最终才能成功制造隐身飞机。

3. 收敛思维的作用

收敛思维与发散思维各有特点,在创新思维中相辅相成,互为补充,只有发散思维没有收敛思维会导致混乱、真伪难辨。思维发散以后必须收敛,创新思维活动均为先发散后集中、再发散、再集中。反之,如果只有收敛思维过程而没有发散思维过程,就不能形成灵活敏捷的思维,就会思维僵化、呆板,抑制思维的创新性。

发散思维是从一个问题（I）出发,突破原有的知识圈,充分发挥想象力,经不同途径、不同角度去探索,重组当前信息和记忆信息,产生新的有价值信息（$O_1, O_2, \cdots, O_n$）。收敛思维也是以解决问题为出发点,将信息（$O_1, O_2, \cdots, O_n$）重新组织,向问题的相同方向思考,收敛思维至新的有效信息$(P_1,P_2,\cdots,P_n)$。再从几个问题$(P_1,P_2,\cdots,P_n)$出发,运用发散思维方法,经不同途径探索,产生更多新的有价值信息$(C_1,C_2,\cdots,C_n)$。再运用收敛思维向问题的相同方向思考,依据已有的知识和经验,逐步产生信息$(D_1,D_2,\cdots,D_n)$,$(S_1,S_2,\cdots,S_n)$,使思维集中指向中心点(F),得出恰当的结论或解决方案。在具体方案中:I表示初始信息,O表示机会信息,P表示创新问题,C表示概念方案,D表示领域方案,S表示创新方案。复合式菱形思维操作过程模型如图2-1所示,它是利用不同阶段思维操作单元,集成多种应用方法和策略进行创新活动的。

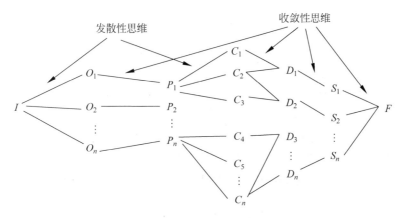

图 2-1　复合式菱形思维操作过程模型

2.3　形象思维、直觉思维和灵感思维

通常人们把逻辑程序无法说明和解释的那部分思维活动称为非逻辑思维。形象思维、直觉思维和灵感思维是其主要表现形式,在创造思维的关键阶段起着重要作用。许多科学家认为非逻辑思维是由经验素材到理论飞跃且不通过逻辑思维的桥梁,是通过直觉、灵感等非逻辑思维来实现的。直觉和灵感不能用传统的形式逻辑来解释,但它可用辩证法为基础的辩证逻辑来解读。人们在创新活动过程中,常会由某一事物刺激或某一情境激发,猛然间对正在研究或思考的问题产生新的构想,这种思维形式并未经过严格的推理和判断,这就是非逻辑思维的特点。

2.3.1　形象思维

形象思维是指人们在认识世界的过程中,对事物表象进行取舍时形成的用以解决问题的思维方法。形象思维是在对形象信息传递的客观形象体系进行感受和储存的基础上,结合主观认识和情感进行识别,并用一定形式创造和表达的思维形式。科学家钱学森倡导思维科学,他认为形象思维是思维科学最重要的研究内容之一。

形象思维是借助于头脑中的表象进行比较、分析、综合、抽象、概括并具有生动性和实感性的思维活动,它是凭借事物的表象进行多回路、多途径创新的思维活动。表象一方面存在抽象性与概括性,另一方面存在模糊性和不确定性。

1. 形象思维的特点

1) 形象思维的形象性

形象性是指用形象的特殊形式反映生活时具体而生动地唤起人们感性体验的属性。它是形象思维的主要特征。日常生活中,人们会感受许多事物并在头脑中留下深刻印象,这些印象在头脑中储藏即为表象。形象由头脑中的表象构成,形象思维依赖于表象,储存的直观表象越多越容易组合出新的形象,创新也越多。

2) 形象思维的普遍性

普遍性是指事物的常见性和必然性。很早以前,形象思维就已经是人们普遍的思维形式了,它是最常见和最普遍的。

3) 形象思维的创造性

创造性是指个体产生新奇独特和有社会价值事物的能力或特性,以创造性思维为核心产生创新成果也是形象思维的基本特征。人们进行形象思维时,虽依据头脑中储存的直观表象,但形象思维之后的表象已进行了改造加工,赋予了其创造性因素。例如,齐白石笔下的虾、徐悲鸿笔下的马、梅兰芳表演的杨贵妃等,都是形象思维创造性的表现形式。

2. 形象思维的过程

形象思维一般需要经过形象感受、形象储存、形象判断、形象创造、形象描述五个环节。五个环节相对独立却环环相扣、相互关联。形象思维过程中也会有抽象思维各环节的参与,形象思维与抽象思维相互交错、相互补充和影响。

1) 形象思维中的想象思维

想象思维是人们在已有对事物感知的基础上对直观表象进行加工改造,创造新的表象的心理过程。想象思维要求人们有丰富的想象力。

马克思说:"想象力这个十分强烈地促进人类发展的伟大天赋,已经创造出了还不是用文字来记载的神话、传奇和传说的文学,并且给予了人类强大的影响。"

列宁说:"有人认为,只有诗人需要幻想,这是没有理由的,这是愚蠢的偏见!甚至在数学上也是需要幻想的,没有它就不可能发明微积分。"

想象分为无意想象和有意想象。有意想象又分为再造想象和创造想象。

(1) 无意想象——没有自觉目的,不需做出意志努力的想象。例如,优秀的保险推销员玛丽·克劳,她年轻时,每天的工作就是为身为矿工的父亲洗工作服。她家非常贫穷。有一天正当她洗衣时有了令人惊奇的想法——念大学!思维清楚而确定地显现了,这就是无意想象。

(2) 有意想象——自觉目的,需要做出意志努力的想象。例如,还是玛丽·克劳,当念大学无意间闯入她的头脑,便发生了有意想象——学生的方帽子、学士服和大学文凭等。这给她带来了真正的激励。她后来在传教士的帮助下拿到了泉水大学圣玛丽学院的奖学金,并且通过做女侍、女仆、厨师等赚到了学费,兴高采烈地上了大学,进了推销保险进修班。

2）形象思维中的联想思维

联想思维是指人们记忆表象中，某种诱因导致不同表象之间发生联系的、没有固定思维方向的自由思维活动。其形式包括幻想、空想、玄想。其中科学幻想在人们的创造性活动中具有重要的作用。联想与大脑的记忆库有关，人们的记忆库不同则联想不同。

联想是转移的前提条件，借鉴是事物发展规律的形式探讨，类比能力是联想的手段和方法。联想、转移、借鉴、类比等能力是创新思维能力中不可缺少的组成部分。

联想思维分接近联想、类比联想、对比联想、连锁联想和跨越联想。

（1）接近联想——时间和空间上互相接近的事物间形成的联想。例如，门捷列夫发现元素周期律后对未知元素位置的判断。

（2）类比联想——以类比思维为基础，从类似的事物中受到启发，从而解决当前问题的思维方法，又分结构类比、功能类比、形象类比等。

（3）对比联想——借助对不同事物的功能、结构、外观、质量或事物的原因、过程、结果的比较而进行的一种形象思维方式。例如，数学中的正数与负数、物理学中的作用力与反作用力、化学中的化合与分解、生物学中的遗传与变异等。

（4）连锁联想——从某事物出发，一环扣一环地产生一系列联想后付诸实施。

（5）跨越联想——从某事物出发，突然联想到与之没有任何关联的另一事物，从而使思维活动大跨度跳跃，引出新设想的思维方式和创造活动。

2.3.2 直觉思维和灵感思维

1. 直觉思维

直觉思维是指对一个问题未经逐步分析，仅依据感知迅速做出判断的思维方式。或对疑难事物百思不得其解之时，突然有的"灵感"、"顿悟"和"预感"等都是直觉思维。直觉思维是一种心理现象，它在创造性活动的关键阶段起着重要的作用。直觉思维具有自由性、灵活性、自发性、偶然性、不可靠性等特点，直觉思维在创造性活动中有着非常积极的作用，可帮助人们做出创造性的预见。例如，达·芬奇凭借他的直觉思维，超越时代地预见到100年以后才由伽利略用实验证明的惯性原理。居里夫妇靠着大胆的直觉发现了放射性元素镭。更有人把爱因斯坦关于科学原理的思想简述为：经验—直觉—概念和假设—逻辑推理—理论。直觉是人们在生活中经常应用的一种思维方式。

1）直觉思维的特点

（1）直觉是对具体对象的直观、整体上的把握，没有直观对象难以产生直觉。

（2）直觉凭以往的知识和经验直接猜到问题的精要，用敏捷的观察力、迅速的判断力对问题做出试探性回答，再用经验思维、理论思维进行证明。

（3）直觉产生的形式是突发的和跳跃的，它在大脑功能处于最佳状态时出现。例如，密尔顿·雷诺兹曾经做过汽车修理工，也做过建材生意和股票报价机，都以失败告终。他靠生产海报印刷机赚了一些钱。1945年，他到阿根廷旅游，无意间发现了"圆珠笔"，他凭直觉认为这种笔很容易普及。回美国后，他找到懂技术的工程师加以改良，圆珠笔能在水中的纸上画出清晰的线。于是构想了一句宣传词："它能在水中写字"，获得了巨大成功。

2）直觉思维的局限性

直觉是对具体对象的直观把握，容易局限在有限的范围内。另外，个人主观色彩浓厚，结论缺乏科学性。爱因斯坦说过："根据直接观察所得出的直觉结论常常是不可靠的，因为它们有时会被引到错误的线索上去。"

3）怎样培养直觉能力

（1）要有坚实和宽泛的基础知识。判断不是凭主观意愿，而是凭知识规律。

（2）要有丰富的生活经验、丰富的学习工作经历，解决过各种复杂问题，直觉思维才能迅速、灵活、机智。

（3）要有敏锐的观察力，能审视事物，快速看清事物的全貌。

2．灵感思维

灵感思维是不知不觉中突然发生的特殊思维形式。它是长期思考的问题受到某些事物的启发后忽然得到解决的思维过程。灵感思维是人脑机能对客观现实的反映。钱学森认为：所谓灵感是人们在科学研究或艺术创作中突然出现的、瞬时即逝的短暂思维过程。

1）灵感的特点——灵感具有通常思维活动所不具备的特殊性质

（1）灵感的突发性。灵感是不期而至、突如其来的。灵感出现的时间、条件都难以预知。例如，爱因斯坦一次坐在朋友家桌子边和主人讨论问题，突然来了灵感，他拿出了笔，但找不到纸，就迫不及待地在朋友家的新桌布上写下了公式。

（2）灵感的兴奋性。灵感的兴奋性是指人脑在灵感闪现后处于兴奋状态。人脑被激发时伴随情绪的高涨，甚至进入忘我状态。例如，阿基米德洗澡时发现了浮力定律，他兴奋地忘记穿衣就跑到街上狂呼。

（3）灵感的跳跃性。灵感的跳跃性是一种直觉的非逻辑思维过程。人们在生活中常常触景生情，使问题得到突然解决。

（4）灵感的创造性。灵感获得的思维成果常常具有创造性。它的闪现是模糊的、粗糙的、零碎的，需要思维活动加以整理。

2）灵感产生的条件

（1）长期的思维活动准备——它是人脑创新思维的产物，长期思考是基本条件。

（2）兴趣和知识储备——广泛的兴趣和丰富的知识有利于灵感的出现。

（3）思维能力方面的准备——包括观察、注意、记忆、想象等方面的能力。

（4）乐观镇静的情绪——愉悦的情绪能增强大脑的感受力。

（5）摆脱习惯性思维的束缚——突破思维定式。

3）灵感产生的方式

（1）思想变化常在阅读或交流中发生。例如，达尔文从马尔萨斯"人口论及其对未来社会的进步的影响"中读到"繁殖过剩而引起竞争生存"时突然想到：在生存竞争的条件下，有利的变异会得到保存，不利的变异则被淘汰，也就是适者生存，由此促进了生物进化论的思考。

（2）原型启发是针对自己研究对象的模型启发而产生的灵感。例如，英国工人哈格里沃斯某一天和往常一样，为发明纺纱机的问题伤了一整天脑筋，傍晚他疲倦地站起来打算休息一下，不小心踢翻了妻子原来水平放置的纺车，变成了垂直状，但纺锤仍然在转。就这样新型纺纱机研制成功了，纺纱效率得到了极大的提高。

（3）形象发现是文艺创作中的常用方式。例如，意大利文艺复兴时期的著名画家拉斐尔想构思一幅新的圣母像，但很久没有完成。一次散步中，他看到一位健康、淳朴、温柔的姑娘在花丛中剪花，这一形象吸引了他，着手创作了"花园中的圣母"。

（4）情景激发是一种触景生情的灵感思维方式。例如，有一作家经过农村生活的体验写出了经典之作，几年后想改写却找不到感觉，当他又回到农村，受到农民的语言、感情的激发，很快产生了创作灵感。

（5）无意遐想，遐想式灵感在创新活动中是常见的。例如，获诺贝尔奖的遗传学家摩根有一次突然产生了一个大胆的猜想：海水的酸度可能会增进某些深海生物的生殖力。当时他找不到酸，就立刻到旁边杂货店买了一只柠檬，把柠檬汁挤进缸内，实验证明他的想法是正确的。

（6）潜意识是下意识的信息处理活动。由潜意识产生灵感的情况更为复杂，有的是潜知的闪现，有的是潜能的激发，有的是创造性梦境活动。

创造发明是科学技术进步的最主要途径，而具有创新思维是人们创造发明的前提。加强各种创新思维的培养，使人们掌握基础知识和基本技能的同时，培养其创造性思维方法，使之成为创新型人才是关键所在。在工程技术领域，如何运用逻辑思维和非逻辑思维是非常重要的课题。在创造性活动中，问题的提出和问题的解决需要思维的发散与收敛并适时地采用一些直观的形象思维与直觉思维。逻辑思维与非逻辑思维交替使用，形象思维与直觉思维的产物常常需要逻辑思维的检验和证明。发散思维具有流畅性、变通性和独特性，能触类旁通、随机应变，不受思维定式的束缚，从不同方面、不同角度、不同层次对同一问题进行求同和求异，使问题能够获得多个解决方案。收敛思维是发散思维的升华，并在发散思维基础上展开，收敛思维与发散思维有机地结合，则问题得到解决，主动地从工程实践中发现问题和解决问题，强化人们的思维能力，将知识运用于各领域研究与应用具有重要价值。

2.4 TRIZ 创新思维

萃智（TRIZ）是由根里奇·阿奇舒勒（Genrich S. Altshuler）创立的，从 1946 年开始，他通过对数以百万计的专利文献进行研究，提炼出一套解决复杂技术问题的系统方法。20 世纪 90 年代初，TRIZ 传播到美国，迅速引起了学术界和企业界的极大关注。TRIZ 的研究和培训机构纷纷成立，TRIZ 已成为国外技术创新和质量工程领域的研究热点。

2.4.1 TRIZ 简介

TRIZ 意译为发明问题的解决理论，音译为"萃智"。TRIZ 理论成功地揭示了创造发明的内在规律和原理,着力于澄清和强调系统中存在的矛盾,其目标是完全解决矛盾,获得最终的理想解。它不是采取折中或者妥协的做法,而是把矛盾激化并彻底解决矛盾。它基于技术的发展演化规律研究整个设计与开发过程,而不再是随机的行为。实践证明,运用TRIZ理论,可大大加快人们创造发明的进程并且能得到高质量的创新产品。

TRIZ是基于知识的、面向解决发明问题的系统化方法学。

1. TRIZ是基于知识的方法

(1) TRIZ是解决发明问题启发式方法的知识。这些知识是从全世界范围内的专利中抽象出来的,TRIZ仅采用为数不多的基于产品进化趋势的客观启发式方法。

(2) TRIZ大量采用自然科学及工程中的效应知识。

(3) TRIZ利用出现问题领域的知识,这些知识包括技术本身、相似或相反的技术或过程、环境、发展及进化。

(4) TRIZ是面向人的方法,即TRIZ中的启发式方法是面向设计者的,不是面向机器的。

2. TRIZ是系统化的方法

(1) 在TRIZ中,问题的分析采用了通用且详细的模型,该模型中问题的系统化知识是重要的。

(2) TRIZ让解决问题的过程系统化,以方便地应用已有的知识。

3. TRIZ是发明问题的解决理论

(1) 为了取得创新解,需要解决设计中的冲突,但解决冲突的某些步骤是不知道的。

(2) 未知的解往往可以被虚构的理想解代替。

(3) 通常理想解可通过环境或系统本身的资源获得。

(4) 通常理想解可通过已知的系统进化趋势推断。

2.4.2 TRIZ主要体系

TRIZ主要体系如下。

(1) 8大技术系统进化法则:技术系统也会进化,并且遵循一定的规律,这为技术创新指明方向。

(2) IFR最终理想解:促使我们明确理想解所在的方向和位置,避免由于折中法缺乏目标所带来的弊端。

(3) 40个发明原理:指引发明的原理,使创造性思维得到扩张。

(4) 39个通用工程参数和阿奇舒勒矛盾矩阵:通过对矛盾的分析,在矛盾表中查找可能的解法,解法是由40个发明原理组成的。

(5) 物理矛盾和分离原理:解决物理矛盾有4个分离原理和11条分离方法。

(6) 物-场模型分析:一种重要的问题描述和分析工具,用以建立与已存在的系统或新技术系统问题相联系的功能模型。可以通过物-场模型分析描述的问题一般称为标准问题,可以采用76个标准解法进行求解。

（7）76个标准解法：针对标准问题提出的解法，标准解法是 TRIZ 高级理论的精华之一。

（8）ARIZ 发明问题解决算法：非标准问题主要应用 ARIZ 来进行解决。ARIZ 的思路是将非标准问题通过各种方法进行变换，转换为标准问题，然后用 76 个标准解法来解决。

（9）科学原理知识库：物理、化学、生物、几何等领域的科学原理可以有效帮助发明问题的解决，并为技术创新提供丰富的方案来源。

（10）功能属性分析："功能"角度分析系统，分析系统执行或完成其功能及关注属性的情况。功能属性分析是对问题定义过程中会使用到的必要工具之一，是寻找创新切入点与简化现有系统最实用的工具，一个完整的功能属性分析是进行系统创新最重要的一步。

（11）资源分析：主要从时间、空间、物质、能量、功能、信息 6 方面分析系统中的资源。资源是解决发明问题的基础。

2.4.3 TRIZ 创新思维方法

传统工程师在创新过程中往往会存在一些思路障碍，比如心理惯性、有限的知识领域、尝试错误等。这些缺点限制工程师思考创新能力，因而降低产生高品质解决方案的可能性。基于 TRIZ 的创新可以帮助我们走出"试错法"的困境。引导解决问题的方向，提高解题效率。TRIZ 中的创新思维方法包括九屏幕法、IFR 法、小人法、金鱼法和 STC 算子。

1. 九屏幕法

九屏幕法如图 2-2 所示，是系统思维的一种方法，是对问题进行系统性的思考，不仅考虑系统当前，还要考虑系统的过去和未来；不仅考虑本系统，还要考虑其他相关的系统（称为超系统）和系统内部子系统；系统地、动态地、联系地看待事物。九屏幕法突破系统单一维度，向时间和空间等更多维度去找资源解决问题，体现了智慧，如降维打击就是借助这种方法。

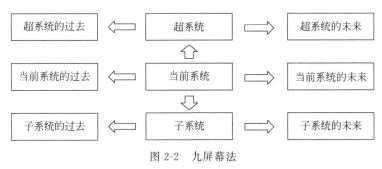

图 2-2 九屏幕法

九屏幕法系统地思考问题的产生与发展，系统地分析资源，从资源的视角探究解决问题的可能性，选取最佳方案解决问题。

技术系统是由多个子系统组成的整体，并通过子系统间的相互作用实现一定的功能，简称为系统。

子系统是构成技术系统的低层次系统,任何技术系统都包含一个或多个子系统。低层子系统在上一级系统的约束下起作用,低层子系统一旦改变,就会引起高级系统的改变。

超系统是技术系统之外的高层次系统。

当前系统是正在发生当前问题的系统(或指当前研究的系统)。

九屏幕法的使用步骤如图 2-3 所示。

(1) 画出三横三纵的表格,将要研究的技术系统填入格 1。

(2) 考虑技术系统的子系统和超系统,分别填入格 2 和 3。

(3) 考虑技术系统的过去和未来,分别填入格 4 和 5。

(4) 考虑超系统和子系统的过去和未来,填入其余相应的格中。

(5) 针对每个格子,分析各种类型的可用资源。

(6) 利用资源规律,选择解决技术问题。

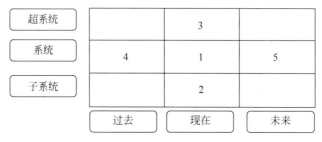

图 2-3　九屏幕法的使用步骤

九屏幕法有助于多角度地看待问题,突破原有的思维惯性,从时间和系统两个维度看问题,根据扩展的维度中挖掘的可用资源,确定问题解决方法。

2. IFR 法

最终理想结果——IFR(Ideal Final Result):系统在最低程度改变或代价的情况下能够实现最大程度的自服务(自我实现、自我传递、自我控制等)。最终理想结果法是在问题解决之初,先抛开各种限制条件,针对问题情境,设立各种理想模型(即最优模型结构)来分析问题,并以取得最理想结果作为终极追求目标。最终理想结果的特点:保留了原系统的优点;消除了原系统的不足;没有使系统变得更复杂;没有引入新的缺陷。系统的理想化程度用理想度来衡量。

理想度可以用数学公式来定量描述,如式(2-1),其中分子是所有有用功能之和,分母是所有有害作用与成本的和。

$$理想度 = \frac{\sum 有用功能}{\sum 有害作用 + 成本} \tag{2-1}$$

定性描述:为实现有用功能的所有代价。

应用 IFR 的步骤如下。

(1) 对现有的问题进行描述,设计最终的目的。

（2）问题解决的 IFR 描述，分析达到 IFR 的障碍、出现这种障碍的结果、不出现这种障碍的条件。

（3）分析现有的所有可利用资源。

（4）创造这些条件时可用的已有资源。

（5）得到接近 IFR 的技术方案。

IFR 法从最终目标入手，探求解决问题的路径，与从问题到目标的方式结合，双向思考，寻找问题的最佳解决方案。

3．小人法

当系统内的某些组件不能完成其必要的功能，并表现出相互矛盾的作用时，可以用一组小人来代表这些不能完成特定功能的部件，通过能动的小人，实现预期的功能。然后，根据小人模型对结构进行重新设计。小人法克服了思维惯性导致的障碍，提供解决矛盾问题的新思路。

1）小人法使用步骤

（1）将系统中不同组成部分想象成不同类型的小人群。

（2）把小人分成按问题的条件而行动的组。

（3）研究得到问题模型并对其进行改造，以便实现解决矛盾（打乱重组）。

（4）过渡到技术解决方案。

2）使用小人法的常见错误

画一个或几个小人，不能分割重组；画一张图，无法体现问题模型与方案模型的差异。

3）使用小人法的优点

小人法更形象生动地描述技术系统中出现的问题；用小人表示系统，打破原有对技术系统的思维定式，更容易地解决问题，获得理想解决方案；能动小人的引入突破了思维定式，思考的过程由一个人的思考变为两人或多人的思考，解题思路得到进一步的拓展。

4．金鱼法

金鱼法源自俄罗斯普希金的童话故事：金鱼与渔夫。故事中描述了渔夫的愿望通过金鱼变成了现实，映射金鱼法是让幻想部分变为现实的寓意。

采用金鱼法有助于将幻想式的解决构想转变成切实可行的构想。

金鱼法应用的步骤如下。

（1）将幻想分成现实和非现实两部分。

（2）思考幻想部分为什么不现实。

（3）思考在什么条件下，幻想部分可变为现实。

（4）列出子系统、系统、超系统的可利用资源。

（5）从可利用资源出发，提出可能的构想方案。

（6）构想方案中不现实部分，再次回到第（1）步。

（7）重复直到不现实部分微不足道，变成可实现或不需要的部分。

采用金鱼法，将思维惯性带来的想法重新定位和思考，有助于将幻想式的解决构想转变成切实可行的构想。

5. STC 算子

STC 算子就是：尺寸(Scale)-时间(Time)-成本(Cost)算子。它是将尺寸、时间和成本因素进行一系列变换，从中找出可用资源进行解决问题的思维试验。

1）STC 算子的目的

克服因思维惯性产生的障碍；迅速发现对研究对象最初认识的不准确和误差；重新认识研究对象。

2）STC 算子的分析过程

（1）明确研究对象现有的尺寸、时间和成本。

（2）想象对象的尺寸无穷大($S \to \infty$)、无穷小($S \to 0$)。

（3）想象过程的时间或对象运动的速度无穷大($T \to \infty$)、无穷小($T \to 0$)。

（4）想象成本（允许的支出）无穷大($C \to \infty$)、无穷小($C \to 0$)。

从尺寸、时间和成本不同维度去寻找资源，每个维度都要分步递增、递减，直到进行到物体新的特性出现。不可以还没有完成所有想象试验，或担心系统变得复杂而提前终止。使用成效取决于主观想象力、问题特点等情况。不要在试验的过程中尝试猜测问题最终的答案。

用 STC 算子思考后，可以发现系统中的技术矛盾或物理矛盾。STC 算子克服思维定式，是改善思维方式的一种很好的工具。

6. 总结

传统的创新思维方法主要从心理学角度破除思维惯性，而 TRIZ 更多地考虑了在工程技术领域应用的特点，从逻辑和规律角度出发。

TRIZ 中的创新思维方法，服从其核心思想，服务于其分析、解决问题的整体思路。例如，IFR 方法体现其强调理想结果；九屏幕法强调系统思考和资源分析；小人法强调微观级别的思考；金鱼法强调将幻想方案逐步落实。这些在 TRIZ 的解决问题流程中都有明确的用处。

2.4.4　TRIZ 创新思维应用

1. 九屏幕法

九屏幕法从多维度多角度看问题，突破原有思维的惯性，不仅看系统本身，还从时间和系统两个维度扩展来研究系统和问题，充分挖掘扩展维度的资源，寻求问题解决方法。

1）以汽车为例研究九屏幕法的应用

汽车的子系统有发动机、油门、油箱、刹车、方向盘、轮胎、座椅、车门、车窗、外壳、雨刷等。当前系统为汽车。汽车的超系统有交通系统、路灯、红绿灯、行人、停车位等。

一般以研究对象为系统本身，如汽车是系统，发动机就是子系统。超系统—系统—子系统是一个彼此相对的观念，例如将发动机看成系统，发动机也可再细分下去，但是一般在分析时，以问题的上层与下层系统为主要的思考方式，并不层层展开。

利用九屏幕法考虑汽车问题,如图 2-4 所示。

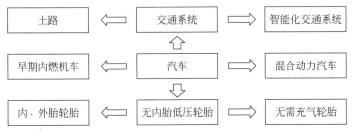

图 2-4　九屏幕法的汽车实例

2) 以马来群岛摘椰子为例研究九屏幕法的应用

马来群岛有很多椰子树,如图 2-5 所示。摘椰子是当地人们的一项重要收入来源,但是有的椰子树能够长到 20 多米高,如果人为去爬树摘椰子非常麻烦,那么能否有其他方法来帮助当地人们摘椰子呢? 具体要怎么办呢? 我们利用九屏幕法来思考解决这个问题。

图 2-5　马来群岛椰子树

如果我们在椰子树的超系统中考虑:椰子树是一棵树,在大自然中有很多会爬树的动物,比如猴子,可以考虑利用猴子去帮助我们摘椰子,而且在马来西亚有一个“猴子学校”,专门训练这些猴子如何爬树采摘椰子,学员毕业后将成为职业的“采摘工人”,被送往全国各地。

那么是否还有其他的方法呢?

我们也可以在系统的过程中去寻找问题的解决方法,椰子树是从一棵很小的树苗慢慢长成 20 多米高椰子树的,如果我们在椰子树的成长过程中,在椰子树上凿出利于我们攀爬的槽位,那么当椰子树长到 20 多米高时,我们攀爬起来是非常方便的,相当于椰子树自己长出梯子。这个例子就是采用九屏幕法,充分挖掘时间资源,在合适的时间采取措施。

2. IFR 法

用 IFR 法解决给鸡蛋打标签的问题。

给鸡蛋标注生产日期和保质期,方便消费者购买。养殖场要这样做,但是购买电脑喷码仪太贵了,如何解决这个问题?

(1)现有的问题描述:要给鸡蛋标注生产日期和保质期,但不能用昂贵的电脑喷码仪。

(2)问题解决的IFR描述:不增加新设备,给鸡蛋打上标记。

(3)分析现有的所有可利用的资源和鸡蛋生产装箱过程:可利用的资源有大量鸡蛋、蛋格、蛋筐、流水线、操作人员;鸡蛋生产装箱过程包括传送带传送鸡蛋、工人用手把鸡蛋放到蛋格中、蛋格封装入箱。

(4)寻找接近IFR的技术方案:因为在鸡蛋装箱的整个过程里面,工人都会直接接触到鸡蛋,所以我们就可以利用现有的与鸡蛋有直接接触的组件,打上标记。如可以在工人的手上带上一个印有生产日期和保质期的印章,如图2-6所示,这样工人拿鸡蛋的时候就可以顺便给鸡蛋打上标签了。

图 2-6　给鸡蛋打标签过程

3. 小人法

用小人法思考解决在喝茶时茶叶会顺水喝入口中的问题。如何设计杯子能够防止茶叶顺水喝入口中呢?用小人替代系统的各个组成部分,如图2-7所示:白色小人——杯子,黑色小人——茶叶,灰色小人——水。

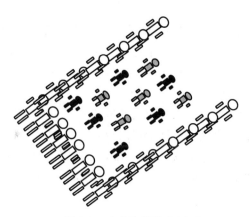

图 2-7　小人法设计水杯

按问题条件将小人重组实现要求的结果：将部分白色的小人变成门卫，允许灰色小人出去，阻止黑色小人出去。

最终方案：在杯子内嵌入一个过滤网，茶水流出，茶叶留存在杯子内。

再来看一个水量计的问题。我们想设计一个水量计，如图 2-8 所示，当水量到达计量值时，由于重力作用，左端下沉，可以排出计量水量。

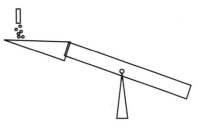

图 2-8　水量计

但是会存在一个问题：排出一部分水后，计量水槽重心右移，右端下沉，水无法完全排出。

利用小人法来解决这个问题，如图 2-9 所示。

图 2-9　水量计的组成部分

系统的组成部分：水、计量水槽。

用小人表示各组成部分：白色小人——水，黑色小人——水槽。

现在的状况就是白色小人到达一定量的时候，就要排出去，但是仍会有一部分白色小人会继续保留在里面。我们可以通过实时调整黑色小人位置来确保白色小人都能排出去，如图 2-10 所示。

图 2-10　小人法水量计原理

根据小人图示,考虑实际的技术,可以设计一个可变重心的水量计,如图 2-11 所示。

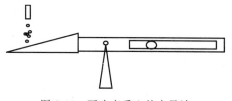

图 2-11　可改变重心的水量计

4. 金鱼法

如何制造出埃及神话故事中会飞的魔毯?

(1) 将问题分为现实和幻想两部分。

现实部分:毯子是存在的。

幻想部分:毯子能飞起来。

(2) 幻想部分为什么不现实?

毯子比空气密度大,而且它没有克服地球引力。

(3) 在什么情况下,幻想部分可变为现实?

施加到毯子上向上的力超过毯子自身重力;毯子的密度小于空气的密度;地球引力消失。

(4) 列出所有可利用资源。

超系统:空气、来自太空的高能粒子、风(高能质子流)、地球引力、阳光、来自地球的磁力。

系统:毯子、形状、颜色、重量。

子系统:毯子中交织的纤维。

(5) 利用已有资源,基于之前的构想(第三步)考虑可能的方案。毯子的纤维与太阳释放的紫外线、高能粒子流相互作用让毯子飞翔;毯子比空气密度小;毯子在不受地球引力的宇宙空间;毯子上安装提供反向作用力的发动机;毯子由于下面的压力增加而悬在空中(如气垫毯);类似飞机,让毯子上面的空气流速高于毯子下面的空气流速;磁悬浮。

(6) 构想方案中的不现实部分,再次回到第(1)步。

(7) 选择不现实的构想之一:毯子比空气密度小。

(8) 分为现实和幻想两部分。

现实部分:存在着重量轻的毯子,但它们比空气密度大。

幻想部分:毯子比空气密度小。

(9) 为什么毯子比空气密度小是不现实的?

制作毯子的材料比空气密度大。

(10) 在什么条件下,毯子会比空气密度小?

制作毯子的材料比空气密度小;作用于毯子的重力被抵消。

(11) 考虑可利用资源。

(12) 结合可利用资源,考虑可行的方案。

(13) 整个流程反复迭代,得到最佳解:

采用比空气密度小的材料制作毯子;毯子密度等于空气密度,毯子由于空气分子的布朗运动而移动;在飞行器内使毯子飞翔,飞行器以相当于自由落体的加速度向下运动,或者在绕地球公转的空间站中,使毯子处于失重状态。

哈佛大学的马哈德温教授成功展示了一个纸币大小的毯子在空中飞行,经计算,

101.6mm、0.1mm 厚的毯子飘浮在空中,需要每秒震动大约 10 次,振幅大约为 0.25mm。

圣安德鲁大学的利昂哈特教授确定了转变这种现象(即卡西米尔力)的方法,就是用排斥代替相互吸引,将导致摩擦力更小的微型机器的一部分悬浮在空中。

原则上相同的效果能让更大的物体,甚至是一个人漂浮起来,再次让魔毯向现实迈进一步。

5. STC 算子

STC 算子不是为了获取问题的答案,而是为了拓宽思路,分析找到尽可能多的可用资源,为下一步寻找解决方案做准备。用 STC 算子思考后,可以发现系统中的技术矛盾或物理矛盾。STC 算子克服思维定式,是改善思维方式的一种很好的工具。

我们来看这样一个例子,高温成形的玻璃被放在传送带运输,如图 2-12 所示,如果是普通的轴,高温的玻璃会严重损坏轴,那么就需要改善。

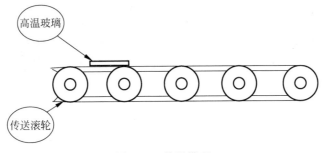

图 2-12　传送模型

可以通过如图 2-13 所示的 STC 算子来讨论这个问题。

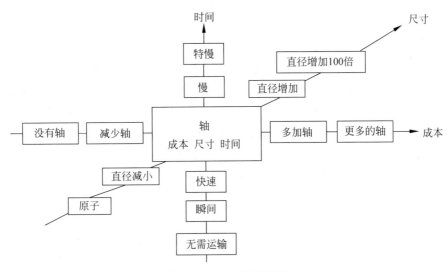

图 2-13　STC 算子分析

应用 STC 算子解决问题。

（1）尺寸：轴的直径小。头发丝 1/100：微米级。气体、液体、固体原子：纳米级。如液体原子：容易熔化的物质、极高的沸点、比玻璃密度（2.5g/cm³）大。

（2）条件：熔点 200～300℃，沸点不低于 1500℃，密度 5.0～6.0g/cm³。

（3）寻找材料，除了稀有金属，剩下的就是铋、铅、锡。

（4）解决方法：用一个长长的、装有熔化的液体锡的托盘代替传送带，原子代替细轴。

2.5　本章小结

本章介绍了创新思维的基本概念和创新思维的本质、特点及结构模式。对创新思维积极的求异性、多维的灵活性、新颖的独特性、宽泛的知识结构等特点进行了总结归纳。阐述了逻辑思维与创新思维的相关性和逻辑思维的普遍性、严密性、稳定性、层次性等特征及形式、方法、运用等内容。介绍了创新思维中的发散思维和收敛思维，形象思维、直觉思维和灵感思维。本章重点介绍了 TRIZ 及 TRIZ 中的创新思维方法，包括九屏幕法、IFR 法、小人法、金鱼法和 STC 算子，并介绍了这些 TRIZ 创新思维的原理、方法及案例。

习题

1. 某城市发生了一起汽车撞人逃逸事件。该城市只有两种颜色的车，蓝色的车占 15%、绿色的车占 85%，事发时有一名现场目击者，他指证是蓝车，但是根据专家在现场的分析，当时条件下能看清楚的可能性是 80%，那么肇事车是蓝车的概率到底是多少？

2. 爱因斯坦的问题。问题的前提是：第一，有五栋五种颜色的房子；第二，每间房子的主人国籍都不同；第三，这五个人每人只喝一种饮料，只抽一种牌子的香烟，只养一种宠物；第四，没有人有相同的宠物、抽相同牌子的香烟、喝相同牌子的饮料。

＊提示：第一，英国人住在红房子里；第二，瑞典人养了一条狗；第三，丹麦人喝茶；第四，绿房子在白房子左边；第五，绿房子主人喝咖啡；第六，抽 PALL MALL 烟的人养了一只鸟；第七，黄房子主人抽 DUNHILL 烟；第八，住在中间那间房子的人喝牛奶；第九，挪威人住第一间房子；第十，抽混合烟的人住在养猫人的旁边；第十一，养马人住在抽 DUNHILL 烟的人旁边；第十二，抽 BLUSMASTER 烟的人喝啤酒；第十三，德国人抽 PRINCE 烟；第十四，挪威人住在蓝房子旁边；第十五，抽混合烟的人的邻居喝矿泉水。

问题：谁养鱼？

3. 12 个乒乓球的难题：有 12 个乒乓球，其中有一个不合规格，但不知是轻是重。要求用天平称三次，把这个坏球找出来。怎么称？

4. 根据下面所提供的信息，找出率先完成马拉松比赛的前八名运动员的名字和名次：

（1）肖恩位列第四，在约翰后面，但跑在桑德拉之前；

（2）桑德拉的名次在李安后面，但他跑在罗伯特前面；

（3）约翰的名次在里克后面，但跑在阿历克斯之前；

（4）安妮比阿历克斯落后两个名次；

（5）李安的成绩是第六名。

5. 采用TRIZ中的创新思维方法解决你遇到的问题。

第 3 章　发现与解决问题的创新方法

目前世界上约有 300 多种创新方法,包括头脑风暴法、试错法、综摄法、六顶思考帽、形态分析法、和田十二法(奥斯本检核表法)、因果分析法、资源分析、移植法、属性列举法、缺点列举法、联想类推法、反向探求法、组合创新法、知识链接法、5WIH 法、德尔斐设想法、有声思维等,本章重点阐述解决发明问题的理论 TRIZ 体系创新方法。

3.1　常见创新方法

1. 头脑风暴法(智力激励法)

以小组讨论的形式,围绕一个特定的兴趣领域,发散和激励思维,产生新观点并为此讨论形成创见的方法。使用没有拘束的规则,人们能够更自由地思考,进入思想的新区域,从而产生新观点和问题解决方法。当参加者有了新观点和想法时,在他人提出的观点之上建立新观点。所有的观点被记录下来,但不进行批评。

头脑风暴使用的规则是:自由思考、延迟批判、以量求质、不同行业、结合改善。头脑风暴鼓励产生意想不到、幻想式的或滑稽的想法。小组成员在提方案时禁止对发表的意见进行批评。当所有的方案出来了,才对这些观点和想法进行评估,对这些方案进行综合分析,选出可能的解决方案。

2. 组合创新法

组合创新是一种极为常见的创新方法,大多数创新的成果都是通过采用这种方法取得的。组合创新的形式主要有以下几种。

(1) 功能组合。功能组合就是把不同物品的不同功能、不同用途组合到一个新的物品上,使之具有多种功能和用途。例如,智能手机把通话和各种 App 应用组合到一起,按摩椅将按摩功能和椅子功能组合到一起,具有计算功能的闹钟也是一种组合。

(2) 意义组合。这种组合功能不变,但组合之后被赋予了新的意义。例如,文化衫印上旅游景点的标志和名字,就变成了具有纪念意义的旅游商品;同样,一本著作有了作者的亲笔签名,其意义也会不同。

(3) 构造组合。把两种东西组合在一起,它便有了新的结构并带来新的实用功能。例如,房车就是房屋与汽车的组合,它不仅可以作为交通工具,还可以作为居住的场所;电脑桌也是一种构造组合的结果。

（4）成分组合。两种物品成分不相同,组合在一起后,就构成了一种新的产品。例如,柠檬和红茶组合在一起,就出现了柠檬茶;调酒师调制鸡尾酒采用的也是成分组合。

（5）原理组合。把原理相同的两种物品组合在一起,产生一种新产品。例如,将几个相同的衣服架组合在一起,就可构成一个多层挂衣架,以分别挂上衣和裤子,从而达到充分利用衣柜空间的目的。

（6）材料组合。不同材料组合在一起,不仅可以改善原物品的功能,还能带来新的经济效益。例如,电力工业使用的远距离电缆,其芯用铁制造,而外层则用铜制造,由两种材料组合制成的新电缆,不仅保持了原有材料的优点（铜的导电性能好,铁硬度高,远距离电缆不易下垂）,还大大降低了输电成本。

3．仿生学法

仿生学法是通过仿生学对自然系统生物分析和类比的启发创造新方法。自然界的动植物以其精妙绝伦的结构和性能孕育出来的新事物和新方法为人类提供了学习样板。

数据表明,生物界所具有的精确可靠的定向、导航、探测、控制调节、能量转换、生物合成等生物系统的基本原理和结构,是人类创造新事物的巨大智慧源泉。1960 年,在美国诞生的边缘学科——仿生学,就是为解决技术上的难题而应用生物系统知识的学科。因此,有人称仿生类比法为仿生学法。

4．综摄法

综摄法是由美国创造学家威廉·戈登在长期研究和实验的基础上提出的。综摄法又称类比思考法,是通过隐喻、类比等心理机制调动人的潜意识功能达到创新的。

1）准备阶段

（1）确定会议地点和时间。

（2）确定参加人员（约十名）,参加者可以为不同专业的内行研究人员。

（3）主持人具备使用本方法的知识。

2）实施阶段

（1）主持人向与会者介绍本方法的大意及实施概要、四种模拟技巧、两种思考方式等。

（2）主持人先不公开议题,而介绍与研究课题有关的资料,引导与会者进行讨论、启发灵感。

（3）当讨论到解决问题时,主持人明确提出议题,并要求参加者按两条原则和四种模拟法积极构思解决问题的方案。

（4）整理综合各种方案,寻找出最佳方案。

3）思考原则

（1）异质同化。异质同化是把看不习惯的事物当成习惯的熟悉事物。在发明没有成功前或问题没有解决前这些事物都是陌生的,异质同化要求在碰到一个完全陌生的事物或问题时,用全部经验、知识来分析、比较,作出很容易处理的熟悉态势,再用具体方法才能达到目的。

（2）同质异化。同质异化就是指对熟悉的事物,从新的角度、新的知识进行观察和研究,以摆脱陈旧固定看法的桎梏,产生出新的创造构想,把熟悉的事物化成陌生的事物看待。

4）四种模拟技巧

（1）人格性的模拟：是一种感情移入式的思考方法,先假设自己变成该事物以后,再考虑自己会有什么感觉,又如何去行动,然后再寻找解决问题的方案。

（2）直接性的模拟：以作为模拟的事物为范本,直接把研究对象范本联系起来进行思考,提出处理问题的方案。

（3）想象性的模拟：充分利用人类的想象能力,通过童话、小说、幻想、谚语等来寻找灵感,以获取解决问题的方案。

（4）象征性的模拟：把问题想象成物质性的,即非人格化的,然后借此激励脑力,开发创造潜力,以获取解决问题的方法。

5）实施要点

（1）讨论开始先不公布议题,到有人涉及时再提出来。

（2）不追求设想的数量,它在于设想的质量和可行性。

（3）人格性的模拟一般不易做到,因此必须集中精力。

5. 反求创新法

反求创新是按照逆向思维的方式来进行创新的方法,就是将通常考虑问题的思路反转过来,以悖逆常规、常理、常识的方式,出奇制胜地找到解决问题的方法。

逆向创新的几种途径,包含对功能、结构、因果作逆向反转、心理逆反、常规悖逆、重点转移、还原分析、缺点逆用等。

（1）功能性反转：从已有事物的相反功能去设想新的技术发明或寻求解决问题的新途径,它既可以是功能的直接反转,也可以是功能提供方式的反转。

（2）结构性反转：从已有事物的相反结构形式去设想新的技术发明和解决问题的思路。

（3）因果关系反转：通过改变已有事物的因果关系来引发创意和解决问题的新思路。

6. 奥斯本检核表法

奥斯本检核表法由奥斯本提出,是在引导主体创造过程中对照9方面的问题进行思考,以便启迪思路、开拓思维想象的空间、促进人们产生新设想、新方案的方法,是针对某种特定要求制定的检核表,主要用于新产品的研制开发。9方面的问题为：有无其他用途、能否借用、能否改变、能否扩大、能否缩小、能否代用、能否重新调整、能否颠倒、能否组合。

奥斯本检核表法是一种产生创意的方法,是一种效果比较理想的技法,由于它效果突出,被誉为创造之母。

7. 移植法

移植法是把一种产品内的先进技术应用到另一种产品中,设计出新产品的方法。例如,通信技术应用于计算机,产生了互联网；数码技术移植到照相机,发明了数码相机。这种方法常能产生功能原理上突破性的创新。

3.2　TRIZ 发现与解决问题的方法

1946 年,阿奇舒勒进入苏联海军专利局工作,有机会接触了来自不同国家不同工程领域内的大量专利。在分析这些专利的过程中,他发现,虽然这些专利来自不同国家、不同领域,解决的也是不同的问题,实现的是对不同系统的改进、创新,但是它们都利用了某些相同的方法。也就是说,很多的原理和方法在发明的过程中是重复使用的。于是,他组织苏联的研究机构、大学和企业组成了 TRIZ 的研究团体,分析了全世界近 250 万份高水平的发明专利,对世界上不同领域的专利和方法进行了归纳和总结,从大量的专利中提取出了在专利中最常用的方法和原理,总结出 40 个创新原理和 39 个通用工程的参数、各种技术发展进化遵循的规律模式,以及解决各种技术矛盾和物理矛盾的创新原理和法则,建立了一个由解决技术实现创新开发的各种方法、算法组成的综合理论体系,并综合多学科领域的原理和法则,建立起了 TRIZ 理论体系。传统创新采用大量试错法,极大耗费了人力、物力、财力,用 TRIZ 解决创新问题的模式是把问题转化为 TRIZ 标准问题,再用 TRIZ 工具转化为标准方案,再用类比应用转化为 TRIZ 创新方案。如同解数学应用题,拿到一个题目首先要做的是把文字语言转化为数学语言,这时逻辑就非常清晰了,再用数学工具解答出来。在数学中数字、运算符号等都可以看成数学词汇,在 TRIZ 里面的词汇或术语有资源、创新原理、物理矛盾、技术矛盾、技术系统、理想度、发明级别、效应等。

TRIZ 主要研究技术矛盾与物理矛盾。技术矛盾是指两个参数之间的矛盾,物理矛盾是指对一个物体的同一个参数有相反的需求。TRIZ 引导设计者挑选能解决特定矛盾的原理,步骤是先按标准参数确定矛盾,然后利用 39×39 矛盾矩阵和 40 条发明原理解决矛盾。

3.2.1　40 个创新原理

TRIZ 理论中最核心的是从海量专利里面凝练出的 40 个创新原理。40 个创新原理被广泛应用,并进一步产生大量的专利。表 3-1 介绍了 40 个创新原理及使用率排序,为学习和掌握 TRIZ 理论提供一定的参考依据。

下面是对这 40 个创新原理的具体介绍。

1. 分割原理

分割原理是指将物体或系统分成独立或可拆卸的部分,以便分解(分开、分隔、抽取)或合并(结合、集成、联合),对分割后得到的多部分进行重组(或集成)实现某些新的功能。随着分割程度的提高,技术系统逐步向微观级别发展。分割原理可以分为:

(1) 将物体分成独立的部分;

(2) 将物体分成可组装和拆卸的部分;

(3) 增加物体的分割程度。

表 3-1　40 个创新原理及使用率排序

编号及原理	使用率	编号及原理	使用率	编号及原理	使用率
① 分割原理	3	⑮ 动态特性原理	6	㉘ 机械系统替代原理	4
② 抽取原理	5	⑯ 不足或过量作用原理	16	㉙ 气动或液压结构原理	14
③ 局部质量原理	12	⑰ 多维化原理	19	㉚ 柔性壳体或薄膜原理	25
④ 不对称原理	24	⑱ 机械振动原理	8	㉛ 多孔材料原理	30
⑤ 合并原理	33	⑲ 周期性作用原理	7	㉜ 颜色改变原理	9
⑥ 多用性原理	20	⑳ 有效连续作用原理	40	㉝ 同质性原理	38
⑦ 嵌套原理	34	㉑ 减少有害作用的时间原理	35	㉞ 抛弃和再生原理	15
⑧ 重量补偿原理	32			㉟ 物理或化学的参数变化原理	1
⑨ 预先反作用原理	39	㉒ 变害为利原理	22		
⑩ 预先作用原理	2	㉓ 反馈原理	36	㊱ 相变原理	27
⑪ 预先防范原理	29	㉔ 中介原理	18	㊲ 热胀冷缩原理	26
⑫ 等势原理	37	㉕ 自服务原理	28	㊳ 强氧化原理	31
⑬ 反向作用原理	10	㉖ 复制原理	11	㊴ 惰性环境原理	23
⑭ 曲面化原理	21	㉗ 一次性用品替代原理	13	㊵ 复合材料原理	17

常见的例子有：

（1）将物体分成独立的部分：将轮船的内部空间分成多个彼此独立的船舱；酒店将同一层分成多个功能相同的小房间；内燃机的多个汽缸；分类垃圾箱，为了便于回收垃圾，需要对回收的垃圾进行分类，将垃圾箱分成几个相对独立的部分（可回收垃圾、有害垃圾、厨余垃圾、其他垃圾）。

（2）将物体分成可组装和拆卸的部分：建筑桥梁预制件；活动房屋；可拆卸衣柜。

（3）增加物体的分割程度：窗帘的演变，由一整块布做的窗帘，到左右两块布做的窗帘，最后做成百叶窗。

2. 抽取原理

抽取原理是指从系统抽取出有用部分或特性，或者抽取"干扰"的部分或特性，分出需要的部分或需要的特性。

这里的系统可以是一个物体，也可以是一个虚拟系统。将系统分为有害（或者无用）部分和有用部分，利用抽取有用部分来简化系统或者得到进化后的系统，通过抽取有害部分，将无用或者有害的东西剔除掉，可以得到更好的系统（产品）。抽取行为的目的是增加系统的价值。

从对象中抽出有用的（主要的、重要的、必要的）部分或属性来使用。例如，用狗叫声作为报警器的报警声，而不用养一条真正的狗（将狗叫声从"狗"中抽取出来，作为有用的部分来单独使用）。将稻草人作为"人"的代表放在稻田中（将人的外形从整个"人"中抽取出来）；化学试验中的蒸馏、萃取和置换都是从混合物中抽取出有用物质的过程；大数据清洗和挖掘；工业化学提纯；矿渣提炼；中药提取；软件 Photoshop 过于专业和复杂，而美图软件就是将这种专业软件的一部分功能提取出来,简化操作,从而获得很好的收益。

从对象中抽取出产生负面影响的部分或属性并抛弃。例如,最初的空调是一体机,工作时,压缩机会产生噪声,后来空调被分为室内机和室外机两部分,将压缩机放在室外机中,减少噪声对人的影响;在巡航时,战斗机的两个副油箱挂在飞机下方,飞行中会优先使用副油箱中的燃油,在进入战斗前,则会抛弃副油箱,以减轻飞机的重量,增加飞机的机动性能;从口腔中拔掉(抽取)一颗坏的牙齿(有害部分);利用避雷针,把雷雨云中的电荷引入大地,从而避免建筑物遭受雷击(从物体中抽出可产生负面影响的部分或属性);谷物去壳;鱼去骨;通信去噪。抽取原理可通过除掉无用或者有害的属性来提高系统的品质。

抽取原理体现了技术系统提高理想度的进化法则,其根本目的在于减少无用,增加有用,系统裁剪方法就充分利用了抽取原理。

3. 局部质量原理

局部质量原理的表述如下:

(1) 将物体、环境或外部作用的均匀一致结构,变为不均匀不一致的结构,同类结构变为异类结构;

(2) 让物体的不同部分,具有不同的功能或特性;

(3) 让物体的各部分,均处于完成各自动作的最佳状态。

局部质量原理是技术系统不均衡进化法则的一种体现,目的是使得系统资源重新配置到最优。如果系统各部分的作用是均匀的,子系统的作用就有可能重复,重复部分可以被替代;挖掘某些子系统的作用使其充分发挥。

如果系统有多个子系统,可将这些不同子系统赋予不同的功能,以实现一个系统多种用途。不同子系统的不同功能是带有系列性或者相反功能的。系列性表示这些功能中的一种被用到时,其他功能被用到的可能性就非常高。而相反则是如果一种功能使用时有问题,另一种功能可以执行回退式操作,如带橡皮的铅笔,如果铅笔写错了,可以用橡皮擦掉重新写。

通过让系统的各部分都处于最佳状态来达到系统整体功能的最佳,是指各部分在相互配合的情况下状态达到最佳,而不是要求每个子系统都是最好。比如一个团队,并不会要求所有员工都是最好的,但我们可以做到让团队的所有员工的状态都达到自己最佳状态。

一家工厂获得了一个圆柱形过滤器的大订单:要求圆柱的直径 1m,长度 2m,轴向均匀分布直径为 0.5mm 的密密麻麻的很多过滤通孔。工程师们看到图纸后都惊呆了,每个过滤器要加工出成千上万个轴向小孔。该如何来加工这么多的小孔呢?用钻床来钻?显然钻这么长的小孔是不可能实现的,这似乎是一个难题。采用 TRIZ 局部质量原理方法:不需要钻床,将过滤器的功能进行分解,其主要构成元素是过滤孔和基体,有用功能的元素是过滤孔。每个过滤孔不就是一条管子吗!答案就是拿一些细管,并捆扎起来,就形成了过滤器。这种过滤器的组装制造和拆离都可以非常方便地完成。用细圆棒做原料,然后捆扎起来,而圆棒之间的空隙就形成了过滤孔,也可以实现过滤器的功能。

局部质量原理表达的是系统资源局部配置的优化,通过局部质量优化,达到系统整体资源配置的优化,从而使得系统的理想度趋于最佳。

4. 不对称原理

不对称原理的表述如下:

(1) 物体的对称形式转为不对称形式;

(2) 如果物体是不对称的,则加强它的不对称程度。

物体在使用过程中,本身就有非对称要求,为了降低使用出错所带来的风险,可以通过增加物体的不对称性来规避这种风险。典型的如电源线接市电的插头要求火线、零线、地线要分开,如果是不对称的,插不对,就插不进,就避免了插错的风险。USB 接口也是不对称的。

系统在使用过程中,各部分所受的作用力本身就是不均衡的,那么通过增加不对称性,可以减少材料的浪费,提升系统性能。例如,可以根据水流分布来设计桥孔的大小,泄洪隧道可以设计成上面小孔下面大孔,这样水流不大时上面可以用作通道,水流大时又可以泄洪。

将对物体功能需求不对称的事物引到一起,以达到充分利用资源的目的,比如云计算、共享宽带等。

通过不对称来改变系统的参数或者属性,如利用大小齿轮改变速度。

5. 合并原理

合并原理的表述如下:

(1) 在空间上,将同类的物体或者预定要相邻操作的物体进行合并;

(2) 在时间上,将同类或相邻的操作进行合并。

在空间上进行合并就是指组件集成或者功能集成,可以提高系统的整体性和便利性。提高系统的整体性可以使得产品容易管理。相关的操作进行合并,可以增加系统的易用性。通过合并还可以节省空间和材料,如集成电路上多个电子芯片,瑞士军刀,双人自行车,激光锯子,吸尘器扫帚,雨伞衣,带吸管的勺子,等等。

一个工厂接到一个大订单,需要生产大量椭圆形的玻璃板。工人们将玻璃板切成长方形,然后将 4 角磨成弧形从而形成椭圆形。然而,在磨削工序中,出现了大量的破碎现象,因为薄玻璃受力时很容易断裂。采用合并原理的解决方案是将多层玻璃叠放在一起从而形成一叠玻璃,而且事先在每层玻璃面上洒一层水,以保证堆叠后的玻璃间可以形成相当强的粘贴力。一叠玻璃的强度会远大于单层玻璃的强度,在磨削加工中就可以承受较大的磨削力,从而改善了玻璃的可加工性。当磨削加工完成后,每层玻璃间的水分会自行挥发掉,获得所需要的产品。这是空间合并原理的运用例子。

在时间上将相同的或相关的操作进行合并,可以序化操作,减小操作衔接成本,增加系统的易用性和健壮性,如冷热水管的合并。

6. 多用性原理

多用性原理是指一个物体具备多项功能,消除了该功能在其他物体内存在的必要性,因此可以裁剪其他物体,以下为其实践应用的例子。

(1) 多功能型不定形耐火材料。

针对高温窑炉非关键部位的施工,发明了多功能型不定形耐火材料,仅通过加水量的不同,可以同时满足喷补、涂抹、浇注和湿式喷射的施工方式。

(2) 半重质浇注料。

密度高于普通的轻质浇注料,又低于普通的重质浇注料,具有一定的强度和保温性能,取代重质浇注料和轻质浇注料所组成的复合衬体结构,达到简化衬体结构的目的。

7. 嵌套原理

嵌套原理是指将一个物体放入另一个物体中,而后者又位于第三个物体之内,以此类推;或将一个物体通过另一个物体的空腔,这个原理又叫俄罗斯套娃原理,目的是在不影响原有功能的情况下:

(1) 需要时可以减小系统的体积便于携带,也可以减少系统的重量,如伸缩式钓鱼竿等;

(2) 不妨碍正常作业,如飞机的起落架;

(3) 减少物体在超系统中的存放体积,如超市的手推车;

(4) 充分利用系统的空间,从而减少系统的占用空间,如推拉门。

嵌套原理与软件设计思想中的组合模式在组织上类似,但目的还是有些差异。软件设计中的组合模式的目的是一致性对待,而嵌套原理的目的是节省空间。

考虑嵌套时可以尝试从不同的角度来考虑嵌套:水平、垂直、旋转和包容。目的是节省空间或者减少重量。

航天员探索外星球时乘坐外星车,当行驶到陡坡时,很容易在石头的颠簸下翻车。这个问题很多人想了很多办法:在外星车的下面悬挂重物,降低整车的重心,增加稳定性;将轮胎的气放出一半,轮胎下陷,增加稳定性;在外星车的两边分别多安装一只轮胎;让航天员探出身体来保持车子的平衡。这些方法能改善外星车的稳定性,但又带来了另一些问题,用TRIZ嵌套原理方法:将重物放得非常低以接近地面,以降低车子的重心,具体措施为在外星车的轮胎里放置球形重物,这些重物可以滚动,无论外星车轮怎么转动,球形重物总处在轮胎的最下面,以最低的重心来保持外星车的稳定。

需要注意的是,运用这种原理有时会削弱嵌套物体的功能,设计中应尽量避免这种影响。

8. 重量补偿原理

重量补偿原理的表述如下:

(1) 将物体与能提供上升力的另一物体组合,以补偿其重量;

(2) 通过与环境(利用空气动力、流体动力或其他力等)的相互作用,实现对物体的重量补偿。

重力使得我们生活在地面,不会跑到外太空,但有时需要克服重力(重力对系统产生了不利作用),如飞机、飞船等需要对重力进行补偿,常见的补偿方式有:

（1）在系统中引入动力装置，如飞机、火箭等，还需要升降装置（如直升机的引擎加螺旋桨）；

（2）在系统中引入支撑装置，如广告牌的支柱、建筑的承重墙等，但这类支撑装置必须有支撑点，并且对支撑件也有一定的要求（健壮性）；

（3）在系统中引入场作用力来充当支撑装置，如磁悬浮，这种支撑的优点是物体和支撑装置之间不存在实物连接装置；

（4）利用环境来进行重力补偿，如流体等能够产生浮力的系统，则能够利用浮力对重力进行补偿，如船、飞艇、气球、游泳圈等。

假设现有系统（超系统）存在某种不利作用（如重力、噪声），就可以利用超系统中的浮力进行补偿，以抵消这样的不利作用，如信号增强补偿、温度补偿、功率补偿、汽车减震器等。

9. 预先反作用原理

预先反作用原理的表述如下：预先给物体施加反作用，以补偿过量的或者不想要的压力。如果知道系统在运行过程中，会有不利的或者有害的作用（负面作用）产生，则可以预先采取一定的措施来抵消、控制这种不利作用，防止负面作用产生不良后果，如：

（1）通过接种疫苗来防止某些疾病的出现；

（2）浇筑混凝土之前对钢筋施加预应力；

（3）给汽车安装减震器；

（4）为了减少摩擦，加入润滑装置；

（5）记忆金属的应用；

（6）树木刷漆防止腐烂；

（7）每段火车铁轨相接处预留有一小段距离，热膨胀时不会使轨道拱起。

10. 预先作用原理

预先作用原理又称预处理原理，其表述如下：

（1）预先对物体（全部或至少部分）施加必要的改变，如不干胶粘贴（只需揭出透明纸，即可使用）、手术前将手术器具按所用顺序排列整齐；

（2）事先把物体放在最方便的位置，以便能立即投入使用而不浪费运送时间，如在停车场安置预付费系统、建筑内通道里安置灭火器。

一家粮油公司购买的食用油，用油罐车来运装，每罐可装 5000 升。但老板发现每次卸出的油都少 50 升，经过核准流量仪，检查封条和所有可能漏油部位后，没有找到原因。请来了侦探调查这个问题，侦探进行了跟踪，发现油罐车在运送途中没有停过车。原来司机事先在油罐内挂了一个桶，当油罐中注满食用油时，桶中就盛满了食用油。但是卸油后，桶中的油却保存了下来，司机随后取出这一桶油。司机用的就是预先作用原理。

对系统进行预处理的目的是使得系统变得更加易用，包括缩短系统功能完成的时间、简化过程中的操作等，比如：

（1）自粘邮票；

（2）建筑、汽车里面的灭火器；

（3）冷冻食品使用前的解冻；

（4）加快收费过程的预先收费系统；

（5）打豆浆前先将豆子进行浸泡。

预先作用原理是系统作用之前，一般不会改变系统的作用，也不会为系统增加额外的装置，而预先反作用原理是为了减少系统作用过程中所带来的负面作用，重点强调反作用，一般情况下都需要引入反作用装置来实现。

11．预先防范原理

预先防范原理也称为预先应急措施原理，预先准备好相应的应急措施，以提高物体的可靠性。

为了增加系统的安全性和可靠性，就可以采取预先应急处理措施，提升可靠性的同时，也降低了系统的风险。需要采取应急措施的前提是原系统的可靠性得不到保障，如汽车的安全气囊、降落伞的备用伞包、多机热备、图书馆里面的射频卡、方案备份、船上的救生圈、生产过程中的备件等。

12．等势原理

等势原理的表述如下：改变工作条件，而不需要升降物体。例如重力势、电压势等，势的背后包含着一种力，这种力是势具有能量的根本原因，比如重力势能。从等势原理的表述可知：

（1）这里的势是指重力势、电压势等；

（2）物体处于工作平台上，工作时不需要升降物体，只需要进行垂直于势方向运动；

（3）解决问题的方法是改变工作条件，让操作物体与工作平台等高。

为了避免升降物体，就需要避免与重力作用（这时的重力作用为有害作用）直接对抗，我们可以通过充分利用环境、结构和系统所提供的资源，以最低的附加能量的消耗来有效消除这种不等位势，例如：

（1）通过汽车修理厂的维修地沟，可以不用升降汽车，降低了汽车修理难度；

（2）建立卸货车道，使得汽车的车厢位置与仓库地面持平，这样可以减少卸货劳动强度；

（3）叉车、货物升降机、电梯等是通过机器设备来克服势差，从而减轻劳动的强度。

利用等势原理可以降低劳动者的劳动强度，工作起来更加方便。

13．反向作用原理

反向作用原理的表述如下：

（1）不实现原来规定的作用而实现相反的作用；

（2）使物体或外部介质的活动部分成为不动的，而使不动的成为可动的；

（3）将物体颠倒。

反向作用原理的实践例子如下。

（1）巧克力糖：巧克力的中心是液态的果汁，这种果汁巧克力的果汁是怎么装进去的？就是基于逆向思维 TRIZ 反向作用原理方法，先将果汁降温，降到冰冻状态，将一颗颗冰冻的果汁颗粒放入巧克力中,然后进行成型,随后冰冻的果汁会在常温下恢复液体,果汁巧克力就完成了。

(2)风洞:有一个大口径的管道,速度可控且非常平稳的风在里面流动,被测试的飞行器安放在其中,它既可以是实物也可以是按比例缩小的模型,测试仪器或传感器安置在各个测点。当风从风洞中通过时,其效果等同于飞行器在空中飞行,这个思维的反向无疑给工程师和科研人员带来极大的便利。除飞行器外,汽车和建筑的模型甚至运动员的装备也可以在风洞中进行测试。

(3)自动扶梯:人不动,让楼梯动。跑步机:人不动,让路动。用这个方法还能做成小型逆水流游泳池,在普通家庭里面就能用。

14. 曲面化原理

曲面化原理的表述如下:

(1)用曲线部件代替直线部件,用曲面代替平面,用球体代替正六面体或平行六面体;

(2)采用滚筒、球体、螺旋体;

(3)利用离心力,用物体旋转运动代替直线运动。

曲面化原理告诉我们,在面临系统问题时,可以在系统中寻找线性关系,并尝试在改变到非线性情况下可以实现或者得到哪些新的功能。与直线和立方体相比,圆和球在对称性等几何特性方面具有一些优势:

(1)同样的周长,圆所包含的面积最大,圆是以圆心为对称中心的完全对称形状;

(2)同样的面积,球包含的体积最大,球完全以中心点对称。

曲面化常见的例子有:

(1)方形井盖改成圆形井盖(可以思考有什么好处);

(2)半圆形拱顶比方形顶在受力上要好;

(3)轮子是圆和球几何特性的典型应用,装上轮子容易移动;

(4)笔尖做成圆形的,比其他形状的笔尖下墨容易,书写流畅;

(5)利用离心力可以脱水、分离等;

(6)千斤顶内部的螺旋结构具有更大的升举力,可靠性更好;

(7)滚球鼠标在计算机屏幕上画直线;

(8)绞肉机;

(9)环形跑道代替直线跑道。

15. 动态特性原理

动态特性原理的表述如下:

(1)改变物体或外部环境的特性,以便在操作的各个阶段都处于最佳性能状态;

(2)如果物体不能移动,让物体的各部分可以相互移动;

(3)把物体分割成几部分,它们能够改变彼此的相对位置。

技术系统的动态性进化法则包括柔性化、可移动化、可控化。通过柔性化可以改变特性来达到最佳性能,并通过可控性(更高境界是自我控制,可自适应)达到操作的最佳性能。在解决系统问题时可尝试将系统中的某些几何结构改为柔性的、可自适应的；可尝试将往复运动的部分改为旋转的，同样的效果，旋转比往复运动更省能量；可以让系统的一些特性柔性化；可以让系统的兼容性更好，可兼容于不同的应用和环境。

动态特性的应用非常广，如折叠椅、笔记本电脑、可调方向盘、可转弯吸管及可弯曲内窥镜。

16．不足或过量作用原理

不足或过量作用原理可表述为如果难以取得百分之百所要求的功效，则应当取略小或略大的功效。此时可能把课题大大简化。例如，上油漆时为保证直线，先贴上胶带，上完油漆把胶带撕下就直了。

这个原理告诉我们，如果一件事情所期望的效果难以百分之百实现时，那么做得稍微超过或者稍微小于期望效果，可以使问题大大简化。我们可以先从最容易掌握的情况或者最容易获得的东西入手，尝试在"多于"或"少于"之间过渡；尝试在"更多"和"更少"之间渐进调整。

（1）填地板砖缝隙。要刚刚填满填平，非常困难，那么我们就可以多填一些，然后通过打磨来达到平整光滑。

（2）对敌人集中优势兵力。通过集中优势兵力，形成对敌的绝对优势，不仅可以快速击败敌人，还可以减少己方的损失。

（3）备品。在制造业订单中，有些零件在使用或者运输过程中可能会造成损失，如果用刚刚好的量给客户，往往会因为这些小的数量缺失影响客户的生产，从而造成不必要的停工，因此这些零件在下单时都会有备品，目的就是通过这种超额来确保生产的顺利。

在解决系统问题时，如果适量比较难一下子达到，就可以尝试在过量或不足量的情况下，再通过其他辅助手段来达到适量的目标。

17．多维化原理

多维化原理的表述如下：

（1）将物体线性运动（或分布）变为二维（如平面）运动（或分布），以克服一维直线运动或定位的困难，或过渡到三维空间运动（或分布）以消除物体在二维平面运动或定位的问题，如螺旋梯可以减少占地面积、用二维码或多维码（三维码、四维码等，请思考如何实现）代替一维条码可以承载更多信息；

（2）单层排列的物体变为多层排列，如立交桥和印刷电路板的多层板；

（3）将物体倾斜或侧向放置，如自动垃圾卸载车；

（4）利用给定表面的反面，如双面的地毯、两面穿的衣服；

（5）利用照射到邻近表面或物体背面的光线。

多种方法联合使用，可以形成一个发展趋势：从点到线，然后到面，到体，到多个物体的共存，如立体停车场、多层电路板。

我们去超市买商品，结账时扫条码，这个条码是一维码，而我们现在经常用各种 App 扫描的是二维码。

那有没有三维码？如何实现？可以在二维码的基础上加上一维，最常见的是用色彩表示第三维。那能设计四维码吗？人类是非常聪明的，可以再加上时间维度，让三维码随时间变化。当然也能设计更多维度，如声音、频率等维度都可以加上。

18．机械振动原理

机械振动原理的表述如下：

（1）使物体处于振动状态，如医疗中的超声波刀做手术、电动剃须刀；

（2）如果已处于振动状态，提高振动频率，如超声波清洗；

（3）利用共振频率，如超声波碎石机击碎胆结石；

（4）用压电振动代替机械振动，如高精度时钟使用石英振动机芯；

（5）超声波振动和电磁场耦合，如超声波振动和电磁场共用，在电熔炉中混合金属，使混合均匀。

19．周期性作用原理

周期性作用原理的表述如下：

（1）用周期性动作或脉冲动作代替连续动作，如警车所用警笛改为周期性鸣叫，避免产生刺耳的声音；

（2）如果周期性动作正在进行，改变其运动频率，如用频率调音代替摩尔电码，使用AM（调幅）、FM（调频）、PWM（脉宽调制）来传输信息；

（3）在脉冲周期中利用暂停来执行另一有用动作，如医用的呼吸机系统为每五次胸廓运动，进行一次心肺呼吸。

例如，为提高控制的准确度，高频率脉冲焊接时，在焊接电流脉冲的间隔测量温差电动势。

20．有效连续作用原理

有效连续作用原理的表述如下：

（1）连续实施动作不要中断，物体的全部组成部分应该一直处于满负荷工作状态；

（2）去除全部空暇的、中间的动作；

（3）用循环的动作取代"来来回回"的动作。

间歇可能会造成系统的能量损失（浪费），通过检查系统的间歇时刻消除这些浪费，消除系统的无用功时段和中间过渡动作，达到充分利用系统资源的目的。一般来讲，"来来回回"动作比循环动作更耗能，循环的动作是连续的，而"来来回回"的动作则是不连续的，如汽车飞轮、水车、工厂的倒班制度（保证生产的连续性）、连续不间断施压法、流水作业。

21．减少有害作用的时间原理

减少有害作用的时间原理：快速地越过有害的或者危险的过程及阶段，其本质在于大幅度缩短有害过程。

牙医高速钻机避免灼烧牙组织。奥运会上使用的新型网球拍，是在网拍的下部第二根网线上加装一个质量阻尼小球，可将网球拍击球之后的弯曲振动很快地衰减掉，而质量阻尼小球又不会影响击球，从而使球员第二次击球时能够得心应手。

将危险或有害的流程或步骤放在高速下进行。例如,照相用闪光灯;生产胶合板时用烘烤法加工木材,为保持木材的本性,在生产胶合板的过程中直接用 300～600℃ 的燃气火焰短时作用于烘烤木材。

22.变害为利原理

变害为利原理的表述如下:

(1)利用有害的因素(特别是环境中的有害效应),得到有益的结果,如废热发电,回收废物二次利用;

(2)将两个有害的因素相结合进而消除它们,如潜水中用氮氧混合气体,以避免单用造成昏迷或中毒;

(3)增大有害因素的幅度直至有害性消失,如森林灭火时用逆火灭火(在森林灭火时,为熄灭或控制即将到来的野火蔓延,燃起另一堆火将即将到来的野火的通道区域烧光)。

23.反馈原理

反馈原理指引入反馈或者改变已有反馈,其特征是巧妙运用技术过程中的有关伴随信息。在反馈原理中,反馈是一个非常重要的概念。把输出量返回输入端并与输入量比较的过程称为反馈。反馈包括正反馈和负反馈。

对反馈控制系统的基本要求有:必须是稳定的,满足过渡过程性能要求和稳态精度要求。对稳定的系统,在输入信号作用下,其输出量随时间的增长逐渐趋于希望值。系统的过渡过程性能主要是指系统对输入信号响应的快速性和过渡过程中输出的振荡程度。稳定态就是稳定平衡状态。系统输出量只能在一定程度上复现输入量,输出量与其希望值之间的差值为稳态误差。稳态误差是衡量系统稳态精度的指标。

24.中介原理

中介原理的表述如下:

(1)使用中间物体来传递或执行一个动作;

(2)临时把初始物体和另一个容易移走的物体结合。

在日常生活中使用中介物的地方非常多,例如:

(1)直接执行某个动作有危险(有害作用),则可以利用不怕这种危险的中介物来执行,比如探险机器人、排雷机器人、服务员用托盘端热菜、利用隔离手套拿过热物等。

(2)直接执行动作不能达成或很难达成目标,需要利用另一个物体,如一些植物需要蜜蜂来传递花粉,利用竹竿晒衣服,用镊子夹取细小零件,计算机的远程调用中的中间通信对象、代理执行对象,利用拨子弹奏乐器等。

(3)系统部件之间的两两相互作用太多,需要利用一个中介物来降低交换成本,如计算机的总线设计,社会生活中的集市等。

(4)如果一个系统对另外一个系统的功能执行不是很了解,可以建立专门的系统代理执行来减少系统对目标系统的依赖,降低系统的学习成本,同时可以增加系统的灵活性。在社会生产生活组织中的房产中介公司、代理报关公司、律师机构、代理注册公司等都是。通常中介可以更专业、更低成本地与目标系统进行交互。

（5）系统之间或者系统部件之间的通信或者相互作用（交互）开始不确定，则可以利用中介物来进行交互，减少系统设计的复杂度，如商场、集市、飞机场等。

（6）为了增加某种灵活性，而不使得系统的设计过于复杂，也可以使用中介原理，使用一个临时的物体、系统或者部件来结合完成这种功能，如端菜的托盘、蓝牙耳机、吸管等。

中介物原理和系统分割原理相结合，可以使得设计更为灵活方便。

25. 自服务原理

自服务原理包括：

（1）物体在实施辅助和维修操作时，必须能自我服务；

（2）利用废弃的材料和能量。

一个系统在运行过程中需要进行辅助和维护操作时，不借助于外界，而是自己就能完成，这样可以减少成本（包括时间、材料、能耗等），如汽车使用的有修复缸体磨损作用的特种润滑油、红外感应水龙头、自动饮水机、不倒翁玩具、宇宙空间站上的封闭生态系统。

自服务强调的是让系统尽量少地对环境、其他系统的依赖，利用系统本身废弃的能量和材料来完成自服务。因此，利用自身废弃的材料和能量作为自服务的一种，应该优先考虑，如汽车暖风可以充分利用发电机余热，再生纸，利用发电过程中的热能取暖，生物肥料，汽车下坡时充电，利用木屑制炭。

自服务是理想系统中的一个重要部分，在自服务方面，反馈原理是个常用的搭档。自然界中的生物体，很多都是自服务原理的践行者。

26. 复制原理

复制原理包括：

（1）用简化的、便宜的复制品替代难以得到的、复杂的、昂贵的或易损坏的、不方便操作的物体，这样可以降低成本，提高可操作性；

（2）如果已经使用了可见光的复制品，那么使用红外光或者紫外光的复制品，因为红外和紫外光有自己比较独特的特性，可以增加人类的视觉范围；

（3）用光学图像替代物体（或物体系统），然后缩小或放大它。

较为广义的复制其实是一种映射，能实现这种复制的手段有很多种，如实物模型、光学成像、计算机模型、数学模型、能满足要求的模拟技术等。如下情况下可以考虑使用复制原理。

（1）使用实际系统或者物体时成本比较高，而且难以使用，如原子弹实验，用计算机模拟实验成本就要小很多；还有一些模拟训练系统也是这样。

（2）使用实际系统（或物体）很困难、不现实或不方便，如观察人的器官，器官的光学图像（或者射线图像）就非常有用，而且可以保存，以便后续的对比。

（3）没有能力直接接触到实际物体，如科研人员研究月球，一般也只能通过照片（图像复制）来完成；通过影子测量某些天文物体的距离；微生物的观察等。

（4）系统（物体）本身比较贵重，成本较高，则可以用便宜的复制品替代来满足一些需求，如用神舟飞船模型展出等。

(5)实际物体比较难以保存,而复制品则容易保存。使用实际目标物体的复制品,在成本、管理等方面都要比原件的使用更为经济和便利。

在计算机应用十分普及的时代,为系统或物体建立计算机模型,无论是经济上还是便利性方面都是非常好的选择,这种模型不仅可以重复利用,还可以利用计算机作为辅助手段,帮助管理、分析和共享,例如:

(1)VR飞行员培训、汽车驾驶训练、太空游等;

(2)根据影子测量物体(比如电视塔、高楼等)的高度;

(3)网上旅游、网上购物、电视直播以及未来的元宇宙。

27.廉价(或一次性用品)替代品原理

廉价(或一次性用品)替代品原理指用廉价的不持久性物品替代昂贵的持久性物品,并在某些属性上(如寿命持久性等)做出妥协。用若干便宜的物体代替昂贵的物体,同时降低某些质量要求,如一次性纸杯、一次性餐具、纸尿裤等。

28.机械系统替代原理

机械系统替代原理包括:

(1)用光学、声学、"味学"等设计原理代替力学设计,用视觉系统、听觉系统、味觉系统或嗅觉系统代替机械系统,如用声音栅栏代替实物栅栏(如光电传感器控制小动物进出房间),在煤气中掺入难闻气体,警告使用者气体泄漏(替代机械或电子传感器)。

(2)使用电场、磁场、电磁场与物体相互作用,如为混合两种粉末,用电磁场代替机械振动使粉末混合均匀。

(3)用运动场代替静止场,时间变化的时变场代替随时间不变的恒定场,有一定结构的结构化场代替无结构的非结构化场。

(4)利用铁磁颗粒的场作用,如用不同的磁场加热含磁粒子的物质,当温度达到一定程度时,物质变成顺磁,不再吸收热量,从而达到恒温的目的。

29.气动或液压结构原理

气动或液压结构原理是指用气体结构和液体结构代替物体的固体部分,如充气结构、充液结构、气垫、液体静力结构和流体动力结构等,又如千斤顶、气垫运动鞋、汽车减速时液压系统储存能量,在汽车加速时再释放能量,运输易损物品时使用发泡材料保护。

30.柔性壳体或薄膜原理

柔性壳体或薄膜原理包括:

(1)使用柔性壳体或薄膜代替标准结构,如在网球场地上采用充气薄膜结构作为冬季保护措施,农业上使用塑料大棚种菜;

(2)使用柔性壳体或薄膜,将物体与环境隔离,如用薄膜将水和油分别储藏。

31.多孔材料原理

多孔材料原理包括:

(1)让物体变成多孔的,或者使用附加的多孔部件(如插入、镶嵌、覆盖);

(2)如果一个物体已经是多孔了,那么事先往里面填充某种物质。

一般机械系统通常都是由没有渗透性的固体材料制成的,无渗透性的材料虽然有其优点,但具有渗透性的(多孔的)材料也有新的功能,如生命器官就是具有渗透性。许多机器都具有内部运动功能,"粗糙的"机器用管道、泵等工具协助实现,而精细的机器可用可渗透的膜和分子力来实现。使用多孔结构(如孔穴、气泡、毛细管等)时,这些结构可不包含任何实物粒子,可以是真空,也可以填充某些有用的气体、液体或者固体,目的是让孔隙结构的优势得到充分的发挥。多孔结构的一种直观的好处就是可以在不影响结构品质的情况下,节省材料,减轻重量,并具备坚固性、轻便性、透气性等特点。多孔原理的例子很多(复合材料领域尤其多):

(1) 多孔方法可以减轻重量,如赵州桥;

(2) 将氢储存在纳米管中,可以大量存储并且安全;

(3) 造船的浮力部分使用多孔结构,不仅可以通过孔穴减少重量,提升浮力,还可以提高船的安全性,因为在一个或多个孔穴结构遭到破坏时,其他孔隙结构仍然保持浮力;

(4) 用泡沫金属制作的飞机机翼结实轻便;

(5) 在多孔结构的棉花中加入酒精制成药棉;

(6) 用海绵来储存液态氨;

(7) 纱窗、蚊帐。

在结构力学方面,多孔结构往往比实心结构在力学性能上更具有效率(优势);利用多孔材料可以改善物体的力学性能和储存难以储存的材料;用多孔结构还可以过滤(如生物器官)和分离。

32. 颜色改变原理

颜色改变原理是指改变物体或技术系统的颜色,以区分出其特征,也可以借助改变颜色来改进检测和测量的效果。

(1) 改变物体或其周围环境的颜色,如摄影暗室使用红色照明,充电指示灯在电池的不同状态时,颜色不一样,以提醒使用者充电情况。

(2) 改变物体、过程或外部介质的透明度,如胃肠道检查所用的造影剂是医用硫酸钡,由于钡的原子序数高,不易被 X 线穿透,在胃肠道内与周围器官形成明显对比;某些公司使用"沙面玻璃"来阻隔办公室内外的视线;透明绷带不必取掉便可观察伤情。

(3) 使用有色添加剂观察一个很难看见的物体或过程,如对染色体染色,煤油温度计中煤油呈现红色,医学造影剂。

(4) 如果已经使用了这种添加剂,则使用发光示踪物或示踪元素、荧光粉,如夜光鱼漂或交警的荧光服。

33. 同质(一致)性原理

同质(一致)性原理是指存在相互作用的物体用相同材料或特性相近的材料制成。

(1) 获得固定铸模的方法:用铸造法按芯模标准件形成铸模的工作腔。为了补偿在此铸模中成型的制品的收缩,芯模和铸模用与制品相向的材料制造。

(2) 使用与容纳物相同的材料来制造容器,以减少发生化学反应的机会;用金刚石制造钻石的切割工具。

（3）水果纹身：利用自然光标签，用激光在水果和蔬菜表皮刻上识别信息（比如产地、种类等），但不会擦伤或造成其他的伤害。

34. 抛弃和再生原理

（1）物件的部件在完成其功能，或者变得没用之后，就被扔掉（丢弃、溶解、挥发等），或者在工作过程中直接变化，如战斗机副油箱在战斗时丢掉增加灵活性，再如多级火箭在飞行过程中及时将用过的多余的重量扔掉，减轻火箭的重量。一是如果部件对于系统不再有用，应该除掉，以免形成浪费；二是应该利用这种临时性的部件来降低成本，或达到目的。

（2）物体已经用掉的部件，在工作期间直接再生恢复。

抛弃原理的应用有：

（1）利用一些物质的挥发性、可溶性来制造"空心"类产品（中空型材）或者临时保护性外壳，如药物胶囊的外壳可以包装药粉，进入人体后自行溶解掉；制造空心的金属球等；制造弹簧过程中的临时支架。

（2）增加临时性部件，以增加某种能力，在其作用完成后抛弃，如火箭的助推器、飞机的副油箱、子弹弹壳。

（3）有些部件具有多种用途，如飞机的燃油在紧急着陆时变成泡沫，这种泡沫含有特殊的化学物质，可以阻止燃油的燃烧（在工作过程中改变）。

如果系统中某些部件在工作过程中会慢慢消耗掉，那么这些部件在工作过程中最好能再生。例如，在传送腐蚀性液体的管道里，定期传送些易附着管壁的耐腐蚀物质。检查焊接过程的高压区的方法是向高温区加入光导探头。在电弧焊和电火花焊接过程中检查高温区时，利用可熔化的探头，以不低于自己熔化速度的速度被不断地送入检查的高温区。

35. 物理或化学的参数变化原理

物理或化学参数改变原理包括：改变物体的系统状态、改变浓度或者密度、改变柔韧程度、改变温度或者体积。

系统的任何变化都可以认为是系统的状态发生变化，不仅包括固体、液体和气体三种常见状态，还包括过渡的中间状态，例如弹性固体（飞机降落跑道的减速地段建成凹的结构，里面充满黏性液体，上面再铺上厚厚一层弹性物质）。利用相变原理，实现晶态、非晶态的改变。改变柔韧程度，可以提高系统的灵活性和可压缩性。改变温度和体积的例子如下：

（1）铁磁性物质升温到居里点以上就变成顺磁性物质；

（2）橡胶硫化改变柔韧弹性、耐久性；

（3）固态的二氧化碳易于储存和使用；

（4）将氧气、氮气液化减小体积便于运输；

（5）固体酱油、压缩饼干；

（6）冰箱、空调；

（7）铸造厂里铸件表面需要清洁，常用的方法是用高速运动的沙子将铸件表面的污层冲掉。但是，这个工序带来的一个问题是，铸件的缝隙里会残留沙子而且不易清除干净，采用物理参数变化原理,用冰粒来替代沙子,冰粒有一定硬度,可以代替沙子,实现清洁的功能,同时清洁完成后在室温下融化蒸发,实现需要的功能。

除了物理或者化学参数之外,还可以改变系统或对象的各种属性,如外观形状等来实现系统的新功能。

36．相变原理

相变原理利用的是物体相变转换时发生的某种效应或现象(如体积改变、热量变化),例如:

(1)水凝固成冰体积发生膨胀,导致大块石头崩裂;

(2)密封横截面形状各异的管道和管口的塞头,为了规格统一和简化结构,塞头制成杯状,里面装有低熔点合金,合金凝固时膨胀,从而保证结合处的密封性;

(3)二氧化钒是一种相变材料,在一定温度下由透明变不透明,可以制造飞机窗玻璃,在太阳照射下发生相变,变成不透明,挡住阳光。

37．热胀冷缩原理

(1)改变材料的温度,利用其膨胀或者收缩效应;

(2)利用具有不同热膨胀系数的多种材料。

热胀冷缩并不只限于热场,重力、气压、海拔高度或者光线的变化都可能引起热膨胀(收缩),例如,装配金属双环时可以让内环冷缩,外环热胀,等恢复常温时内外环牢牢固定;双金属片开关;利用不同膨胀系数材料的变形来形成通断;酒精温度计;蒸汽机车。

在热膨胀过程中会产生材料体积的变化(在某个方向上则为长度的变化),还能产生很大的推力和压力(张力和缩力)。这种效应有时也会带来负面作用,我们在利用此原理的同时也应该考虑这种负面作用,并提前进行预防。

38．加速氧化(强氧化)原理

强氧化原理包括:用富氧空气替代普通空气、用纯氧替代富氧空气、用电离氧气替代纯氧、用臭氧化的氧气替代电离氧气、用臭氧替代臭氧化的(或电离的)氧气、用单氧替代臭氧。

可以看出,加速氧化的本质就是从氧化的一个级别转变到另外一个级别。氧化水平的次序如下:

空气＜富氧空气＜纯氧＜电离化氧气＜臭氧＜单氧。例如:高压纯氧灭菌;双氧水消毒;臭氧去垢;用乙炔-氧代替乙炔-空气来切割金属;负氧离子空气清新空气;富氧炼钢;高压氧舱;利用在氧化剂媒介中化学输气反应法制取铁箔,为了增强氧化和增大镜箔的均一性,在臭氧媒质中进行。

39．惰性环境原理

惰性环境原理包括:

(1)用惰性环境代替通常环境;

(2)在物体中增加惰性物质或添加剂;

(3)在真空中实施过程。

惰性环境原理与强氧化原理相反,让系统处于一种惰性而不是活性环境。制造惰性环境,可以考虑各种环境类型,包括真空、气体、液体或固体,固体惰性环境包括惰性涂层、微粒或要素。一般来讲,对于系统而言,不产生负面作用的环境都是可以考虑的环境。惰性环境的目的是为系统提供具有稳定和安全的化学或物理的环境。例如,霓虹灯,真空包装,充满惰性气体的白炽灯,惰性气体保护焊接机,用惰性气体处理棉花。

40. 复合材料原理

复合材料原理为:用复合材料代替同性质的材料。

复合材料一般是指由两种或两种以上不同性质的材料,通过物理或化学的方法,在宏观(微观)上组成的具有新性能的材料。各种材料在性能上互相取长补短,产生协同效应,使复合材料的综合性能优于原组成材料。采用复合材料,需要改变材料的成分,这样可以让复合材料具备原本不属于单个成分材料的特性,如多孔材料可以看成物质与空气的复合,单独的空气或者硬物质都不具备多孔复合材料的那些特性。可以通过分层、化合、聚合、增加纤维等手段来获得复合材料。

复合材料的例子有合金金属、防火地板、飞机外壳、轻便高强的多层防弹服。石墨纤维和树脂复合,可得到膨胀系数几乎为零的材料;在热处理时,为保证规定的冷却速度,采用介质做金属冷却剂,冷却剂由气体在液体中的悬浮体构成。生命吸管里使用的过滤器就是一种复合材料,可以净化大量的水,能预防饮用水引发的疾病,也能为飓风、地震或其他灾难中的受害者提供安全的饮用水,还能外出随身携带。

3.2.2　矛盾分类与工程参数

人类发展及科学技术进步中的每次重大跨域和重要发现都与思维创新、方法创新、工具创新密切相关。离开创新人类社会不能向前迈进,科学技术也不可能有实质性的进步。创新成为现代社会发展与进步的基本动力。在创新过程中,创新方法的技术矛盾就凸现出来。

矛盾分类如图 3-1 所示。

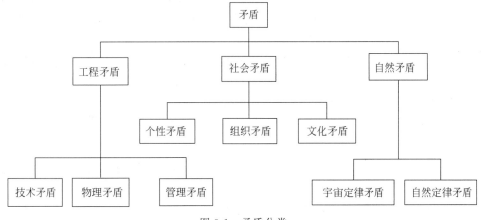

图 3-1　矛盾分类

TRIZ 创新方法理论归纳出 39 个通用工程参数(见表 3-2),针对具体的技术矛盾和物理矛盾,可以基于创新原理、工程参数及矛盾矩阵,结合工程实际寻求具体的解决方案。

表 3-2　39 个通用工程参数

序号	名　称	序号	名　称	序号	名　称
1	运动对象的重量	14	强度	27	可靠性
2	静止对象的重量	15	运动对象的作用时间	28	测量的精确性
3	运动对象的长度	16	静止对象的作用时间	29	制造精度
4	静止对象的长度	17	温度	30	作用于对象的外部有害因素
5	运动对象的面积	18	照度(光强度)	31	对象产生的有害因素
6	静止对象的面积	19	运动对象所需要的能量	32	可制造性
7	运动对象的体积	20	静止对象所需要的能量	33	可操作性
8	静止对象的体积	21	功率	34	可维修性
9	速度	22	能量的无效损耗	35	适应性
10	力	23	物质的无效损耗	36	系统的复杂性
11	应力或压力	24	信息的损失	37	检测的难度
12	形状	25	时间的无效损耗	38	自动化程度
13	对象的稳定性	26	物质的量	39	生产率

在这 39 个通用的工程参数中,任意两个不同的参数就可以表示一对技术矛盾。通过组合,可以得到 1482 种技术矛盾,足以描述工程领域中出现的绝大多数技术矛盾。借助于 39 个通用技术参数,可以将一个具体问题转化并表达为标准的 TRIZ 问题。这些工程参数中的对象可以是技术系统、子系统、零件、部件或者物体。

从表 3-2 中可以看出,许多参数都被区分为"运动对象"和"静止对象"。所谓"运动对象"是指可以很容易地改变空间位置的对象。不论对象是靠自己的能力来运动,还是在外力的作用下运动,交通工具和被设计为便携式的物品都属于运动对象,例如,车辆、船舶、手机、笔记本电脑等。而"静止对象"是指空间位置不变的对象,包括用自己的能力来保持其空间位置不变的对象,以及在外力作用下保持其空间位置不变的对象。判断标准是:在对象实现其功能的时候,其中空间位置是否保持不变,例如,建筑物、书柜、电视机等。

39 个通用工程参数大致分成以下三类。

(1) 通用物理和几何参数:物体的重量、尺寸、面积、体积、速度、力、压力、形状、温度等。

(2) 通用的技术负向参数:物体的作用时间、能量消耗、能量损失、物质损失、信息损失、时间损失、物质的量、作用于对象的有害因素、对象产生的有害因素。负向参数是指当这些参数的数值变大时,会让系统或者子系统的性能变差。

(3) 通用技术正向参数:对象的稳定性、强度、可靠性、测量精度、制造精度、可制造性、操作流程的方便性、可维修性、适应性和通用性、系统的复杂性、控制和测量的复杂度、自动化程度、生产率。正向参数是指这些参数的数值变大时,会使系统或者子系统的性能变好。

3.2.3　技术矛盾与解决方法

TRIZ 主要解决技术矛盾和物理矛盾,本节介绍技术矛盾的概念以及如何运用矛盾矩阵去解决技术矛盾。

1. 技术矛盾

在 TRIZ 中,对技术矛盾的定义是:系统的一个工程参数 A 的改善会引起另一个工程参数 B 的恶化,这时称为工程参数 A 与工程参数 B 构成一对技术矛盾,如汽车的速度与安全性。从矛盾的观点出发,工程参数 A 和工程参数 B 之间之所以存在这样一种类情况,是因为工程参数 A 与工程参数 B 之间既对立(改善了工程参数 A,但会导致工程参数 B 的恶化)又统一(工程参数 A 和工程参数 B 存在同一个系统中)。

下面举一个例子,坦克装甲的改进。第一次世界大战中,英军为了突破敌方由机枪火力点、战壕、铁丝网组成的防御阵地,迫切需要一种将火力、机动、防护三方面结合起来的新型进攻性武器。1915 年,英国利用已有的内燃机技术、履带技术、武器技术和装甲技术,制造出了世界上第一辆坦克。当时为了保密,称其为“水箱”。

这场战役让各个国家认识到了坦克在战场上的价值,各国纷纷开始研发并装备坦克作为阵地突破的重型武器。同时,各国也开始寻求能够有效摧毁这种新型武器的方法,并开发出了相应的反制兵器。随着坦克与反坦克武器之间较量的不断升级,坦克的装甲越做越厚。到第二次世界大战末期,坦克的装甲厚度已经由第一次世界大战的几十毫米变为一百多毫米。其中,德国“虎Ⅱ”式重型坦克重点防护部位的装甲厚度达到了 180mm。

随着坦装甲厚度的不断增加,坦克的战斗全重也由最初的 7 吨增加到将近 70 吨。导致出现了一对技术矛盾,重量的增加直接导致了速度、机动性和耗油量等问题的出现。这里装甲的厚度与坦克的战斗全重这两个工程参数构成了一对技术矛盾。

2. 矛盾矩阵

矛盾矩阵是阿奇舒勒将 39 个通用工程参数与 40 条创新原理有机地联系起来,建立起对应关系,整理成的 39×39 矛盾矩阵表,是对 250 万份专利进行研究后所取得的成果,矩阵的构成非常紧密,而且自成体系。

1) 矛盾矩阵的构成

阿奇舒勒归纳整理了 39×39 的矛盾矩阵表(详见附录 A),使用者可以根据系统中产生矛盾的 2 个通用工程参数,从矩阵表中直接查找出化解矛盾的创新原理,并使用这些原理来解决问题。矛盾矩阵的第 1 行为 39 个恶化的通用工程参数,第 1 列分别为 39 个改善的通用工程参数的名称。列表示要改善的参数,行表示会恶化的参数。39×39 个工程参数有行、列 2 个维度构成矩阵的方格共 1521 个。在其中 1263 个方格中,均列有几个数字,这几个数字就是 TRIZ 所推荐的解决对应技术矛盾的创新原理编号。

表 3-3 所示是矛盾矩阵的局部。

表 3-3 矛盾矩阵的局部

改善\恶化的参数	① 移动件重量	② 固定件重量	③ 移动件长度	④ 固定件长度	⑤ 移动件面积	⑥ 固定件面积	⑦ 移动件体积	⑧ 固定件体积	⑨ 速度
① 移动件重量	*	*	15,8,29,34	*	29,17,38,34	*	29,2,40,28	*	2,8,15,38
② 固定件重量	*	*	*	10,1,29,35	*	35,30,13,2	*	5,35,14,2	*
③ 移动件长度	8,15,29,34	*	*	*	15,17,4	*	7,17,4,35	*	13,4,8
④ 固定件长度	*	35,28,40,29	*	*	*	17,7,10,40	*	35,8,2,14	*
⑤ 移动件面积	2,17,29,4	*	14,15,18,4	*	*	*	7,14,17,4	*	29,30,4,34
⑥ 固定件面积	*	30,2,14,18	*	26,7,9,39	*	*	*	*	*
⑦ 移动件体积	2,26,29,40	*	1,7,4,35	*	1,7,4,17	*	*	*	29,4,38,34
⑧ 固定件体积	*	35,10,19,14	19,14	35,8,2,14	*	*	*	*	*
⑨ 速度	2,28,13,38	*	13,14,8	*	29,30,34	*	7,29,34	*	*
⑩ 力量	8,1,37,18	18,13,1,28	17,19,9,36	28,10	19,10,15	1,18,36,37	15,9,12,37	2,36,18,37	13,28,15,12
⑪ 张力,压力,应力,压强	10,36,37,40	13,29,10,18	35,10,36	35,1,14,16	10,15,36,28	10,15,36,37	6,35,10	35,24	6,35,36
⑫ 形状	8,10,29,40	15,10,26,3	29,34,5,4	13,14,10,7	5,34,4,10	*	14,4,15,22	7,2,35	35,15,34,18
⑬ 物体稳定性	21,35,2,39	26,39,1,40	13,15,1,28	37	2,11,13	39	28,10,19,39	34,28,35,40	33,15,28,18
⑭ 强度	1,8,40,15	40,26,27,1	1,15,8,35	15,14,28,26	3,34,40,29	9,40,28	10,15,14,7	9,14,17,15	8,13,26,14

第 1 列与第 1 行分别为 39 个工程参数的序号及名称。第 1 列是要改善的参数,第 1 行是恶化的参数。根据矩阵方格推荐的创新原理编号,查 40 条创新原理目录,就可以获得该编号所对应的创新原理。同一工程参数所对应的方格(45°对角线的方格)属于物理矛盾而非技术矛盾。

2)矛盾矩阵的应用步骤

(1)确定技术系统名称。

(2)确定技术系统的主要功能。

（3）对技术系统进行详细分解，划分系统的级别，列出超系统、系统、子系统各级别的零部件和各种辅助功能。

（4）对技术系统、关键子系统、零部件之间的相互依赖关系和作用进行描述。

（5）对系统和子系统的层、级描述要准确，不能仅是对整个产品或系统的笼统描述，应具体到零部件级。使用"主语＋谓语＋宾语"的工程描述方式，定语（修饰词）尽可能少用。

（6）确定技术系统应改善的特性。

（7）确定并筛选设计系统被恶化的特性。在提升改善一个特性的同时，必然会带来其他一个或多个特性的恶化，被恶化的参数又往往属于尚未发生的，所以在筛选并确定这些恶化的特性时，需要"大胆设想，小心求证"。

（8）将确定的参数查表。工程参数是由技术参数概括来的，它不仅需要对 39 个工程参数科学理解，更需要丰富的相关知识。

（9）对通用工程参数的矛盾进行描述。改善的工程参数与随之而来被恶化的工程参数之间形成了矛盾。如果所确定的该矛盾的两个工程参数是同一参数，则属于物理矛盾。

（10）对矛盾进行反向描述。如加大一个恶化的参数的程度，改善的参数将会被削弱。

（11）查找矛盾矩阵表得到所推荐的创新原理的排序编号。

（12）按照排序编号查找 40 条创新原理目录，获得创新原理的名称。

（13）按照创新原理的序号和名称，对应查找实例获得创新原理的详解。

（14）将所推荐的创新原理逐个应用到具体的问题上，探讨每个原理在具体问题上如何应用和实现。

（15）如果所查找到的创新原理都不适用于具体的问题，需要重新定义工程参数和矛盾，并再次应用和查找矛盾矩阵表。

（16）筛选出最理想的解决方案，进入产品方案设计阶段。

3. 应用矛盾矩阵解决技术矛盾

解决技术矛盾的核心思想是：在改善技术系统中某个参数的同时，其他参数不受影响。利用矛盾矩阵解决技术矛盾的过程，大致分为以下三个步骤。

1）分析技术系统

分析技术系统主要分为三个步骤。

步骤一：确定技术系统的所有组成元素。通过对技术系统中各个组成元素的分析，可以对每个组成元素的参数、特性和功能有一个全面的认识。通过对各个组成元素之间的相互作用关系的分析，从整体上把握整个系统的作用机制，即不同元素之间存在什么样的相互作用以及它们对于系统整体性能、功能的实现起到的作用。

步骤二：找出问题的根源，这是彻底解决问题的基础。问题的背后总是隐藏着原因，消除引起问题的原因要比消除问题更容易，也更有效。厘清技术系统在过去和未来的功能有助于理解技术系统的工作条件，对技术系统未来应具有的功能理解还可以帮助我们发现新的、未预见到的条件，从而使问题自动得到解决。

步骤三：定义需要改善的参数，通过步骤二找到需要改善的参数。可以从两个方向来改善技术系统：①改善已有的正面参数；②消除负面参数。

2）定义技术矛盾

技术矛盾是发生在技术系统中的矛盾。如果对技术系统中某个参数的改善会导致系统中其他参数的恶化，就表明技术系统中存在技术矛盾。例如，改善坦克强度参数，导致装甲厚度的增加，从而引起坦克全重的增加。所以，恶化的参数就是坦克的战斗全重，对应到 39 个通用工程参数中，就是最合适的运动对象的重量。从而可以定义技术矛盾，当改善技术系统的参数"强度"时，导致另一个参数"运动对象的重量"的恶化。

3）解决技术矛盾

定义技术矛盾以后，就可以使用矛盾矩阵来寻找解决问题的方向，如在局部矛盾矩阵表 3-3 第一列中找到要改善的参数：强度；从表上第一行中找到被恶化的参数：运动对象的重量。从强度向左、从运动对象的重量向下分别作两条射线，在这两条射线的交叉点所在的单元格中，得到数字 1,8,40,15，就是发明原理的序号。

从矛盾矩阵中可以得到每个创新原理以及每个创新原理中的指导原则。

原理一：分割——将一个对象分成多个相互独立的部分，或将对象分成容易组装和拆卸的部分，增加对象的分割度。增加容易被击中位置的厚度，击中概率低的位置减小厚度，增加正前方装甲倾斜度，在同样厚度的情况下来自正前方的炮弹遇到的有效厚度更厚。

原理四十：复合材料——采用最新的复合材料，高强度，低密度，这是一个可行方案。

3.2.4　物理矛盾与解决方法

一个系统在设计时除了会遇到不同工程参数间的技术矛盾，还往往会遇到针对某一系统对象的物理矛盾。本节介绍物理矛盾的相关概念以及如何解决物理矛盾。

1. 物理矛盾概念

阿奇舒勒定义物理矛盾（physical contradiction）描述为：对同一个对象的某个特性提出了互斥的要求，即要求系统对象的某个工程参数既要大又要小，既要长又要短，既要快又要慢，既要高又要低，既要有又要无，既要导电又要绝缘等相互矛盾的要求，从一个角度希望这个参数越大越好，从另外一个角度希望这个参数越小越好。物理矛盾是对技术系统的同一参数提出相互排斥的需求。无论对于技术系统的宏观参数，如长度、电导率及摩擦系数等，还是对于描述微观量的参数，如粒子浓度、离子电荷及电子速度等，都可以对其中存在的物理矛盾进行描述。

当对一个系统的某个参数具有相反的要求时，就出现了物理矛盾。例如，飞机在起飞和降落时，必须用到起落架；但在飞行过程中又不需要起落架，以减少飞行中的阻力。这就是两个相反的要求。又如，飞机的机翼应该尽量大，以便在起飞时获得更大的升力；飞机的机翼应该尽量小，以便减少高速飞行时的阻力。对于包含物理矛盾的对象来说，承载物理矛盾的那个特性，可能只依附于一个具体的参数（如长度、温度等），也可能是几个具体参数（如摩擦力、成本等）的综合表现。常见的物理矛盾既可以针对几何参数、物理参数，也可以针对功能参数（见表 3-4）。

表 3-4　常见的物理矛盾

类别	物 理 矛 盾						
几何类	长与短	对称与非对称	平行与交叉	厚与薄	圆与非圆	锋利与钝	窄与宽	水平与垂直
材料及能量类	多与少	密度与大小	导热率高与低	温度高与低	时间长与短	黏度高与低	功率大与小	摩擦力大与小
功能类	喷射与堵塞	推与拉	冷与热	快与慢	运动与静止	强与弱	软与硬	成本高与低

通常,在解决问题时,目标之所以无法实现,就是因为没有解决最主要的矛盾。一个好的解决方案应该是在使一个特性(如重量、机翼面积)保持不变或得到改善的基础上,使目标特性得到改善(机翼的例子,希望改善的特性是速度)。解决问题的方法往往并不是显而易见的,需要解决问题的人具有一定的创造性。

在常规设计中,对于这样的问题往往会采用折中或妥协的方法,或者仅仅满足两个矛盾的特性中"比较重要的"那个特性,对于另外一个"不重要的"特性则可以用其他辅助性手段来进行处理。对于 TRIZ 来说,追求的是彻底解决矛盾,建立一个完美的系统,即在不使其他特性恶化的前提下,改善那个"重要的"特性。

1) 物理矛盾

机翼将物理矛盾阐述为:对象应该具有特性机翼尽量大的特性,以便在起飞时获得更大的升力;同时,飞机的机翼应该尽量小,以便减少高速飞行时的阻力。

2) 解决物理矛盾的步骤

解决物理矛盾分为下面的步骤。

第一步:进行技术系统的因果分析。

第二步:从因果分析中定义出技术矛盾。

第三步:提取物理矛盾,在这对技术矛盾中找到一个参数及其相反的两个要求。

第四步:定义理想状态,提取技术系统在每个参数状态优点,提出技术系统的理想状态。

3) 技术矛盾与物理矛盾关系

物理矛盾和技术矛盾是相互联系的,如图 3-2 所示。技术矛盾和物理矛盾之间是可以转化的。很多时候,技术矛盾是更显而易见的矛盾,而物理矛盾是隐藏得更深入、更尖锐的矛盾。

技术矛盾和物理矛盾两者的区别是:

(1) 技术矛盾是两个参数之间的矛盾,物理矛盾是同一个参数的矛盾;

(2) 技术矛盾涉及的是整个技术系统的特性,物理矛盾涉及的是系统中某个元素某个特征的物理特性。

(3) 物理矛盾比技术矛盾更能体现问题的本质。

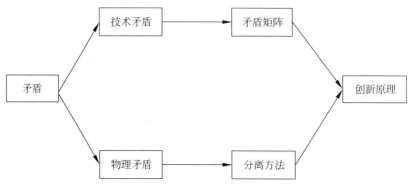

图 3-2　物理矛盾与技术矛盾之间的联系

2．分离方法

解决物理矛盾采用分离方法去解决，实现矛盾双方的分离。TRIZ 理论在总结物理矛盾解决的各种问题方法的基础上，将各种分离原理总结为 4 种基本类型，即空间分离、时间分离、条件分离和整体与部分分离。这 4 种分离方法的核心思想是完全相同的，都是为了将针对同一对象（系统、参数、特性、功能等）的相互矛盾的需求分离开，从而使矛盾的双方都得到完全的满足。

这 4 种分离方法不同点在于，不同的分离方法通过不同的方式来分离矛盾的双方，在分离方法确认之后，可以使用符合这个分离方法的创新原理来得到具体问题的解决方案。以下以十字路口的交通遇到的物理矛盾及各种分离方法解决这个物理矛盾为例进行介绍。

1）空间分离

空间分离原理是将矛盾双方在不同的空间上分离，即通过在不同的空间上满足不同的需求，让关键子系统矛盾的双方在某一空间只出现一方，从而解决物理矛盾。

汽车要通过一个十字路口，而不和垂直方向来的车辆相撞，又一定不得占据十字路口的位置，这就是一个物理矛盾，既要通过十字路口，又不能占据十字路口。

空间分离方法解决十字路口交通问题用到的是立交桥。

2）时间分离

时间分离原理是将矛盾双方在不同的时间段上分离。即在不同的时刻满足不同的需求，从而解决物理矛盾。

时间分离方法解决十字路口交通问题用到的是红绿灯。

再如，我们希望舰载飞机的机翼大一些，这样使飞机有更好的承载能力，大机翼可以提供更大的升力；但是我们又希望小一些，因为要在航空母舰有限的面积上多放些飞机。用时间分离可解决这个物理矛盾，在航母舰上飞机机翼可以折叠存放，在飞行时飞机机翼打开。

3）条件分离原理

条件分离原理是根据条件的不同将矛盾双方不同的需求分离，即在不同的条件下满足不同的需求，从而解决物理矛盾。

条件分离方法可以用交通环岛解决十字路口交通问题，在十字路口中心使用转盘，四个方向的车流到达路口后，均进入转盘，形成减速和分流。其所遵循的条件是，遇到该去的路口就右转弯，否则就逆时针绕着转盘行驶，在需要的出口驶出路口。

4）整体与部分分离

所谓整体与部分分离原理，是将矛盾双方在不同层次上分离，即通过在不同的层次上满足不同的需求来解决物理矛盾。

例如，高速路主体是整体，如果下高速去往次级路，就是整体与部分分离。

再如，坦克履带要能行使必须是柔软的。它又该是刚性的，以便适应战场复杂路况以及防一般的子弹。因此，系统的各部分是刚性的，但是系统在整体上是柔性的。

上述分离方法还可以结合，如图 3-3 所示，空间分离、时间分离与条件分离结合。整体与部分分离也经常与空间分离结合。

图 3-3　环岛立交桥

5）实现分离方法

如何实现矛盾双方的分离，对同一个物理矛盾运用不同的分离原理可以得到不同的问题解决方法。

例如，如何让眼镜具备两种屈光度。有些人的视力兼有近视和老花眼的问题。因此，在看近处的时候，需要屈光度高（老花）；看远处的时候，需要屈光度低（近视）。如何让眼镜具备两种屈光度来同时满足以上的要求？

（1）空间分离原理解决两种屈光度的问题：双光眼镜（双焦点眼镜）在同一个镜片上有两种屈光度数（近视与老花）。矫正远距离视力的屈光度数通常在镜片的上方，矫正近距离视力的屈光度数则设在镜片的下方。由于同一镜片上同时包括远及近的屈光度数，交替看远及近时不需换眼镜。这样设计的原因是符合使用习惯,看近处通常在下方,看远处通常用上方。

(2) 时间分离原理解决:两副眼镜,一副是近视眼镜,一副是老花眼镜。根据使用时间解决,需要看远方的时候用近视镜,需要看近处时换上老花眼镜。

(3) 运用条件分离原理:有一种动态双光眼镜,通过按开关,眼镜就能在远距离模式和近距离模式之间转换。这种眼镜在两层玻璃中间夹了很薄的一层液晶,通过电来控制模式转换。

(4) 运用整体与部分分离原理:将一片镜片分成两片镜片(凹透镜和凸透镜),进行组合使用。当单凹透镜使用时起到近视眼镜的作用;当另一个凸透镜镜片加上来时,眼镜就变成了老花眼镜。

3. 利用分离方法解决物理矛盾

解决物理矛盾的核心思想是利用分离原理,对同一个对象的某一个特性的互为相反的要求分离开,并分别予以满足。分离原理也经常用到创新原理,分离原理与创新原理的对应关系如表 3-5 所示。

表 3-5　分离原理与创新原理的对应关系

分 离 原 理	创 新 原 理
空间分离	①分割原理、②抽取原理、③局部质量原理、⑦嵌套原理、④不对称原理、⑰多维化原理
时间分离	⑮动态特性原理、㉞抛弃和再生原理、⑩预先作用原理、⑨预先反作用原理、⑪预先防范原理
条件分离	㊵复合材料原理、㉛多孔材料原理、㉜颜色改变原理、③局部质量原理、⑲周期性作用原理、⑰多维化原理
整体与局部分离	①分割原理、⑤合并原理、㉝同质性原理、⑫等势原理

3.2.5　科学效应知识库

现有的工程技术产品和方法都是以一定的科学效应为基础积累起来的。产品功能可以分解成由某种效应实现的基本子功能。阿奇舒勒发现发明专利通常都是利用了某种科学效应,或者是出人意料地将已知的效应应用到以前没有使用过该效应的技术领域中。每个效应都可解决一大批问题。物场效应是 TRIZ 的重要工具,效应是在特定条件下,在技术系统中实施自然规律的技术结果,效应是场(能量)与物质之间的互动结果。科学效应知识库是 TRIZ 中重要的创新资源,在产品的创新设计阶段发挥着重要的作用,因此我们把科学效应知识库汇总在附录里供创新设计中参考使用。TRIZ 使用的主要是物理效应、化学效应、几何效应和生物效应等技术学科领域的效应。

科学效应知识库分类如下:

(1) 按功能分类。

① 物理效应与实现功能,见附录 B;

② 化学效应与实现功能,见附录 C;

③ 几何效应与实现功能,见附录 D;

④ 固、液、气、场不同形态物质实现功能的效应知识库,见附录 E。

(2) 按属性分类。

① 改变属性的效应知识库,见附录 F;

② 增加属性的效应知识库,见附录 G;

③ 减少属性的效应知识库,见附录 H;

④ 测量属性的效应知识库,见附录 I;

⑤ 稳定属性的效应知识库,见附录 J。

(3) 科学效应汇总见附录 K。

3.3　创新方法-技术系统进化法则

3.3.1　S 曲线与技术系统进化法则

技术系统进化法则是技术系统为提高自身的有用功能,从一种状态过渡到另一种状态时,系统内部组件之间、系统组件与外界环境间本质关系的体现。技术进化法则也是阿奇舒勒 TRIZ 理论的革命性成果,技术系统是人创造出来的,它竟然与生物系统一样,是可以进化的,并且这个进化发展过程具有一定的规律性,这些技术系统进化发展的规律就是技术系统进化法则。技术系统发展的进化满足 S 曲线规律,不同阶段会出现不同的进化特征,TRIZ 中 S 曲线进化法则是系统进化过程的规律,所有系统都向"最终理想化"的方向进化。技术预测需要深度理解产品进化 S 曲线,产品从诞生到退出市场有一个生命周期的发展过程。

1. S 曲线

S 曲线是技术系统进化的基本规律,在 TRIZ 理论中将 S 曲线分为四个阶段,即婴儿期、成长期、成熟期和衰退期,如图 3-4 所示,婴儿期和成长期一般代表该产品处于原理实现、性能优化和商品化开发的阶段,到了成熟期和衰退期,则说明该产品技术发展已经比较成熟,盈利逐渐达到最高并开始下降,会出现新的替代产品。随着产品的不断更新换代,形成了该类产品的进化曲线。

S 曲线进化法则描述了技术系统的完整生命周期和一般发展规律,S 曲线进化法则可以帮助创造者确定系统的发展阶段,提供了一种识别和确认产品所处状态的技术,依据产品的专利数量、专利级别、市场利润和产品性能的基本变化规律,通过对当前产品的相关参数变化情况,就可以确定该产品处于生命周期的哪个阶段,指导产品或技术设计和研发的方向,指导创造者在产品的各个阶段制定决策,引导人们在各个领域预见并解决新的任务。通过性能参数随时间变化的规律,可以准确地预测产品和技术所处的生命周期阶段,从而为制定产品开发策略提供参考。

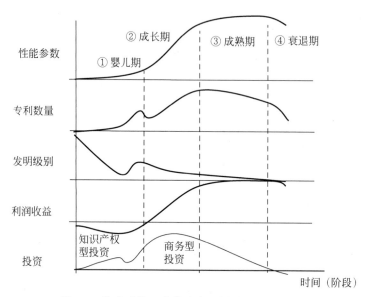

图 3-4 技术系统 S 曲线及在不同时间阶段的特征

1）婴儿期

婴儿期是指出现了实现技术系统功能的原理。实现系统功能的原理出现后,系统也随之产生。但是刚形成的新系统的各组成部分通常是从其他已有的系统中"借"来的,技术系统的婴儿期存在很多问题:如缺乏资源,新系统中存在一系列"瓶颈"问题,并不适应新系统的要求,技术性能指标也非常低。但婴儿期对这个技术系统来说是意义重大的,因为这个系统第一次出现,发明级别最高,是革命性的。

婴儿期随后逐步过渡到成长期,充分利用已有技术系统中部件和资源,与已有的其他先进系统或部件相结合去解决婴儿期问题。

2）成长期

在成长期,处于婴儿期的制约系统主要"瓶颈"问题得到解决,系统的主要性能参数得到大幅提升,成本降低;随着收益率的提高,投资额大幅增长;并且特定资源的引入使系统变得更有效。技术系统在成长期开始获利,进入不同的细分市场,系统及其部件会有些适度的改变,在成长期可以将新产品推向市场,抢占先发优势,不断对新产品进行改进,不断推出基于核心技术性能更好的产品。到成长期结束,主要性能指标基本达到最优。

3）成熟期

在成熟期系统性能指标达到最优,而系统发展趋于缓慢,生产量趋于稳定,且新出现的矛盾会阻碍系统的进一步发展。

在技术系统成熟期,系统被附加一些与其主要功能完全不相关的附加功能,系统发展寄希望于新的材料和技术,系统的改变主要是外在的变化。在技术系统的成熟期就要进一步降低成本,改善外观,增添系统新服务功能,简化系统,和其他系统或技术相结合。

4）衰退期

技术系统衰退期会逐步被新技术系统替代，并且系统带来的收益在下降。

衰退期出现的原因是新系统已经发展到第二阶段，迫使现有系统退出市场。超系统的改变导致对系统需求降低。在技术系统衰退期需要寻找新的领域，选择和研究能够进一步提高产品性能的替代技术。

如胶片相机技术系统被数码相机技术系统替代，而数码相机技术系统又被智能手机系统替代，未来手机技术系统也会被新的技术系统如物联网、元宇宙替代。这些技术系统都有一个 S 曲线进化的一个过程。

2．技术系统进化法则

技术系统进化法则指出了技术系统发展进化的方向。阿奇舒勒发现技术系统有八大进化法则，这八大进化法则可以应用于市场需求预测、技术发展预测、新技术预测、专利布局、选择企业战略等。

TRIZ 技术系统八大进化法则分别是：

（1）提高理想度法则；

（2）技术系统完备性法则；

（3）技术系统能量传递法则；

（4）子系统协调性进化法则；

（5）子系统不均衡进化法则；

（6）动态性和可控性自动化进化法则；

（7）向微观级和增加场应用进化法则；

（8）向超系统进化法则。

八大进化法则的层次关系如图 3-5 所示。

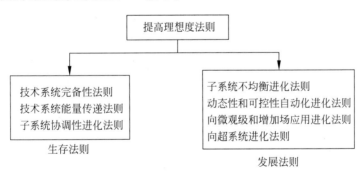

图 3-5 八大进化法则的层次关系

还有一些新的研究对八大进化法则进行了扩充。

1）提高理想度法则

最理想的技术系统是指作为物理实体并不存在，也不消耗任何的资源，但是能够实现所有必要的功能。例如，最理想的制动系统应该不占用任何空间，不需要能量和资金，不传递有害功能,但是能够在任何需要的时间和场合实现其制动的功能。

提高理想度法则是指技术系统是沿着提高其理想度向最理想系统的方向进化的,它代表所有技术系统进化法则的最终方向。可以从增加系统的功能,传输尽可能多的功能到工作元件上,将一些系统功能移转到超系统或外部环境中,利用内部或外部已存在的可利用资源等方面考虑提高理想度。提高理想度是通过产品进化来达到理想解。提高理想度途径有:提高有益有用功能的参数,降低有害功能的参数,降低成本。

例如,测量金属腐蚀度的理想方案:测量金属对酸液抗腐蚀能力,一般考虑用最耐腐蚀的铂金做容器,然后把酸液和被测金属放入,但这样成本太高。使用提高理想度法则设计最终理想解,充分利用已有资源,去掉铂金容器,但仍能实现所需功能。具体方案就是用被测金属做成容器盛酸液,腐蚀的有害作用自动消失,这个腐蚀作用变成需要的功能,变害为利。

2) 技术系统完备性法则

系统是为实现功能而建立去履行功能的,为了实现功能,系统必须具备最基本的要素,各要素之间必须存在必要的联系。一个完整的系统必须由四部分组成:执行装置、传动装置、动力装置、控制装置,如图 3-6 所示。整个系统需要由能量源提供能量,由动力装置将能量转换成技术系统所需要的使用形式,传动装置将能量传输到执行装置,按照执行装置的特性进行调整,最终作用于对象上。控制装置提供系统各部分之间的协同操作来实现技术系统和环境之间的相互作用以及各子系统之间的相互作用,为实现对系统的控制,必须至少有一部分是可控的。

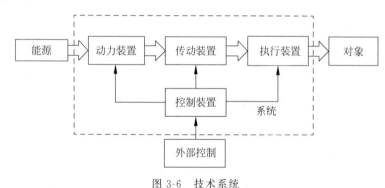

图 3-6 技术系统

完备性法则是系统不断由不完备向完备发展,逐步减少人的参与,向提高技术系统效率方向进化。

3) 技术系统能量传递法则

技术系统能量传递法则说明技术系统实现基本功能之一是能量能够从能量源流向系统所有组件,如果某个组件不需要能量,就不能产生效用,那么整个系统就不能执行其有用功能,或者有用功能不足,那么这个组件就可以考虑裁剪掉。技术系统的进化应该沿着使能量流动路径最短的方向发展,以减少能量损失。要使技术系统的某元件具有可控性,必须在该元件和控制装置之间提供能量传递通路。利用能量传递法则,有助于减少技术系统的能量损失,使其在特定阶段提供最大效率。

技术系统能量传递法则是对有源(系统需要能源驱动才能发挥效能)技术系统而言的,对无源技术系统是不适用的,如桌子、无源滤波器。

总之,技术系统实现功能的必要条件:能量必须能够从能量源流向技术系统中的所有元素;技术系统应该沿着使能量流动路径最短的方向进化,以减少能量损失。

如果某个元件接收不到能量,就不能发挥作用,这会影响到技术系统的整体功能。

减少能量损失的途径如下。

(1) 缩短能量传递路径,减少传递过程中的损失。

(2) 减少能量形式的转换,能量只能从一种形式转化为另一种形式,或者由一个物体转移到另一个物体。例如,汽车的进化,由汽油汽车(化学能→压力能→机械能)到电动汽车(电能→机械能),减少了能量转换形式,降低了能量损失。

(3) 提高系统各部分的能量传导率。能量从技术系统的一部分向另一部分传递可以通过物质媒介(流体、轴、齿轮等)、场媒介(电场、磁场、光场、声场等)进行。例如,收音机在金属屏蔽的环境(如汽车)中不能正常收听高质量的广播。尽管收音机内各子系统工作都正常,但电台传导的电磁波能量受汽车金属屏蔽壳体的屏蔽阻碍使收音机整个系统不能正常工作,可在汽车外加一个天线来解决。用可控性好的能量形式代替可控性差的能量形式,能量场控制由难到易一般为:引力场−机械场−声场−热场−化学场−电场−磁场。

4) 子系统协调性进化法则

在技术系统的进化中,子系统的协调和不协调交替出现,以改善性能或补偿不理想的作用。技术系统的进化是沿着各个子系统相互之间更协调的方向发展的。即系统的各部件在保持协调的前提下,充分发挥各自的功能。技术系统沿着各子系统之间更协调的方向进化是整个技术系统能发挥功能的必要条件。

子系统间的协调性主要表现在:结构上的协调,各性能参数之间的协调,工作节奏/频率上的协调。

结构上的协调:如早期积木只能摆、搭;现代积木可自由组合、随意插合成不同的形状,甚至与现代技术、传统技术结合,如电磁吸附电路模块、榫卯。

各性能参数之间的协调:如网球拍需要考虑两个性能参数的协调,一方面要将球拍整体重量降低,以提高其灵活性,另一方面要增加球拍头部重量,以保证产生更大的挥拍力量。

工作节奏/频率上的协调:如建筑工人在混凝土浇筑施工中,为了提高质量,总是一面灌混凝土,一面用振荡器进行振荡,使混凝土在振荡的作用下变得更加紧密、更加结实;各种自动化生产线、各部分之间的工作节奏要完全配合起来,才能让整体的流水线运转起来。

生活中协调性例子:人文环境中"男女搭配,干活不累",生态环境中生态农业。

5) 子系统不均衡进化法则

子系统不均衡进化法则是指任何技术系统所包含的各个子系统都不是同步、均衡进化的,每个子系统都沿着自己的 S 曲线向前发展,这种不均衡的进化经常会导致子系统之间的矛盾出现,而整个技术系统的进化速度取决于系统中发展最慢的子系统的进化速度。该法则可以帮助我们及时发现并改进最不理想的子系统。通常设计人员容易犯的错误是花费精力专注于系统中已经比较理想的重要子系统,而忽略了"木桶效应"中的短板,结果导致系统的发展缓慢。例如,汽车的雨刷,由于材料限制,老化比较快,需要2年就要更换;生物系统人体中的阑尾,现在不需要了,但由于还没进化完善,阑尾还存在于人体内;飞机设计中,曾经单方面专注于飞机发动机,而轻视了空气动力学的制约影响,导致飞机整体性能的提升比较缓慢。

6)动态性和可控性自动化进化法则

技术系统的动态性和可控性自动化进化法则是指技术系统应向着增强对内外条件变化适应性、自动化、智能化的方向发展。即技术系统的进化沿着提高结构柔性、提高可移动性、提高可控性的方向发展,以适应外界条件的变化。

提高结构柔性:常见的发展历程为刚体—带有两种特性的刚体—单铰链—多铰链—柔性体—粉末—流体—气体—场;最终进化到场实现功能,如切割,由刀、剪刀、水流切割进化到激光切割。

提高可移动性:技术系统沿着系统整体可移动性增强的方向进化,由不可动到部分可动,再到高度可动,最后完成整体可动,如电话机,由固定电话到移动手机。

提高可控性:技术系统沿着系统整体可控制性增强的方向进化,由直接控制发展到利用中介物实现间接控制,再通过反馈机制引入反馈控制,最终实现智能自动控制,如对电的控制,特别是高压电,开始只能直接控制,非常危险,发展到利用继电器控制,通过反馈控制,最终实现根据需求完全智能控制。

7)向微观级和增加场应用进化法则

最初,技术系统是在宏观级别上进化的,当资源耗尽时,就开始在微观级别上进化。技术系统是沿着减小其元件尺寸的方向进化的。

进化路径有:

(1)提高物质的可分性和分散物质的组合性;

(2)提高混合物质(空隙+物质)的可分性,运用毛细现象和多孔材料;

(3)用场代替物质,向"场+物质"或场转变。

8)向超系统进化法则

已发展到极限的技术系统可以向超系统进化,技术系统沿着单系统→双系统→多系统路线进化,当技术系统进化到极限的时候,系统中实现某项功能的子系统会从系统中剥离出来,转移到超系统中,作为超系统的一部分。在该子系统的功能得到增强改进的同时,也简化了原有的技术系统。

例如,空中加油机,飞机长距离飞行时,特别是战斗机,需要在飞行中加油。最初燃油箱是飞机的一个子系统,进化后燃油箱脱离了飞机,进化至超系统,以空中加油机的形式给飞机加油。飞机系统简化,不必再携带数百吨的燃油。

再如,手机的进化,为了实现大屏幕甚至裸眼3D展示,进化后显示子系统可以脱离手机,进化到超系统中。

S 曲线与进化法则之间的关系如图 3-7 所示

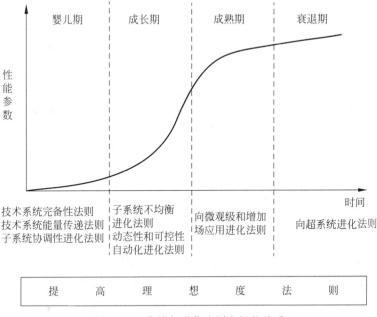

图 3-7　S 曲线与进化法则之间的关系

技术系统进化法则的作用有:帮助预测产品未来的发展方向,做出前沿决策;通过产品发展方向的预测,解决实际问题;进行专利规避,超越竞争对手。

技术系统进化法则对设计活动指导作用如下。

(1)新产品设计:确定符合进化规律的设计方向。

(2)现有产品改进:选择符合进化规律的解决方案。

总之,技术系统是沿着由单一趋向复杂、由整体趋向分割、由刚性趋向柔软、由单向趋向双向、由一维趋向多维、由单一用途趋向多用途的方向进化的。技术系统的八大进化法则是 TRIZ 中解决发明问题的重要指导原则,掌握好进化法则,可有效提高问题解决的效率。同时进化法则可以应用到其他很多方面,包括分析市场需求、定性技术预测、创新研发新技术、协调专利布局以及为企业选择合适的战略制定时机等。

3.3.2　技术进化应用创意实践讨论

我们通过自行车的进化来看一下技术系统的进化。

如图 3-8 所示,1817 年法国人西夫拉克发明了第一辆自行车"木房子",由机架及木制的轮子组成,没有把手,骑车人的脚是驱动装置。该车还没实现控制方向功能。

1870 年,设计成功 Ariel 自行车,前轮安装在一个垂直的轴上,实现转向功能,如图 3-9 所示。

图 3-8 "木房子"自行车

图 3-9 Ariel 自行车

1879 年,脚蹬驱动、链轮及链条传动的自行车设计成功,提升了车的速度,如图 3-10 所示。

图 3-10 早期链条自行车

1888 年,车闸设计成功,可以控制停车。

20 世纪,出现了折叠自行车、变速自行车。

可以看出,自从自行车被研制出来以后,就一直在不断进化,未来的自行车一定是朝着越来越舒适、省力、自动化的方向进化。

我们可以通过一些例子来看一下技术系统进化中的一些创意。

1. 提高理想度法则

无键键盘利用激光投影使其与动作捕捉照相机结合,跟踪手指的位置。

基于脑机接口的头盔,让使用者戴在头上,只需大脑意念控制,就可以操纵眼前的计算机。

提高理想度的途径包括:提高有益的参数,降低有害的参数,提高有益参数的同时降低有害参数。可以从这三方面来思考生活中常见的相机、运动器械、计算机、汽车、钥匙、手机是怎么来提高本身理想度的。

2. 技术系统完备性法则

农耕的工具从锄头进化到专用农业机械,就是一步一步变得完善,工作效率逐渐提高的。

3．技术系统能量传递法则

减少能量损失的途径包括：

（1）缩短能量传递路径，减少传递过程中的损失；

（2）减少能量形式的转换，最好用一种能量形式贯穿系统的整个工作过程，从而减少能量在转换过程中的损失；

（3）用可控性好的能量形式代替可控性差的能量形式。

如火车的进化，由蒸汽机车（能量利用率 5%～15%）进化到内燃机车（能量利用率 30%～50%），再进化到电力机车（能量利用率 65%～85%）就是通过减少能量形式转换来提高效率的。

蒸汽机车的能量转换是从化学能到热能再到压力能再到机械能，内燃机车的能量转换是从化学能到压力能再到机械能，电力机车的能量转换则是直接从电能转换成机械能。由此可以看出，减少能量转换的路径，会使能量的利用效率越来越高，能量的损失也越来越低。

4．子系统协调性进化法则

如赛车对车辆要求是很高的，所以良好的协调性是整个技术系统发挥其功能的必要条件。

5．子系统不均衡进化法则

子系统不均衡进化法则遵从木桶原理：一只木桶的容量由最短的一片决定。

6．动态性和可控性自动化进化法则

根据动态性进化法则，技术系统应沿着结构柔性、可移动性、可控制性增加的方向进化。键盘的发展如图 3-11 所示。

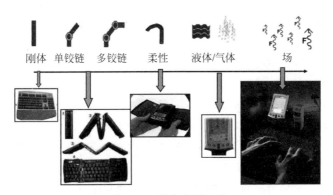

刚体　单铰链　多铰链　柔性　液体/气体　场

图 3-11　键盘发展过程

7．向微观级和增加场应用进化法则

技术系统是沿着减小其元件尺寸的方向进化的。

计算机的发展过程如图 3-12 所示，从一开始体积大，慢慢发展成可移动的笔记本电脑。

8．向超系统进化法则

如图 3-13 所示，飞机的航程受载油量的限制，所以空中加油机就应运而生。

ENIAC　　　　　TX-0　　　　　IBM 5150　　　　笔记本电脑

图 3-12　计算机的发展过程

图 3-13　飞机燃油系统向超系统进化

技术进步对经济发展有着重要的影响,技术进步是实现经济持续增长的主要途径,直接表现就是它能够直接推动生产的发展和经济效率的提高。给定同样的投入可以生产更多的产品或者质量更好的产品,或者说,生产出一定量的产品投入更少。技术进步也是促使产业结构变化的重要因素。

习题

1. 常用创新方法有哪些?
2. 用头脑风暴方法讨论科幻大片与未来技术有哪些。
3. 使用你最喜欢的创新方法分析哪些技术在未来有潜力,结合自身专业,讨论哪些技术及应用在未来有巨大空间,并构思创业方案。
4. 你最喜欢的 3 个创新原理是什么? 用这 3 个创新原理去解决你遇到的问题。
5. 使用技术矛盾和物理矛盾解决方法解决你专业中的矛盾问题。
6. 画出 S 曲线与进化法则之间的关系。
7. 讨论一个你感触最深的一个进化法则并举例说明。

第4章 创新创业方向——高科技与创新创业资源对接

当代科学技术发展日新月异,经济活动瞬息万变,新技术竞相涌现,新产品层出不穷。特别是在互联网、5G、大数据、人工智能、区块链、云服务、元宇宙等信息领域技术发展和带领下的新产品、新应用层出不穷。信息科学技术风头正劲,继续突飞猛进;新能源、新材料发展强劲;生命科学、生物工程方兴未艾,作为第六次科技革命的主题,前景无可限量;环境、生态、健康、食品等与民生相关的科技问题成为关注的焦点。新一轮科技革命将改变人类自身,从躯体、大脑到智能都将受到影响和改变,这将重构全球创新版图,重塑世界经济与产业结构,改变人类社会的生产方式、生活方式甚至思维模式。本章分析高科技方向及创新创业资源对接。

4.1 创新创业方向与创业误区

国家的发展离不开创新创业,国内一直也支持大众创业、万众创新。但创业难的声音仍接连不断。究其原因,很大一部分是没有选对创新、创业的方向。创新是一个改变、试验、改造,进而彻底变革的过程,是创业活动中非常关键的一个环节。创新不是科学家才有的"超能力",创业也不是轻而易举就可以实现的。本节介绍常见的创新创业误区,帮助大家规避一些弯路。

很多人认为创新创业是偶然事件,可遇而不可求,也有人认为创业需要有充足的资金,事实上,这些误区会导致很多人错失创新创业良机。了解创新、创意和创业中有哪些误区,能帮助我们避开这些问题,就有可能取得成功。

4.1.1 创新误区

误区一:创新具有偶然性。有人认为创新具有偶然性,确实也有很多发明和发现有偶然的成分,这些情况并不能说明创新方法都是机缘巧合。爱迪生曾经说过这样一段话:"我做的任何一件有价值的事情都非偶然,我所有的发明创造也并非出于巧合,而是来源于辛勤的工作。"例如,爱迪生发现碳丝作为白炽灯的发光材料绝非偶然。他和助手对各种材料进行了5000多次的试验最终才获得了成功。

误区二：创新需要大量试错，没有技巧和高效方法。有人认为创新需要大量试错，没有技巧和方法，如爱迪生进行了 5000 多次的试验才找到白炽灯的发光材料，这种试错法效率低下。其实创新是有很多方法的，如第 2 章介绍的常用创新方法和第 3 章介绍的 TRIZ 方法，可以让创新避开大量试错工作，并快速定位解决问题的方向。

误区三：创新源于个别人，与我无关。很多人认为创新归功于少数"敢吃螃蟹的人"，他们的作用是革命性的。在他们的带领下，为创新思想开创出一片自由的天地。其实任何人都可以做创新工作，打破传统思维，打破自己的框框，实现自我突破。

4.1.2　创业方向误区

在创业过程中，需要把握宏观、中观、微观三个方向。宏观定方向，创业需要符合未来社会和商业的主流价值方向；中观出策略，创业必须有优越性才能赢得战略性胜利；微观聚力量，创业需要不断积累经验和力量，为未来打下坚实的根基。宏观、中观和微观实质上对应战略远景、策略预案和战术技巧。

对于创始摸索阶段和蓄力定型阶段的中小创业团队来说，绝大多数创业者的宏观认知和思考是不通透的，中观的分析和理解也是很粗浅的，急于微观层面的行动，常出现一些错误的认知。非常清楚行业和市场情况，知道商业机会在哪儿，找到了商业痛点，也制订了商业计划却还是创业失败，这就是没有理清楚宏观、中观和微观三者之间的协同关系。

宏观认知要求站在一定的高度，有足够的远见，产品符合未来趋势，结合技术系统进化趋势，选择面向未来的技术系统，避免过时技术系统，做好专利布局。中观分析需要对行业和市场有深入调查、分析和研讨，通常创业团队也不会投入很多的时间和精力，大家更急于去从微观上快速展开，迅速进入战斗，而往往在市场上很难取得战斗的胜利。在微观战斗中需要积累，否则难以形成更强大的战斗力量，无法实现战略构想。

4.1.3　创业误区

误区一：有资本了才能创业。我们可以看到大量白手起家创业成功的案例，创业不一定有资本的投入，无本的创业项目有很多，特别是现在，创业投资已经形成成熟模式，你有创业团队和创业项目，而投资人需要找好项目好团队投资实现资本盈利，就可以吸引投资人对你投资。而且有些资本是带资源进来的，能让你的项目如虎添翼，当然很多资源是独立的第三方。

误区二：盲目追求项目"高大上"，认为越是高技术项目越好。有个创业团队做水下机器人，非常高水平的创业项目，团队耗费了巨资打造精确控制的水下机器人，但后来找不到市场。类似这种就是盲目追求高技术，没有做好市场调研。大家可以思考为什么互联网巨头起步时并没有多少高技术，但当年都非常成功，因为这些都是真实需求。我们应该多思考丰富应用场景，仔细打磨商业模式，不要一味追求"高大上"和局部逻辑完美，创业团队一定要走出这个创业误区。

误区三：陷入自己的想法无法突围。创业者从媒体、教科书上基本都能看到，对于创业、团队、资金都很重要,但更不能忽略的是创业资源。大家可以思考为什么微软那么成功,其实微软成功的一个关键因素是创始人比尔·盖茨的母亲。比尔·盖茨的母亲玛丽·盖茨是 IBM 的高管,她帮比尔·盖茨跑通了 IBM 的关系,让微软给 IBM 开发个人电脑操作系统。当时微软还没开发出操作系统,就先购买了 QDOS 系统并进行了修改,更名为 MS-DOS 操作系统,并授权给 IBM。这个操作系统很快成为微软最赚钱的产品。这个事情说明了一个核心问题:对创业团队最核心的一件事情就是创业要有创业资源,包括行业及市场资源、技术资源等。有了行业市场资源就很容易对接上下游,拿到大订单。有了技术资源可以降低开发成本,如果微软从头开发 DOS 系统,成本和风险就大幅提升。现在很多创业团队融资后,融到的资本基本给研发团队发工资了,养技术团队成本太高。有了创业资源,创业成本和难度就大为降低,就像送给创业团队一个矿一样,可以说,有了创业资源创业之路一马平川。

当然,创业还有很多其他误区,每个创业团队遇到的问题都不同,如有的团队把多赚钱当成创业的首要目标,当你的注意力都在多赚钱上时,往往会迷失方向,容易把更重要更长远的东西忽略掉,会面临更大的风险。创业是一场马拉松,更多时候要做的就是坚持,坚持做,朝着一个方向奔跑。如果还没准备好,就先不要启动。常见创业误区还有:追求大而全,扩张无度,无盈利模式,股权分配不合理,以理想支撑创业,简单无门槛,错把空白当机会,等等。因此,创业团队需要把控每个细节。

4.2 高新技术与市场趋势

高新技术的出现和发展与创新密不可分,而高新技术的出现往往也预示着新兴的市场趋势,因此如何把握好高新技术与市场的关系十分重要。

4.2.1 高新技术产业概述

1. 高新技术产业介绍

高新技术产业是从事高新技术及其产品的研究、开发、生产、销售及技术服务的产业。高新技术产业是知识密集、技术密集的产业类型,高新技术产业主要包括信息技术、新材料技术、航空航天技术、计算机技术、电子与通信技术、生物医药、医疗设备及仪器仪表技术等产业,特别是现在,火热的元宇宙更是汇集了绝大部分高新技术,在第 6 章将详细介绍元宇宙技术及创业机会。传统行业创业机会趋于稳定或萎缩,基于高新技术的创业空间巨大。

2. 高新技术发展环境

高新技术创业服务中心是在孵化器成功经验的基础上建立的促进科技成果转化、为科技企业创业发展提供研发、信息、投融资、贸易、法律、担保、财务、工商、评估、交流培训、产权及技术交易、各种资源对接等各项服务,推动科技企业快速成长的科技服务机构,联结了创业者与大专院校、科研院所和大中型企业。

我国高新技术产业园发展具备良好的政策环境。例如,高新技术企业、技术先进型服务企业税收优惠,国家大学科技园和国家级科技企业孵化器税收减免,企业研发费用扣除,股权激励,鼓励企业创新创业的财税支持,技术转让税收激励,非上市公司股权代办等政策。北京新三板已经启动,重点支持高新技术企业,包括信息与通信、物联网、人工智能、区块链、元宇宙、新材料、半导体、高性能计算机、先进制造、能源、先进交通、高速铁路、新能源汽车等领域。国家高新区和产业化基地已成为推动区域经济发展的重要增长极,同时启动了北京中关村、上海张江、武汉东湖三个国家自主创新示范区建设。

3. 高新技术产业体系结构

在高新技术产业竞争日趋激烈、人力资本越来越成为企业核心竞争力的状况下,非常有必要建立促进高新技术产业发展的人力资源支持体系。

4.2.2 高新技术市场趋势

随着信息、网络、生物、材料以及相关核心工艺制程等领域技术、成本与应用覆盖的突破,全球高新技术、产业、产品、服务与应用都进入一个崭新的阶段。以元宇宙、区块链、人工智能、生物医药等领域为代表的高端技术正在引导新一轮的技术革命,并将大大改变人类的生活方式、人类社会与经济的运行模式。

1. 总体发展态势

(1)新一轮全球高新技术革命沿着数据驱动、智能化、高端化、定制化趋势发展。以机器学习、自然语言处理、声音与图像识别为代表的人工智能技术,以实时建模、交互设备为代表的虚拟现实技术,以基因测序/编辑、肿瘤免疫为代表的生物医药技术,作为新一轮全球高科技革命的代表性领域,充分体现了数据科学、信息技术、计算技术、生物技术的驱动作用,反映了未来面向不同技术环节、不同应用场景、不同个体需求的智能化、高端化、定制化发展趋势。

(2)传统高技术产业增长普遍趋缓,结构性优化渐成新引擎。智能生产装备制造产业等相对成熟的高科技产业,大多处于整体增长放缓的局面,而相关技术与产品结构的优化正逐步成为新的增长引擎,如机器人技术、3D打印技术、智能照明等。

(3)可持续发展是核心主线,范围拓展至人类本身。可持续发展已从人类生存所依赖的自然环境领域拓展到人类本身的范围,并对生命个体层面以及人类精神与智慧的发展都有覆盖。

2. 主要产业与技术领域发展态势

(1)生物医药领域。在基因测序、精准医疗、抗体技术与肿瘤免疫治疗领域的突破与高速发展,为人类攻克相关领域疑难杂症乃至彻底改变癌症治疗提供了光明的前景。

(2)智能制造领域。工业机器人、3D打印一直保持高速发展,且潜力巨大。

(3)新一代信息技术产业领域。通信技术方面,全球通信设备业稳步发展,全球通信技术正处于第5代移动通信技术时期,并向第6代移动通信逐步过渡,开启对人体更健康的太赫兹频段。元宇宙方面,在Facebook改名为Meta后引爆了元宇宙产业领域,这也是物联网、人工智能、区块链、虚拟现实等相关信息技术成熟的自然发展结果。

（4）人工智能领域。2016年，人工智能再次在公众视野中大放光彩，大名鼎鼎的AlphaGo，在人机围棋大战中几乎取得完胜。谷歌等国际互联网巨头相继发布了人工智能（机器学习/深度学习）的开源架构，相关标准之争也愈演愈烈。

（5）虚拟现实领域。虚拟现实技术已经进入成熟的阶段，虚拟现实将实现超高速增长。相关应用领域包括游戏、直播、医疗保健、零售、教育、工程和军事等。

（6）节能环保产业领域。全球可再生能源将成为增长最快的能源，未来欧盟可再生能源的增量将被美国超过，而中国增量将超过欧盟和美国之和。

3. 值得重点关注的技术与应用领域

（1）基因编辑技术。基因编辑是研究、改造基因的重要手段之一，也可被用于人类遗传性疾病的治疗，并成为现代分子生物学的研究热点。2013年，第三代人工核酸内切酶CRISPR-Cas出现，其主要基于细菌的一种获得性免疫系统改造而成，其特点是制作简单、成本低、作用高效。CRISPR技术作为一种新涌现的基因组编辑工具，能够完成RNA导向的DNA识别及编辑，为构建更高效的基因定点修饰技术提供了全新的平台。

（2）肿瘤免疫技术。2013年，《科学》杂志将肿瘤免疫治疗列为十大科学突破的首位；2014年《自然》杂志和2015年《科学》杂志均将复合免疫疗法列为值得关注的热点；2015年，免疫治疗成为美国临床肿瘤年会（ASCO）最大亮点，在同年的欧洲癌症大会（ECC）上，业界认为免疫治疗将可能彻底改变癌症治疗；2016年，癌症免疫治疗排名麻省理工科技评论十大突破技术首位。目前为业界广泛认可的是两类特异性的肿瘤免疫治疗途径：一种是针对免疫检查点的抗体（CTLA-（4）PD-1、PD-L1等），另一种是表达嵌合抗原受体的自体T细胞疗法（CAR-T）。

（3）3D打印技术。3D打印处于成长期。3D打印的主要发展趋势包括应用领域从无机物到活性物等扩展、成本大幅降低、材料优化、打印技术升级等。涉及的具体技术包括计算机设计建模、测量技术、软件与数控技术、精密仪器与机械、激光、材料科学等。

（4）机器学习/深度学习领域。机器学习/深度学习是人工智能领域诸多技术与应用核心基础，如图像超分辨、视频/语音识别、智能专家系统等。谷歌发布了Tensor Flow等开源框架，Google Photos、Now、Inbox和搜索等多项产品和服务，以及硬件来支持机器学习/深度学习。机器学习/深度学习也成为其他数据挖掘与处理领域的重要工具与实现手段。

（5）语音识别/机器翻译技术。语音识别将人类的语言内容转换为计算机可读的文本。典型应用包括语音控制、翻译、语音输入等，其中翻译主要包括在不同语言文本之间进行翻译。

（6）虚拟现实技术。虚拟现实技术通过建模技术、图形生成技术、交互设备技术等关键技术构建可交互的虚拟世界。

（7）第5代移动通信技术。5G具有高速率、低时延和大连接特点，是实现人机物互联的网络基础设施，可满足移动互联网流量爆炸式增长，面向工业控制、远程医疗、自动驾驶等对时延和可靠性具有极高要求的行业应用需求具有明显优势，但也存在时延抖动等会影响通信效果的现象。

（8）量子通信技术。量子通信是利用量子叠加态和纠缠效应进行信息传递的新型通信方式，基于量子力学中的不确定性、测量坍缩和不可克隆三大原理提供了无法被窃听和计算破解的绝对安全性保证，主要分为量子隐形传态和量子密钥分发两种。量子通信不需要传输介质，可以跨越深空、深海，传输速度快，与传输距离和中间介质无关。

（9）智能照明/不可见光 LED。智能照明作为智能家居、智慧城市、物联网接入口，市场增长潜力巨大。紫外 LED 中的 UV-ALED 主要应用于固化市场，UV-BLED 以光照治疗应用为主，而 UV-CLED 应用于水源与空气消毒市场。红外 LED（IR LED）与光学传感器（optical sensor）可应用于安全监控、虹膜辨识、距离感测等领域。

（10）可再生能源。可再生能源包括太阳能、风能、海洋潮汐能等。在光伏产业，最核心器件是太阳能电池。风是没有公害的能源之一。对于缺水、缺燃料和交通不便的沿海岛屿、草原牧区、山区和高原地带，因地制宜地利用风力发电，非常适合。海上风电是可再生能源发展的重要领域。中科院纳米能源所发明的摩擦纳米发电机（Triboelectric Nanogenerator，TENG）可以利用自然界的"蓝色能源"发电，TENG 铺设到海洋表面，利用海洋水面运动进行发电，山东省大小的面积一米深的水发的电将是 1.6 太瓦。TENG 通过位移产生电流，运用在纺织品上，纤维和纤维之间可以通过纳米发电机实现传感。摩擦起电常常被认为是一种负面效应而被极力避免，而现在可以把这个能源开发出来，这个思想就符合提高理想度技术进化法则，让有害作用消失而且变成有用的功能，变害为利。

4.3　美国硅谷创业资源

硅谷（Silicon Valley）位于美国加利福尼亚州旧金山以南，是高科技企业云集的圣塔克拉拉谷（SantaClaraValley）的别称，包括圣塔克拉拉郡以及与圣·蒙特尔、阿拉米达、圣塔克鲁兹等郡邻近的部分。硅谷形成于 20 世纪 50 年代，最早是研究和生产以硅为基础的半导体芯片的地方，因此得名，硅谷是电子工业、信息技术和高新技术产业中心，是全球最具影响力的高新技术创新和发展的开创者和中心之一，是美国最为成功的高技术开发区之一。硅谷不但开拓了新的产业，更重要的是开拓了高新技术产业的发展模式：风险投资、孵化器、股份期权、科技园等。硅谷也是其他国家和地区进行高技术开发效仿的对象。其崛起使美国社会从工业时代过渡到信息时代，开创了人类社会进入知识经济时代的先河。

硅谷以具有雄厚科研力量的美国顶尖大学为依托，包括斯坦福大学（Stanford University）和加州大学伯克利分校（UC Berkeley）等大学。硅谷的风险投资占全美风险投资总额的三分之一，拥有谷歌、Facebook、LinkedIn、惠普、英特尔、苹果、思科、甲骨文、特斯拉等大公司，融科学、技术、生产于一体。这种模式我们也可以效仿，如中关村地区，可以依托具有雄厚科研力量的清华大学、北京大学、北京航空航天大学、北京邮电大学、北京理工大学、北京交通大学、北京科技大学、北京农业大学、北京林业大学以及中科院系统下面的计算机所、电子所、半导体所、声学所、纳米中心等，充分利用这些资源，创造条件鼓励创业者深化产教融合、推动科研成果的转化。

4.3.1 产品产业

美国硅谷形成了以高新技术产业和关联服务业为支撑的产业群,是技术多元化的经济产业群。硅谷中主导产业群主要有:计算机和通信硬件生产,半导体和半导体器材生产,电子元件生产,生物医学、生物制药、医疗设备和生命科学的研发,软件,创意和创新服务业,包括技术服务和商业服务,综合艺术、设计和技术的创造服务(如硅谷斯坦福设计思维)。

硅谷创意型人才渗透到硅谷各行各业中。硅谷持续的创新能力与经济的快速发展,带来的效果是大量技术企业的快速集聚,极大地扩展了硅谷的技术构造和技术基础,使硅谷的研究和生产的范围从半导体技术、生物技术扩大到计算机、网络等高新技术。

除高新技术产业外,为高新技术产业服务的行业也是硅谷产业主要群体之一。在硅谷上万家的企业中有 60% 是以信息为主的集研发、生产、销售于一体的实业企业,40% 是服务性的第三产业,包括金融、风险投资等企业。为某个高新技术行业服务的企业数比该行业企业数还多,它们以研发、设计和高技术服务为主,处于全球产业分工的高端环节。硅谷发达的设计产业体现了硅谷创新经济的特点。

如图 4-1 所示的微笑曲线,坐标横轴从左侧生产制造前端(研发、咨询),到中间生产制造,再到右端生产制造后端(售后服务)。坐标纵轴:左侧纵轴为效益,右侧纵轴为资源消耗及环境污染。从 20 世纪 60~70 年代工业经济曲线可以看出,中间生产制造效益最低,两端的生产制造前端和生产制造后端效益都高于中间生产制造。而 20 世纪 90 年代这个趋势更加明显,21 世纪创新经济进一步加剧了这个趋势。而资源消耗和环境污染反过来,中间生

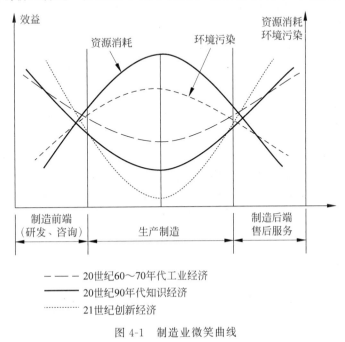

图 4-1 制造业微笑曲线

产制造资源消耗和环境污染最大,生产制造前端和后端都低。这个也很容易理解,生产制造产品需要有材料,使用材料就消耗资源,加工排废物就会对环境造成污染。我们国家现在从生产制造端类型逐步走出来,因此环境逐渐变好,雾霾越来越少。生产制造前端和生产制造后端效益高污染少,当然从战略上应该走这条路。

从微笑曲线可以看出,在产业链中,附加值更多体现在两端,而处于中间环节的制造附加值最低。微笑曲线左边是研发,属于全球性的竞争;右边是营销,主要是当地性的竞争。在左边加强研发创造智慧财产权,在右边加强客户导向的营销与服务。

4.3.2　硅谷技术创新与人才培养储备

硅谷集聚了一大批全球顶尖高技术企业和大量创新能力强的中小企业,这是硅谷创新活动的主体。此外,硅谷还出现了一批创新能力极强,甚至在某些高技术创新领域处于世界领先地位的大企业,如特斯拉、惠普、英特尔、苹果、Google、Facebook等。

依托斯坦福大学的产学研结合创新体系是硅谷技术创新的基本模式,也是硅谷发展的原动力。硅谷非常注重产学研的结合,让大学紧密结合产业发展和企业需求进行技术创新和人才培养。硅谷的大学是硅谷科学技术的源泉,其高技术成果不断输送给硅谷。例如,晶体管、集成电路核心技术等一大批高水平的技术创新成果都源于斯坦福等一批大学,这为硅谷的迅速崛起,继而成为世界最高水平的电子信息产业研发和制造中心奠定了基础。

硅谷的人才资源密集,硅谷所在地拥有包括世界著名的斯坦福大学、加州大学伯克利分校和圣何塞大学在内的8所大学、9所专科学院和33所技工学校,这些高水平的大学和研发中心为硅谷高技术企业发展提供充足的人力资源。斯坦福大学源源不断地向硅谷输送高水平的毕业生,鼓励学生创业,为硅谷高科技创新活动准备了强大的人力资源。同时,硅谷企业也为斯坦福大学的在校生提供实习机会,双方形成了良好的互动。

硅谷重视人才的引进,外籍人才居多是硅谷不同于世界其他地区的突出特点。这些来自世界各地的大批移民是连接硅谷和世界各地高技术(产业)中心的纽带。这些纽带使得硅谷的企业能充分接触和利用其他国家或地区的人力资源、市场资源和金融资源等。

4.3.3　风险投资

硅谷是风险投资的发源地,风险投资成为促进硅谷高技术产业发展的主要动力。硅谷地区成功发展的实践证明,风险投资是高技术产业和新经济发展的有利条件,也成为高新技术创业的催化剂。著名的英特尔、苹果、特斯拉等都是靠风险投资发展起来的。风险投资和硅谷地区的发展形成了一种相互促进的良性循环机制。

硅谷拥有成熟的风险投资体系,形成了一套有利于促进风险投资发展的机制。任何有价值的创意、技术在硅谷都能得到很好的投资和帮助。在硅谷,许多风险投资人、创业投资基金的管理人都是工程师出身,他们对技术的创造性、知识的前瞻性和产品的市场前景有很好的判断能力。硅谷的风险投资企业主要由那些成功的高技术创业者们创办,这些企业家经常是那些通过建立技术企业然后将其出售而获得资金的创业者。他们积极参与所投资企业的运作,向创业者提供关于业务计划和战略的建议,帮助寻找合作投资者,招募关键管理人员,并在董事会任职,为企业提供关系网络服务和多年积累的一手经验。对创业企业来说,得到的不仅仅是资本,更重要的是得到了各种资源。

4.3.4　技术引进探讨

硅谷模式是非常成功的,这种模式也是我们可以学习和效仿的:依托高校、科研院所进行产学研融合,探索产学研一体化,摸索出适合我们的发展模式。同时可以与硅谷深度合作,加强交流,引进相关经验与人才培养模式,进行技术交流,引进最新技术,如无人机、人工智能、元宇宙、机器人、纳米材料、物联网、可穿戴设备、AR、VR、自动驾驶、人体增强、区块链等,为创业团队提供技术支撑,或者成为硅谷团队的中国分团队,这些都是可以探索的。

4.4　英国等海外创业资源

近年来,在各类企业的创建过程中,海外人才归国创业成为一种新型的创业形式,我国实施"海外高层次人才引进计划",各地通过设立海外高层次人才创新创业基地,开展"海外人才创业周"等活动,吸引了大批海外人才回国创新创业。

海外人才回国创业较之于一般的创业形式,他们具有海外网络资源和本地网络资源。海归创业者以往积累的技术、知识和经验使他们拥有了国际化的人力资本,能够为创业企业提供更多的国际化知识、技术和经营理念。创业网络对于创业者开展创业活动至关重要。

企业独特、稀缺、难以模仿的资源是企业竞争优势的源泉。创业网络作为资源获取手段,能以比市场手段更低的成本获取关键的资源,对新企业产生积极作用。海归创业者丰富的海外学习和工作经验,对于创业企业保持和发展海外网络关系具有重要影响,与海外高校、科研院所、客户和供应商的长期联系,使企业具备了先进的知识、技术创新和新产品开发能力,这些初始资源有助于企业与本地客户、供应商、政府部门、中介机构、科研机构建立本地关系网络,从而获取更多的创业资源。

创业网络对创业绩效的影响是一个知识的转化和利用过程,效率和效果取决于创业学习。创业者与合作伙伴共享成功的经验、总结失败的教训,使企业可少走弯路,提升创业者的创业能力。创业者需要通过创业网络及时获取有效信息来适应外部环境的动态变化,创业者将这些信息进行转化、吸收,转变为对创业企业有价值的资源,这就是创业学习。海归创业企业凭借海外背景维系的海外网络关系是其进行国际知识学习的一个重要平台。

基于学习过程的创业活动包括创业者、机会、组织和资源四个要素,创业者任务的本质就是有效处理机会、组织和资源之间的关系,实现要素间的动态协调和匹配,根据机会来集中所需资源,使组织适应机会的变化,进而创业成功。

英国创业资源如 ARM 公司,于 1991 年成立于英国剑桥,主要出售芯片设计技术的授权。采用 ARM 技术知识产权的微处理器,遍及工业控制、消费类电子产品、通信系统、网络系统、无线系统等各类产品市场。ARM 公司是专门从事基于 RISC 技术芯片设计开发的公司，作为知识产权供应商，本身不直接从事芯片生产，靠转让设计许可由合作公司生产各具特色的芯片。世界各大半导体生产商从 ARM 公司购买其设计的 ARM 微处理器核，根据各自不同的应用领域，加入适当的外围电路，从而形成自己的 ARM 微处理器芯片进入市场。全世界有几十家大的半导体公司都使用 ARM 公司的授权，因此既使得 ARM 技术获得更多的第三方工具、制造、软件的支持，又使整个系统成本降低，使产品更容易进入市场被消费者所接受，更具有竞争力。ARM 架构是 ARM 公司面向市场设计的第一款低成本 RISC 微处理器。它具有极高的性价比、代码密度、及时出色的实时中断响应和极低的功耗，并且占用硅片的面积极少，这些使它成为嵌入式系统的理想选择，因此其应用范围非常广泛，比如手机和种类繁多的便携式消费产品。ARM 公司中国总部设立在上海，在深圳设有办事处，它们在中国主要从事 ARMIP 内核方面的工作。

4.5　本章小结

在创业的过程中尤为关键的包括避免走入创业误区，充分利用创业资源，挖掘海外（美国、英国、东南亚等）创业资源，包括高科技、产品、渠道等。充分借助创业资源，让创业借力，可以大幅提升创业成功率。国内有些高校创业平台在挖掘海内外技术资源、渠道资源方面做了大量有益探索，并对海内外大量创业资源做了对接，取得了良好效果。

习题

1. 常见创业误区有哪些？你认为还有哪些创业误区？
2. 最新高科技有哪些？你最喜欢哪个高科技？
3. 对你最喜欢的高科技做一个调研报告，并设计创业方案。
4. 你认为什么样的创新技术更适合创新创业？
5. 你认为国家会更推动哪些高新技术。
6. 你具备的创业资源有哪些？
7. 通过老师或者教材获取的有用创业资源有哪些？

第 5 章

创 新 创 意

创新是提出有别于常规或常人思路的见解，可以利用现有的知识和物质，本着满足需求的目的，改进或创造新的事物、方法、元素、路径、环境，并能获得一定有益效果的行为。创新是以新思维、新发明和新描述为特征的一种概念化过程。创意是创造意识或创新意识的简称，是指基于对现实存在事物的理解及认知，衍生出的一种新的抽象思维和行为潜能。我们不仅要进行创新创意的交互，还要培养如何通过创新创意路演和专家的指导来完成自己创业的能力。

5.1 创新创意交互

交互即交流互动，是很多互联网平台追求打造的一个功能状态。具有交互功能的互联网平台，不仅可以让用户在上面获得相关信息和服务，还能使用户与用户之间或用户与平台之间相互交流与互动，从而碰撞出更多的创意、思想和需求等。物联网的出现为创新创意交互提供了一个更好的实现方式。

5.1.1 物联网创新创意

物联网正在逐步给人们的生活带来颠覆性的改变，这种彻底的颠覆会影响到每个人的生活习惯、身体状况，甚至个人安全。以下是物联网中创新创意的关键点。

1. 安全性和安全感

安全性可以带来安全感。通过一系列无缝连接的智能设备，家庭成员可以得到安全健康舒适的生活。安全性的关键是物联网设备需要保持持续的交互，一些物联网设备和应用程序已经实现检测并维护用户的安全，可以应用在家庭、办公室和城市生活的方方面面，可以知道水管是否泄漏或即将爆裂，在故障发生之前关掉水管阀门。用于水、电、天然气管理的传感器是监测未来环境安全的关键，即使是家里的老人，也可以拥有个性化定制的智能家居。未来所有的产品都将提供相应级别的安全措施，通过物联网技术可以做到有人敲门及时被提示，及时获取门铃摄像头图像，做到远程监控、打开或关闭车库。

2. 健康

保持健康也是一个重要的关键词。营养师们提倡每日锻炼和营养均衡的三餐。物联网可以通过可穿戴设备和智能饮食管理 App 帮助用户监测健康状态,如围绕健康开发的移动应用——监测睡眠、体重、营养等的 App。物联网健康的关键在于软件能预测分析,并与硬件结合使用。在运动、温度和湿度传感器的帮助下,大量烦琐的工作已经实现智能化。

3. 增强现实(AR)和虚拟现实(VR)技术

可穿戴设备可以增强认知能力,给人很大的帮助,特别是在元宇宙的背景下,物联网与AR 和 VR 结合将更容易实现可视化智能感知与操作。

4. 地理围栏

地理围栏是一个虚拟的区域,能够根据进入或退出的状态来设置触发器,可以定义边界。地理围栏将在诸多领域产生巨大的影响,不仅会在智能家居,也会在零售行业、养殖业等领域使用。苹果在旗下的智能家居平台充分使用了地理围栏技术,苹果智能家居根据周围的传感器探测到不同情况执行相应操作,比如自动开灯、锁门,并提示家具是否正常运行等。

5. 关爱老人

老人无论是独居还是和家人生活在一起,在很多场景中都需要协助。当子女不能在身边照顾他们时,需要保证他们是安全的,当紧急情况发生时,他们能立即得到应有的帮助。

6. 娱乐

物联网发展的关键离不开娱乐,从音乐到视频、游戏等。我们可以使用语音控制和模式识别技术来控制相关的物联网设备。

7. 其他

物联网作为元宇宙底层支撑技术,可以实现对环境信息智能感知,并通过人工智能等技术对数据进行分析后人为干预物理世界。

5.1.2 创新创意实例

1. 食材管理专家——智能冰箱

冰箱的产生源自家庭对食物存储的需要。冰箱在转型过程中,逐渐变成智慧的食材管理专家。随着传感技术、显示技术、人机交互技术的不断生活化应用,冰箱融入智能化浪潮。智能冰箱是一个集移动互联网、物联网、先进的传感及控制、食品保鲜等技术于一体的家庭食品及健康管理终端,不仅能够实现对自身的智能化控制、对食品的智能化管理,还能与周围的人和物进行实时互动。

真正的智能冰箱能够“懂得”如何在没有烦琐的操作下把放进去的肉和海鲜“照顾”好:在保鲜肉和海鲜的过程中,肉和海鲜不会上冻,同时新鲜度和口感也不会因为保鲜而有所损伤;无论什么时候打开冰箱,食物都可以保持新鲜。

1)食物识别系统

近年来,随着人工智能的发展,图像识别系统已经能够准确识别出生活中大部分常见的物品。为智能冰箱增加食物识别系统,可使冰箱能够实时获取冰箱中存储的食物类型、数量、存放日期等信息。在获取冰箱中存储的食物类型后,智能冰箱能够针对这些食物类型提供更多的推荐和提示等服务。

2) 食品信息数据库系统

通过和互联网连接,智能冰箱从网络上获取和食物相关的信息,并将信息存储到数据库中。在需要进行食物推荐,展示饮食搭配方案,甚至选择冷冻温度时,都可以从信息数据库中获取食物信息来确定最佳的方案。

3) 温控系统

通过食物识别系统识别冰箱中的食品,再从数据库中得到食品的各种信息之后,温控系统便可以根据食物类型和食物的保鲜时间来确定最佳的保鲜温度。温控系统根据储存在冰箱中的食物自动进行温度和湿度调节,在减少了使用者精力的同时还能最大限度延长食物的保鲜时间,避免营养流失。

4) 推荐系统

结合大数据云计算、深度学习,分析出用户的饮食习惯和健康需求,给用户提供营养建议、优质菜谱、生活服务等个性化服务,还可以给出食物存放位置的建议,冰箱中不同区域的冷冻温度是不同的,所以不同的食物应该存放到不同的区域进行储存。推荐系统可以根据食物信息给出食物存放位置的提示。

5) 语音识别系统

加装语音识别系统,通过训练慢慢识别出家中不同成员的声音,然后提供个性化的推荐服务。不同的家庭成员需要从冰箱中取东西时,冰箱可以给出不同的推荐方案。

6) 娱乐系统

智能冰箱不仅可以视频传授做菜技巧,还可以添加播放音乐、视频等娱乐功能,极大地改善用户的生活体验。

2. AR 体验

AR 体验为用户提供身临其境的购物体验。AR 产品公司可虚拟使用互联网商家产品的平台,通过与商家达成协议,在 App 中上线商家产品,之后使用 AR 技术将虚拟的影像与现实结合起来,使得用户可以在 App 中可以通过 AR 眼镜来感受产品的 3D 全方位的各个细节,更加真实准确地体验产品的尺寸以及颜色等各项参数。AR 体验可以更好地满足所见即所得的用户需求。

3. 顺风腿

学校为了保证安全不会让送外卖的小哥进入校园,而是让外卖放在学校门口,学生只能到校门口自取,这样就会浪费同学们大量时间。如果可以让顺路走到学校门口的同学帮忙取一下外卖,就会节省许多时间。

开发一个跑腿业务平台,通过统计跑腿人员日常活动范围向其推送跑腿任务,同时接受消费者的短途跑腿需求。平台总结跑腿人员出行习惯,根据出行习惯、跑腿人员反馈等综合因素推送任务,并提供任务发布和悬赏等功能,从而使供需双方达成跑腿服务交易。

4．共享汽车

共享汽车的合理利用有助于降低个人购车意愿，并延缓私人小汽车持有量的迅速增长，最终降低加油站、停车场、道路面积的供给，有助于节约资源，实现可持续发展。

汽车车主可以在共享汽车平台提供关于汽车的有效信息，平台审核通过后，其他人就可以在共享平台上看到该车信息。有意愿使用共享汽车的人员在共享汽车平台上注册信息，平台进行严格审核，包括实名认证等。审核通过后，通过平台可以查找到周围可用的共享汽车，并查看每辆共享汽车的详细信息和租金，用户可以选择一辆自己喜欢的车。

人们在跨城出行时，也可以选择先乘高铁到达某城市之后，再使用共享汽车，从而避免长途驾驶，提高出行的幸福指数。

根据区块链的不可篡改性、匿名性，可以将区块链技术应用到共享汽车上。区块链能够保证互联安全，该技术的加密算法能够确保适当地访问控制、身份管理以及数据完整性。保证车辆所有者、使用者及软件供应商等之间安全地交换数据，并为车主确保隐私安全，有效保护服务器的信息安全。

5．可循环使用的生鲜物流配送箱

随着电子商务的兴起，物流行业也随之发展迅猛，使得冷链物流的需求也越来越大。冷藏和冷冻食品需要一个完整的冷链物流对货物进行全程的温度控制，以确保食品的安全。国内冷链物流市场普遍面临商品恶劣的长途运输环境造成的资源浪费，以及粗制滥造或过度包装所带来的重度污染两大难题。随着冷链互联网的不断融合，原有的产业结构和供应链将被重塑的同时，必将释放新的冷链商机。互联网冷链物流就是把互联网的一整套现代技术包括移动互联、云计算、大数据、物联网等应用到冷链物流行业，通过大数据分析技术，对供应链网络和资源进行优化和规划，以提升对需求和供给预测的准确性，实现供应链成本的可预测、可计算、可分析、可控制，从而大幅提高物流运作效率，降低物流成本。

智能硬件与软件服务结合：智能硬件为可循环利用的生鲜物流箱，软件为手机 App，物流公司通过生鲜箱提供更优质的服务，获得更高的用户黏度，用户通过 App 实时监测生鲜产品运输过程中的状况和位置，预约送货上门时间，享受便利的增值服务。

6．以物易物

针对在校大学生群体，以及其他年龄段人群，能够实现闲置物发布、展示、物品交换等，可以方便大学生将闲置资源充分利用，并一定程度加强大学生之间的交流。以物易物最大的好处是使几乎成为"垃圾"的闲置物品流向了有利用价值的地方，使社会资源得到合理且充分的利用；其次是借助交换的机会，使人们找到一个拓展人际关系的平台，由于换物不涉及金钱，人们的感情更容易沟通，甚至可建立友谊。

7．智能消防火灾抢险

火灾不仅会对人民的生命财产造成威胁，还会对人类文明造成毁灭性的打击。为了尽可能减少火灾造成的损失，如何迅速安全地扑灭大火，保护人民财产和消防队员的安全成为不可忽视的问题。借助人工智能和传感模块加机器视觉模块结合大数据分析的手段，可在消防队员的装备上进行升级，帮助消防员进行智能火场路线选择，对火情进行判断，对生命进行保护和营救,保护人民以及消防队员的安全。

8. 智慧商超

我们平时在商超中购物时可能会遇到这样的问题:商品种类繁多不知道自己要买的东西摆放在哪里;结账时队伍过长需要等很长的时间,等等。基于 AR 的线下商超应用就可以帮助我们解决浏览商品、选购商品和支付等问题。

9. 智能眼镜

我国老龄化问题日趋严重,部分老年人在生活中极易出现迷路等状况,智能眼镜是可以帮助到失智老人的便携式智能设备。安装 App 的人在公共场合遇到在 App 上进行注册并佩戴设备的失智老人时,就会收到提醒,进而能够帮助走丢的失智老人找到家人,可以在一定程度上解决老年人失联问题。

10. 智能项圈

宠物丢失超过 24 小时以上,80% 会沦为流浪狗和流浪猫。只因宠物主人一时的疏忽,就让这些爱宠迷失在茫茫的城市中,忍受饥寒交迫甚至被残忍杀害。智能项圈搭配相应的 App,可以实现从宠物丢失前、丢失后两方面做到预防和解决宠物丢失的问题。

11. 智能垃圾处理

居民日常生活中产生的垃圾,包含厨余垃圾、有害垃圾等。我国城市生活垃圾的产量巨大,主要的处理方式为填埋、堆肥和焚烧,处置过程对环境的影响很大,因此推行生活垃圾的分类收集对推动我国生活垃圾资源化、减量化、无害化的发展是十分必要的。

使用相关的 App 可以实现垃圾智能处理。

(1) 城市的居民可以使用 App 定位导航,环卫工人上门进行回收垃圾时可以准确获得地址。

(2) 为用户定期推送垃圾分类常识,让用户了解哪些是可回收垃圾、干垃圾、湿垃圾等,既可以减轻环卫工人负担,又可以减少环境的压力。

(3) 类似于公告栏,发布环境相关的法律知识、垃圾处理的消息、环卫工人的工作信息和一些废物利用的点子等。

(4) 有废品购买和回收功能,环卫工人可以通过照片及尺寸的描述选择使用的工具。

12. 智能停车场

随着机动车数量的迅速增长,城市停车问题逐渐成为我国各大中城市的热点问题。停车问题催生了一个巨大的智能停车场管理市场。随着社会经济繁荣发展和汽车持有量的增加,为保证车辆交通方便和安全管理,智能化停车场管理技术已成为当前智能化城市的标志之一。将无线通信技术、移动终端技术、GPS 定位技术、GIS 技术等综合应用于城市停车位的采集、管理、查询、预订与导航服务,实现停车位资源的实时更新、查询、预订与导航服务一体化,实现停车位资源利用率的最大化、停车场利润的最大化和车主停车服务的最优化。

13. 智能交通

近年来,随着全球经济的高速发展,城市化进程不断加快,机动车保有数量的增长,道路交通运输量不断增加,各种交通问题凸显。机动车尾气污染成为城市大气污染的主要来源,交通拥堵成为影响大中城市居民出行的首要问题,这些交通运输问题对经济社会发展造成了巨大的影响。发展智能交通一方面可保障交通安全,缓解拥堵难题,减少交通事故,另一方面可提高车辆及道路的运营效率,促进绿色环保。

14. 开心农场

开心农场带领人们回归田园生活,同时也为孩子们提供学农第二课堂。它通过沟通乡村与城市、梦想与现实,为农户提供增收新渠道,为高压群体寻找向往的生活,共享收获。以科技兴农为目标,搭建农田认领线上平台,流转城市郊区闲置农田,提供土地认领和代管服务。由认领者亲自耕种,专业农户全程管理,借助物联网技术记录、分享蔬菜瓜果生长过程,实现全流程可视化管理,确保一切农产品绿色健康,待成熟后邀请认领者亲自采摘,也可在线交换成果,共享丰收的喜悦。

15. 云养宠物

为需要情感寄托但又无过多精力喂养宠物的单身年轻人、已婚无子女人士、年迈无亲人陪伴的孤独老人等群体提供云养宠物服务,通过各种乖巧可爱、萌动人心的宠物来提高这些人群的生活体验。通过互联网、移动终端、机器人、无人机、摄像机和可穿戴设备等,实现线上+线下相结合的云养宠物模式。既可提供线上宠物生活实时直播、健康监测、远程喂养、与宠互动的服务,又提供线下宠物美容、宠物写真、宠物竞赛等服务,通过这样的模式来解决有情感寄托需求,但又无过多时间和精力的人群饲养宠物的难题。

16. 3D 家居设计

随着生活水平的日益提高,人们对房屋装修品位的要求也越来越高,从满足基本居住需求到体现主人的个性和品位,个性化和品质化需求日益强烈。但在装修设计时,纸质的效果图也很难体现出整个空间的关系,消费者在选购家居产品并将其搬进自己家中后,实际效果与预期存在很大落差。

未来装修装饰行业将越来越趋向精细化、规范化经营管理。科技家装备受重视,用技术提效改进体验已成普遍共识。在手机上远程实时监控施工现场、借助 3D 云设计软件快速出图、戴上 VR 眼镜或头盔便可感受装修效果等,这都将是业主能感受到的变化。

17. 智慧博物馆

博物馆作为连接历史与现代化的桥梁,紧跟时代发展的洪流,充分利用现代科技,发挥其联结纽带功能。智慧博物馆是信息技术与文化产业深入融合的产物,结合博物馆信息化建设需求,围绕博物馆的"智慧管理、营销、服务"三大核心,依托物联网、大数据、云计算等核心技术构建智慧博物馆平台,可发挥优质的用户体验、稳定可靠的系统技术优势、大规模数据处理与运营能力。

18. 智慧养老院

为了提高老年人的生活质量,最大程度解决空巢老人孤独以及突发状况等问题,智慧养老院这一新型养老形式应运而生。它提供实时、快捷、高效、低成本的物联网、互联网、智能化的养老服务,涵盖养老院日常基本信息管理、老人健康安全监护、老人外出看护及关怀服务等一系列功能,确保养老院工作人员能够实时且准确地监测和管理老人的生活起居和健康状况,出现特殊情况的时候做出响应,为老人的生命安全与健康生活提供保障。

19. 地摊管理小程序

从成都率先对占道经营开绿灯,到两会期间委员提议给地摊松绑,路边经济再度进入大众的视野。地摊经济对城市管理必然造成新的挑战。传统经济要与现代科技相融合,以科技带动经济发展,因此要利用互联网思维进行地摊管理。地摊管理小程序应运而生,它可以改变以往地摊管理混乱无序的现象,为商户和用户便捷、安全、有条理的管理提供方便。目前,短视频和直播技术已经非常成熟。创业者采用"短视频+地摊"或"直播+地摊"模式,不仅可以成就地摊产品的销售量,还可以发展粉丝经济,形成"摆摊+直播+粉丝经济"的闭环,有望推动"互联网+地摊"时代的到来。

20. 智能配肥施肥机器人系统

农业施肥应根据土壤条件、作物营养需求和季节气候变化等因素,调节各种养分的配比和用量,保证作物所需养分平衡供给。除了有机肥和化肥,微生生物肥、微量元素肥、氨基酸等营养液,还可以通过根施或叶面喷施作为作物营养补充。

农业生产环境的不均匀性决定了因地制宜甚至因株制宜的必要性。通过专家评估实现因株制宜施肥,需要花费很多的人力和物力。物联网开启了万物互联时代,未来农业可结合物联网和人工智能等技术,推动农业变革,进入智慧农业的新时代。智慧农业为每个基点配置无线传感节点,在农业园区内实现自动信息检测与控制,每个无线传感节点可监测土壤水分、温度、湿度、光照强度、植物养分含量等参数,根据这些参数进行辅助决策。

可以通过机器视觉得到单株作物生长状态,并综合无线传感节点的生长环境信息,根据训练的模型,获得最佳的配肥方案。智能机器人可根据方案分别准确称取氮、磷、钾等中微量元素进行智能配肥,进而实现精准施肥,使农业生产更加科学、准确、高效。

5.2 创新创意路演、专家指导

创新创意路演对于创业者来说是十分重要的环节,它往往决定了能否获得投资人的青睐,可以在早期获得专家指导与资源对接。对于初次创业者而言,经验方面会有所欠缺,这就体现出了具体领域专家指导的重要性。

5.2.1 创新创意路演

创新创意路演就是代表在讲台上向专家讲解项目属性、创新点、未来发展空间、发展计划,一般分为线上路演和线下路演。

路演要在短时间(一般为 6～10 分钟)向投资人阐明产品是什么,为什么这么做。通过自己的讲解和与专家之间的深入交流,快速对接自己的创新创意点子,从而在创新创意上少走弯路。项目路演对创业者的意义举足轻重,关键之处在于了解路演的技巧,以成功获得项目的启动资金。一般的路演主要包括以下七方面的内容。

1. 团队

要突出亮点。应当介绍团队成员的学历、工作经历以及在企业管理、技术开发、营销等方面存在哪些优势,而不是简单地罗列团队成员的履历。例如,可以重点介绍某个成员曾是某知名企业的核心技术人员或曾在其管理层任职,在产品技术开发方面具有丰富的经验。重点强调团队梯队互补性,梯队是良性组织结构的基础,同时是成员优势互补的证明,这方面的内容要消除听众对一流创意是否能得到一流执行的顾虑。可以借助工具化表现方式,如组织结构图、思维导图、鱼骨图等。

2. 行业背景

要突出痛点。在把项目相关的行业背景、市场发展趋势和市场空间讲述清楚之后,要把市场真实需求与现有产品服务之间的差异讲清楚,最好能够结合创始人自身的生活、工作体验来描述行业痛点,并基于市场调查以及合理推断来预计市场规模。最常见的简单有效的方法是借助 SWOT 分析工具,同时要注意,优势部分最多不要超过 3 项,因为优势多了也就没有优势了,壁垒设计无法完成。

3. 产品/服务创意

要突出特色。可以从产品的价格、服务的功能等角度来阐释新产品/服务如何区别于其他公司产品,说明产品/服务的核心竞争力,比如产品/服务与众不同的地方是什么?产品/服务是否具备科技成果转化背景或拥有有价值的知识产权?产品/服务如何在达到解决行业痛点的同时,能够吸引消费者,从而在现有市场中占有一席之地。

4. 商业模式

要从资本视角来描述商业模式,即在"资本投入—产品生产—营销—回笼资金再投入生产"这个过程中,讲述采用哪些方法、渠道来实现企业盈利或资本增值。

(1)产品生产和服务说明。对于硬件产品,需要介绍原材料采购、加工生产过程;对于系统软件或无形服务,需要介绍是采用外包服务商,还是公司内部技术人员提供。

(2)产品营销。首先,针对产品/服务,确定目标客户群体;其次,介绍通过什么渠道、方法接触该客户群体;再次,如何将产品/服务销售给客户;最后,采用怎样的结算方式收回货款。

(3)盈利情况。企业从产品生产,到最终收回货款的整个过程,盈利或亏损多少钱?产品本身的毛利是多少?获得多少销售额可以实现盈亏平衡?

5. 竞争分析

创业者最怕别人问到"如果某某(某行业巨头)用更多的资源进入市场,怎么应对呢?"其实这个问题是没有标准答案的。在这里创业者就可以展现出对于产品在市场上出现以后获得份额的信心,并且展示出客户的满意程度以及忠诚度,所以这里需要考虑的问题如下:

(1)市场定位是什么?

(2)如何防止竞争对手夺走市场份额?

(3)秘诀是什么?如何变得比竞争对手更优秀?

6．发展空间与规划

基于企业当前的产品销售、技术开发等情况，对未来的发展空间、2～3 年企业发展情况进行规划，比如新品研发的进度安排、市场营销的策略调整等。

7．讲融资需求和资金用途

为实现规划的发展目标，开始思考准备释放多少股权？获得多少融资金额？同时应列明资金的用途和方向。

在创新创意路演阶段，重点阐述创新创意，以期获得专家的支持指导与资源对接，其他内容可以思考规划，在真正创业路演时再进行细化完善。

5.2.2　专家指导

关于创新：

（1）为什么要在这方面创新？

（2）哪里创新了？

（3）可持续性在哪里？

（4）可复制性（一般来说，公益的可复制性好一点，如果是营利性质，可复制性还是不要太强，在商业中叫壁垒）。

（5）可行性高不高？

（6）有什么不可取代性？

关于创业：

（1）这个东西市场上有没有？

（2）如何与同类企业竞争？

（3）盈利点在哪？

（4）有没有爆点（反映在盈利预测折线图就是有没有一个转折点，让整个盈利线向上飙升）？

（5）营销模式有何独特性？

（6）作为一个学生团队，能不能做好这个，怎么做？

（7）资本从哪里来？

（8）如果引进风险投资，风险资本如何退出？

（9）收支能否支持企业可持续发展？

（10）项目前瞻性体现在哪里？

关于评分：

（1）项目陈述评分标准。

产品/服务介绍：全面且客观地介绍和评价产品/服务的创新点、特点、性质、未来发展空间和市场前景。

公司战略及营销战略：公司拥有短期和长期发展战略及应对不同时期的营销战略。

团队能力和经营管理：对本公司的团队能力有清晰的认识，掌握并熟知本团队经营管理的特点,明确公司经营和组织结构情况。

关键的风险及问题的分析:对企业在经营中可能遇到的关键风险和问题进行过先期考虑和分析,并附有实质性的对策。

(2)现场答辩评分标准。

正确理解评委提问:对评委问题的要点有准确的理解,回答具有针对性而不是泛泛而谈。

及时流畅做出回答:能在评委提问结束后迅速做出回答,回答内容连贯、条理清楚。

回答内容准确可信:回答内容建立在准确的事实和可信的逻辑推理上。

特定方面的充分阐述:对评委特别指出的方面能做出充分的说明和解释。

(3)团队整体表现评分标准。

整体答辩的逻辑性及清晰程度:陈述和回答提问的内容具有整体一致性,语言清晰明了。

团队成员协作配合:团队成员在陈述时有较好的配合,能协调合作,彼此互补,对相关领域的问题能阐述清楚。

在规定时间内有效回答:在规定时间内回答评委提问,无拖延时间的行为。

习题

1. 针对当下的创新创业环境,你有什么创新创意?
2. 如果你有创业的想法,你打算如何将你的创新想法实现,你的规划是什么?
3. 请对创新创业路演的整体流程进行总结。
4. 你认为专家的建议在创业过程中主要起怎样的作用?
5. 参考创业实例,提出几个创业思路。

第 6 章

创业场景：元宇宙

21 世纪人类进入信息化的时代,信息及通信技术在现代社会中发挥的作用越来越强大,特别是元宇宙(Metaverse)将会形成一个新的巨大产业,并给人们无限的想象空间,成为新经济时代的资源,是新型经济爆发的引擎。

元宇宙的概念最初来源于 1992 年出版的美国科幻小说《雪崩》,书中描述了一个平行于现实世界的网络世界——Metaverse,所有现实世界的人在 Metaverse 中都有一个替身(Avatar)。真实世界的人通过控制其替身,在 Metaverse 中进行人际交往和竞争以提升自己的地位。Metaverse 由 meta 和 universe 两个词组成,意为元宇宙。2021 年,Facebook 更名为 Meta,引发全球范围内资本市场和业界的广泛研究,2021 年被视为"元宇宙"元年。元宇宙的爆发一方面得益于各种核心技术、硬件的不断发展,使得一些面向消费者的产品不断完善和落地,另一方面,突发的新冠疫情极大改变了人们工作和生活的方式,迅速推动了网上购物、远程办公、视频会议、线上教学等的普及,同时新冠疫情也极大加速了企业的数字化转型。

6.1 元宇宙概念

元宇宙是利用科技手段进行连接并创造与现实世界映射及交互的虚拟世界,具备新型社会体系的数字生活空间。

元宇宙本质上是对现实世界的虚拟化、数字化过程,需要对内容生产、经济系统、用户体验等进行大量改造。但元宇宙的发展是循序渐进的,在共享的基础设施、标准及协议的支撑下,由众多工具、平台不断融合、进化而最终成形。

元宇宙基于扩展现实技术提供沉浸式体验,基于数字孪生技术生成现实世界的镜像,基于区块链技术搭建经济体系,将虚拟世界与现实世界在经济系统、社交系统、身份系统上密切融合,并且允许每个用户进行内容生产和编辑。

元宇宙是一个不断发展、演变的概念,不同参与者以自己的方式不断丰富着它的含义。

可以从时空性、真实性、独立性、连接性四方面去交叉定义元宇宙。从时空性来看,元宇宙是一个空间维度上虚拟而时间维度上真实的数字世界;从真实性来看,元宇宙中既有现实世界的数字化复制物,也有虚拟世界的创造物;从独立性来看,元宇宙是一个与外部真实世界既紧密相连又高度独立的平行空间;从连接性来看,元宇宙是把网络、硬件终端和用户囊括进来的一个永续的、广覆盖的虚拟现实系统。

准确地说,元宇宙不是一个新的概念,它更像是一个经典概念的重生,是在扩展现实(XR)、区块链、云计算、数字孪生等新技术下的概念具体化。

元宇宙由元和宇宙两个词组成,元表示超过,元宇宙即超过宇宙。与现实世界平行的人造虚拟空间,是通过 AR、VR、3D 等虚拟现实技术实现的。

元宇宙这个概念是由一款游戏 Roblox 带火的。2021 年 3 月,Roblox 在纳斯达克上市,变成元宇宙概念最早的一股。开售后,该创意游戏和社区服务平台的日均客户达到3260 万人。Roblox 被称作游戏机 Lego。里边人物和乐高小人一样,有一些游戏玩家采用不同的发型和衣服美化自己的虚拟形象,但游戏界面用像素风格来呈现。

Roblox 项目的启动非常有趣,服务平台创办人于 1989 年开创 2D 物理仿真平台,主要运用于课堂教学。2004 年,为了能充分地发挥儿童的发散性思维和想象力,设计了Roblox。它还提供了原创者在线编辑器,容许玩家制作自己的游戏并上传至服务平台。游戏参加者也是游戏的制作者,平台游戏是全部参加者一同搭建的,这是海量具体内容迈向现实世界的必然选择。

元宇宙特征可以从"是"的方面给出定义:

第一,元宇宙是永久的,永不停滞,不会重启、暂停或结束;

第二,元宇宙是同步实时的;

第三,元宇宙是整体运转的一个经济体;

第四,元宇宙具备以往从未有过的数据和价值;

第五,元宇宙的具体内容和价值由参加者和创始者共同拥有,这也是鉴别 Web 3.0 的关键标识之一。

元宇宙关键核心标志还包括:分散化的社区规则,管理权持续向 DAO 组织形态进化,最大化利用元宇宙自带金融衍生工具的优点将金融模型价值分配模式引入商业模式。

元宇宙特征还可以从"不是"的方面进行阐释:它不是虚拟空间,不是虚拟现实,不是虚拟人物,不是游戏,不是新的应用商店,也不是新的 UGC 平台。

6.2　元宇宙的时间地图

2021 年是元宇宙元年。

2021 年年初,Soul App 在行业内第一次提出构建"社交元宇宙"。

2021 年 3 月,被称为元宇宙最早一股的 Roblox 正式在纳斯达克交易所上市。

2021 年 5 月,微软 CEO 萨蒂亚·纳德拉表示公司正在打造一个"企业元宇宙"。

2021 年 8 月,海尔公布加工制造业第一个智造元宇宙平台,覆盖工业物联网、人工智能技术、增强现实技术、虚拟现实技术、区块链应用,将智能制造系统与虚拟现实结合,结合"工厂、店面、家中"的跨场景体验,实现顾客体验提升。

2021 年 8 月,NVIDIA 官宣发布世界第一个为元宇宙创建提供基础设施服务的仿真模拟与协作平台。

2021 年 10 月 28 日，Facebook 宣布改名为 Meta，来源于"元宇宙"（Metaverse）；

2021 年 11 月，虚拟世界服务平台"去中心土地"公司公布，巴巴多斯将于元宇宙开设世界第一个使馆，于 2022 年 1 月对外开放。

2021 年 11 月，我国民营科技企业家协会元宇宙工作委员会揭牌成立。

2021 年 12 月 21 日，百度发布的首个元宇宙产品"希壤"正式开放内测，用户凭邀请码可以进入希壤进行超前体验。

2021 年 12 月 27 日，百度 Create AI 开发者大会在希壤 App 举办，这是国内首次在元宇宙中举办的大会，同时容纳 10 万人同屏互动。

2022 年 1 月，索尼（Sony）宣布新一代虚拟现实头盔（PS VR2）的细节，以及一款适配 PS VR2 的新游戏。

2022 年 1 月 4 日，高通技术公司在 2022 年国际消费电子展（CES）上宣布与微软合作，扩展并加速 AR 在消费级和企业级市场的应用。双方对元宇宙的发展充满信心，高通技术公司与微软在多项计划中展开合作，共同推动生态系统发展，包括开发定制化 AR 芯片以打造新一代高能效、轻量化 AR 眼镜，从而提供丰富的沉浸式体验，并计划集成 Microsoft Mesh 应用和骁龙 Spaces™ XR 开发者平台等软件。

2022 年 1 月 18 日，微软宣布以 687 亿美元收购动视暴雪的消息在网上引起轰动，此次购买，微软打破了全球游戏史上已购买金额的纪录。

2022 年 2 月 14 日，香港海洋公园宣布：香港海洋公园和 The Sandbox 合作布局元宇宙。

2022 年 2 月 17 日，腾讯推出全新业务 XR，6 月 20 日向员工宣布，公司正式成立"扩展现实"（XR）部门，押注"元宇宙"。

2022 年 8 月，字节跳动斥资 90 亿元收购国内 VR 行业出货量最大的软硬件研发制造商 Pico，正式入局"元宇宙"。

6.3　元宇宙的特征

元宇宙的特征，从四部具有里程碑意义的电影中可见一斑。

《阿凡达》说明，宇宙里的任何人都可以具备真正人格特质和生活数字孪生个体。

《头号玩家》揭露了元宇宙实体经济与虚拟经济、现实价值与虚拟使用价值的结合。

《失控玩家》揭示出在元宇宙世界里，会有纯粹由 AI 制造的虚拟角色。

《黑客帝国》表明，虽然科技和 AI 迅猛发展，但是 AI 和人类大脑的沟通交互是在所难免的。

与现实世界平行、对现实世界有反作用力、多种多样高新科技综合起来发展是元宇宙的三大特点。

关于元宇宙的主要元素，当下主流的观点是 Roblox 提出的元宇宙的八大要素：身份（identity）、朋友（friend）、沉浸感（immersive）、低延迟（low friction）、多元化（variety）、随地（anywhere）、经济系统（economy）和文明（civility）。元宇宙还应有第九大要素：智能。

元宇宙作为现实世界里的平行时空，能从时间、空间、信息三方面减少日常生产生活的成本，时间与空间的成本优势能通过低延迟、沉浸感等多种因素属性来表现，精确信息过滤的实现取决于深度的智能化。

元宇宙具有五大特征与属性,社会与空间属性(Social & Space),科技赋能的超越延伸(Technology Tension),人、机与人工智能共创(Artificial,Machine & AI),真实感与现实映射性(Reality & Reflection),交易与流通(Trade & Transaction)。

6.4 元宇宙架构

元宇宙是一个由实时渲染的三维虚拟世界组成的大规模、可互操作的网络,可由有效的、无限数量的用户同步和持续地体验,具有个人存在感。每个用户在元宇宙中拥有自己的身份、权利、物品、数字货币、数字资产和数字艺术品收藏,可以进行娱乐、创新、生产内容、社交、交易、工作、招募和创业。

元宇宙是一个由多种技术构成的生态体系,包括感知交互设备、信息传输网络、算力等基础硬件,以及由人工智能、区块链、数字孪生、云服务等核心技术共同构建的数字世界。元宇宙在消费者端、企业端、政府端都被广泛使用,在娱乐、购物、远程办公、金融、制造业、教育、工业、农业、文化、旅游、城市治理和研发等领域造成深刻影响。由元宇宙带动的经济和商业模式的变革,将催生新的产业,形成新业态和新物种。不仅现实世界的工作生活如养宠物、护理美容等都可以搬到元宇宙的虚拟世界,而且现实世界不容易实现的场景也可以在虚拟世界中完美体现。元宇宙架构如图 6-1 所示。

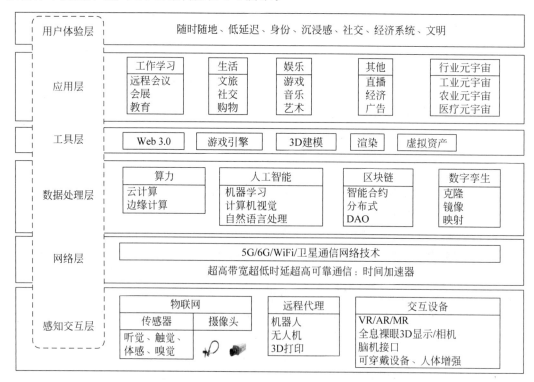

图 6-1 元宇宙架构

6.5 元宇宙相关技术

从元宇宙架构上看，元宇宙涉及的技术非常广泛，目前的最新高科技技术如物联网、XR、脑机接口、可穿戴设备、人工智能、区块链、云计算和数字孪生等基本上都可以纳入元宇宙支撑技术。

物联网技术：既承担了物理世界数字化的前端采集与处理职能，同时也承担了元宇宙虚实共生的虚拟世界渗透乃至管理物理世界的职能，只有真正实现了万物互联，元宇宙才能进入虚实共生的阶段。物联网技术包括操作系统以及各类传感器，其中操作系统负责连接万物并进行有序管理，各类传感器用于感知物理世界，包括应用层、网络层、感知层。

感知交互技术：包括感知输入技术、输出展示技术。输入技术包括摄像头、位置传感器、力量传感器。输出技术包括头戴显示器，触觉、痛觉、嗅觉等各种电信号转换于人体感官的设备。复合的交互技术含输入输出，包括各类脑机接口，这也是交互技术的终极发展方向。目前元宇宙产业主要通过可穿戴设备如 XR 头盔、智能手环、电子皮肤等设备采集人体活动信号，同时通过头显设备做输出显示，完成交互。以 XR 设备为交互媒介的研究起步较早，包括 VR 虚拟现实技术、AR 增强现实技术、MR 混合现实技术、全息影像技术、扩展现实技术。行业中也已研发出了应用于头部显示装备的 Inside-out 光学跟踪系统和基于手柄在六自由度运动轨迹（三维空间中动作所包含的前、后、左、右、上、下六个维度）的 6DOF 动作跟踪技术，形成了目前行业较为成熟的"Insideout＋6DOF"的空间定位加动作捕捉解决方案。未来交互设备将实现脑机接口，通过体内植入或头部外接的形式，直接采集脑电波或电信号，再经计算、编译等步骤，完成人机交互，这种交互有望实现大脑直接与元宇宙世界进行交互，但这个技术有一定难度，目前还处于实验状态。

网络传输与计算技术：包括 5G/6G 网络、云计算、边缘计算，为元宇宙提供更流畅的体验。元宇宙最大的特点就是完全沉浸感，这对于网络传输的带宽、延迟提出了新的需求，特别是接入端，同时元宇宙内数以亿计的交互用户量级将对网络传输的可靠性提出更高要求。目前主流消费级 XR 设备分辨率为 2K，部分达到 4K，而理想元宇宙终端至少要达到 8K 的分辨率。4K 内容经压缩后传输速率需要在 12～40MB/s，8K 内容需要传输速率为 288～960MB/s，5G 移动网络可以提供的传输速率在 500～1000MB/s，能满足移动 4K 分辨率 XR 设备对于网络带宽的要求，需要对 5G 升级才能保证 8K 内容的传输。总之，5G＋网络的高带宽、低延迟特点可满足未来 XR 设备的需求。网络不仅包含宽带互联网和高速通信网，还包含 AI、边缘计算、分布式计算等在内的综合智能网络技术。此时的网络已不再只是信息传输平台，而是综合能力平台。云化的综合智能网络是元宇宙底层的基础设施，提供高速、低延时、高算力、高 AI 的规模化接入，为元宇宙用户提供实时、流畅的沉浸式体验。云计算和边缘计算为元宇宙用户提供功能更强大、更轻量化、成本更低的终端设备，比如高清高帧率的 AR/VR/MR 设备。

芯片算力：元宇宙需要大量高质量、独特且可供自由探索的内容去丰富和填充其数字世界，人工智能生成内容也是海量内容创作的主要途径。元宇宙内容以及对终端进行实时仿真环境渲染，都需要高算力芯片。

区块链：元宇宙的价格体系和交易体系主要建立在区块链上，区块链是支撑元宇宙经济体系的基础。区块链的本质是分布式账本，通过智能合约、哈希算法及时间戳技术存储数字信息，随后通过分布式存储和广播共识机制确保交易认证的正确性和不可篡改性，元宇宙去中心化的清算平台和价值传递机制得以建立，保障价值归属与流转。因此区块链技术具有高效（无须第三方）、稳定（全自动化）和透明（全链广播共识机制）等优势，可以有效地解决元宇宙中价值归属、流通、变现和虚拟身份等认证问题。NFT（非同质化通证）、DAO、智能合约、Defi 等区块链技术和应用，将激发创作者创造新经济形态，催生海量内容创新。

人工智能：人工智能为元宇宙提供应用场景技术支撑，应用主要集中在智能语音、NLP自然语言处理、机器学习和计算机视觉方面，在元宇宙的各个层面、各种应用、各个场景下无处不在，为元宇宙中用户与用户、用户与系统、不同系统之间的沟通提供了技术支撑和应用框架。人工智能包括区块链里的智能合约、交互里的 AI 识别、游戏里的代码人物物品乃至情节的自动生成、智能网络里的 AI 能力、物联网里的数据 AID 等，还包括元宇宙里虚拟人物的语音语义识别与沟通、社交关系的 AI 推荐、各种 DAO 的 AI 运行、各种虚拟场景的 AI 建设、各种分析预测能力等。

云技术：包括云储存、云计算、云应用，云根据位置向雾、边、端等不同方向发展。目前云技术在元宇宙中的发展主要集中在三方面：算力、存储和渲染。在算力方面，元宇宙完全数字化虚拟时空，人物间的交互都需要依赖高的算力。在存储方面，元宇宙需要在云端存储海量数据。在渲染方面，随时、随地需要大量的算力进行图片渲染和物理碰撞模拟，在云端完成画面渲染然后利用最近 CDN 以低延迟推送画面到终端。

数字孪生：最早被美国航空航天局（NASA）应用于阿波罗项目中，通过制造两个完全一样的空间飞行器，利用留在地球的飞行器对在外太空执行任务的飞行器进行仿真试验和模拟，称为孪生体，由此引出了数字孪生的概念雏形。2014 年，密歇根州大学的迈克尔·格里夫斯教授撰写的 *Digital Twin：Manufacturing Excellence through Virtual Factory Replication* 中首次引入了数字孪生的概念并对其进行了详细的定义，根据其理论框架，一套完整的数字孪生体系应包括物理空间、虚拟空间、联结物理空间和虚拟空间的数据流、联结物理空间和虚拟空间的信息流等要素。数字孪生广泛应用于产品设计、产品制造、医学分析、工程建设等领域。

6.6 元宇宙的技术实现

元宇宙本身不是一种技术，而是一个理念和概念，包括三方面技术理念实现。

一是扩展现实技术，包括 VR、AR 和 MR。扩展现实技术可以提供沉浸式的体验，可以解决手机解决不了的问题。

二是数字孪生，能够把现实世界镜像到虚拟世界里面去。这也意味着在元宇宙里面，我们可以看到很多自己的虚拟分身。

三是用区块链来搭建经济体系。元宇宙进一步发展，对整个现实社会的模拟程度加强，我们在元宇宙当中不仅仅是在花钱，而且有可能赚钱，这样在虚拟世界里同样形成了一套经济体系。

元宇宙需要整合不同的新技术，如元宇宙六大核心技术：5G/6G 网络及运算技术、人工智能、电子游戏技术、交互技术、区块链技术、物联网技术，强调虚实相融。

这里所说的电子游戏技术既包括游戏引擎相关的 3D 建模和实时渲染，也包括数字孪生相关的 3D 引擎和仿真技术。前者是虚拟世界大开发解放大众生产力的关键性技术，要像美图秀秀把 Photoshop 的专业门槛拉低到普通百姓都能用一样，只有把复杂 3D 人物事物乃至游戏都拉低到大众都能做，才能实现元宇宙创作者经济的大繁荣。后者是物理世界虚拟化数字化的关键性工具，同样需要把门槛大幅拉低，才能极大加速真实世界数字化的进程。这里面最大的技术门槛在于仿真技术，要让数字孪生后的事物必须遵守物理定律，如万有引力定律、运动学定律、热力学定律、电磁定律等。

6.7 新兴技术 Web 3.0 与元宇宙

Web 3.0 是新一代价值互联网，Web 1.0 为"可读"，Web 2.0 为"可读＋可写"，而 Web 3.0 将是"可读＋可写＋拥有"。Web 3.0 以强调数据价值归属为核心，具备去中心化、数据自有、数据互联、保障隐私、高度智能和永久保存的特征。

Web 1.0 是过去，解决用户浏览内容的问题，Web 2.0 是现在，解决用户创造内容的问题，Web 3.0 是未来，将解决用户信息安全和内容所有权的问题。

Web 3.0 是多种新兴学科、技术和思想融合后，下一代 Web 愿景的统称，它不是某个具体的技术和应用，而是各种新名词的大集合。Web 3.0 将不仅是智能互联网，而且是立体全息互联网。

其一，Web 3.0 需要包括沉浸式 AR/VR 终端、脑机接口、触觉手套、触觉紧身衣等先进设备，以及虚拟化身（Avatar）、动作捕捉、手势识别、空间感知、数字孪生等相关技术。相比之下，Web 1.0 和 Web 2.0 仅能传递视觉和听觉。

其二，还要包括 5G、边缘计算、云计算、AI、图像渲染等技术。为了传达同现实一样的交互感受，Web 3.0 需要先进的高带宽网络通信技术，以便使各种终端能随时随地、低延迟接入网络。

综合来看，技术方面，Web 3.0 不仅是过往技术迭代，更是多项科技的集成，包括 5G、VR、AR、区块链、云计算、芯片、边缘计算等。

元宇宙是上层建筑，Web 3.0 是基础设施，元宇宙和 Web 3.0 均代表互联网的未来，Web 3.0 是技术发展方向的未来，元宇宙是应用场景和生活方式的未来，二者之间是相辅相成、一体两面的依存关系。Web 3.0 技术方向包含了区块链、人工智能、大数据等技术创新和 DAO（用户共识社区）网络组织模式创新。在元宇宙中，AR/VR 解决元宇宙前端的技术需要,而 Web 3.0 在后端提供强有力的技术支撑。

Web 3.0 时代的到来意味着新的 Web 交互方式即将冲击互联网,因为它不是简单创新,而是从根本上改变数据的传输方式。从原来"点—中心化服务器—点"的数据传输,直接进化到"点—点"的数据传输,摆脱中心化服务器的过渡方式,提高数据的隐秘性、传输的高效性,把数据的所有权真正归还给用户。Web 3.0 要做的事情就是在"可读可写"的基础上,进一步实现"可拥有"。Web 3.0 的目标是资产"可拥有",因此至少需要去中心化的平台,实现如去中心化身份、数据确权与授权、隐私保护与抗衡、去中心化运行等,这些需求对应区块链、NFT、FT、IPFS/Filecoin 和隐私计算等技术特质。

NFT 和 FT 都基于区块链,可见区块链对于 Web 3.0 十分重要。对于当下处于萌芽阶段的 Web 3.0,通过区块链开发的技术栈(见表 6-1)可感受到 Web 3.0 的一角。

表 6-1　区块链开发的技术栈

公 链 开 发	Rust、Go、C++/C
智能合约开发	Solidity、Rust、Motoko、Haskell
前端开发	Web 3.js、ether.js、hardhat

再说到硬件支持,当前的 PC 和移动端设备也满足要求,但是随着生态的完善、数据的多元化和用户体验诉求提升,当前业内对于 Web 3.0 的交互已经不满足于视听交互,支持如触觉、嗅觉、空间感等其他感官的交互也成为 Web 3.0 的基本要求,比如 VR 头盔、AR 眼镜、触觉手套等。由此可见,可穿戴套件很有前景。

Web 3.0 未来会突破世界的隔板,让企业、服务边界更加模糊,真正细化物品的所有权,细分到虚拟数据,并且释放所有权的归属,让其价值回归到所有人手里。

6.8　DAO——适合元宇宙的组织形式

DAO 是 Decentralized Autonomous Organization(去中心化自治组织)的首字母缩写,这是一种摆脱传统自上而下的等级化管理模式、完全自主运行的组织形式。DAO 是由一群志同道合的人组成的一个完全去中心化的自治组织,不会区分项目方与买家,项目方只是初始的召集人与初步规划,后续都由社群成员决定,人人皆有提案和投票决策权。DAO 是关于人、财、物三种要素组织关系的重构,是生产关系的重构。DAO 不是凭空出现的,它似乎是顺应了生产力提升的产物。

比特币因为拥有事先编好的程序规则、能自主按照共识机制运行等特点被认为是首个成熟的 DAO。随后,以太坊提供的智能合约降低了 DAO 的开发门槛,让更多人加入其中,也让 DAO 逐步发展成如今的面貌。DAO 的基础是区块链和智能合约,允许用户之间通过提案、投票等方式来决定平台事务的决策和走向。通过平台代币来实现利益的转换和用户行为的驱动。智能合约的存在让 DAO 上面的人、财、物所有互动信息变得公开、透明,从而营造了一个相对公平、自治的社群氛围。

1．DAO 的顺利运行条件

首先要设定一套 DAO 的运行规则，并将这些规则编码成智能合约。设定好规则后，DAO 就进入众筹阶段。这个阶段相当关键，一方面，一个 DAO 必须要有自己的资产或者代币用作组织活动的奖励；另一方面，投资 DAO 的人享有投票权，影响该组织的运营。

完成筹资后，DAO 就正式投入使用。从此刻开始，它就完全独立于其创始人和其他利益相关方，实现开源，也就是说任何人都可以浏览这个 DAO 的代码。DAO 中的所有规则和所有交易都会记在区块链上。

运营阶段，组织成员通过达成共识来决定如何使用 DAO 中的资金。购买了权益（stake）的成员就能发起关乎组织未来的提议。但为了避免提议泛滥，每发起一个提议都要交一笔押金。接着，组织成员就会对提议进行投票。只有获得大多数人的支持，提议才能落地执行。具体投票通过比例可以在 DAO 的代码里设定。

2．DAO 的优势

DAO 摆脱了由上而下的中心化组织形式，让每个成员的创意想法都有机会得到组织的考虑，塑造组织的未来。

所有成员基于事先设定的规则及组织的投票体系决定是否加入，能有效减少组织内成员的分歧和摩擦。由于提议和投票都需要支付一定费用，组织成员会更加慎重地评估每个决定，避免在无用提议上浪费时间。

所有规则和每笔交易都记录在区块链上，保证了信息公开透明、不可篡改和可溯源。

3．NFT、DAO 和元宇宙的关联性

元宇宙是在虚拟网络上建立的一个新的社会，而一个完整的社会是从社群慢慢发展起来的，这个社群其实就是 DAO，而你在 DAO 里面的身份其实就可以用 1∶1 NFT 来辨识。

NFT 是证明你拥有数字项目的证书，可以是视频或推文。它们可以是任何数字化的东西，但很多令人兴奋的方向都围绕着数字艺术。它们在区块链的数字分类账中记录详细信息来确认物品的所有权，该分类账是公开的并存储在互联网的计算机上，使其不可能丢失或销毁。

一个庞大的数字世界必然有大量的程序规则。如果平台能随意屏蔽内容，游戏公司能随意修改规则甚至停服销号，无数细微的规则可以按照公司偏好调整，更不必说承载人类活动的虚拟时空。治理规则的制定与执行，是元宇宙发展最关键的问题。

DAO 将治理权交给社区，交给通证持有人，交给参与者。无论是比特币、以太坊，还是 DefiDAO、投资型 DAO，其可靠的原因不仅是区块链技术实现了"代码即法律"，更因为 DAO 拥有自治权。用户知道这些应用的程序规则，特别是数字产权的规则，这些规则不会被随意变更，规则变更的权力属于社区，属于通证持有人，属于矿工，而任何人都能成为通证持有人和矿工。

治理权保障了数字资产的产权。正是因为区块链项目将规则制定的权力交予社区，参与者都可以参与到规则的制定中，链上资产才得到了保障。如果说区块链技术保障了"代码及法律"，那么 DAO 就拥有着自治权。尽管大部分用户不会长期参与到治理中，但因为他

们掌握着治理权,与开发者形成了制衡,规则不会被任意修改,才有了真正的数字产权。如果用户没有治理权,那么所谓的数字资产,是能通过规则修改被随意剥削的。数字资产成立的条件不仅仅是可信账本,更重要的是可信规则、社区共治。

总而言之,以 NFT 作为加入 DAO 的门票(身份),而每位 NFT 持有者基于对 DAO 的认同(共识),共同为项目贡献、发展,将社群演变为社会,甚至自成一个虚拟世界、元宇宙,每个人在其中都扮演着不同现实世界的另一个身份,这就是元宇宙。

6.9　元宇宙的社会意义

元宇宙代表着第三次生产力革命——信息革命,或者称其为元宇宙革命。无论是人工智能的迭代,还是底层的数据或者信息交互生态,都验证了元宇宙的必然性。元宇宙在未来的各行各业中将会产生深远的影响,有着丰富的社会意义。

6.9.1　元宇宙相较移动互联网的主要进化

相比于移动互联网,元宇宙在许多方面产生了进化。

第一个进化在于账户主体发生了改变。元宇宙的账户主体至少有 4 种形态:现实人的账户、物联网账户、已故人士的数字孪生账户和纯粹 AI 人格引擎驱动的账户。这四种形态的账户在元宇宙中产生交互影响,这将带来海量的新增社交关系。

第二个主要的进化在于原生经济的规模化发展。传统的线上经济,实质是现实经济在线上的一种映射。元宇宙的原生经济则是一种现实、虚拟经济及其价值的交互,会产出一些现实中没有的经济行为,所以在规模上会呈现出很大的差别。

第三个最核心的进化在于增加了全球价值的自由流动。前两代互联网主要致力于信息的自由流动,已经带来了无与伦比的虚拟经济的规模,而元宇宙可以增加一重价值的自由流动维度。也许未来 token 的激励模型(代币激励模型)可以获得经济学大奖,因为它是实现价值自由流动、功能最大化的技术基础。token 不仅是加密币,更是元宇宙价值激励模型的基础。

分布式记账的 btc、eth 都是基础的 DAO 组织形态。DAO 的下一步进化方向是汇聚人们的创造力,实时优化运营资源,包括在大众商业组织形态上的进化。有元宇宙这样一个工具,人类可以把一些伟大目标拆解成若干单项任务,把它们做成 DAO,让每个个体在其中贡献一部分力量并从中获得价值激励,从而可以汇聚点点滴滴的资金、脑力活动以及资源进而奔向真正的"星辰大海"。

6.9.2　元宇宙会衍生出的元问题

元宇宙作为一种革命性的变革,也会产生一些长期问题。

第一个问题是对社会形态进化的理解。人类开始数字生存后,社会形态进化会在数字平台上快速重演。当前互联网平台这种彼此隔绝的孤岛一如当初人类历史上的封闭社会,但历史潮流浩浩荡荡，当在元宇宙里诞生出新型的高度开放、高度流动化的平台之后，它将以碾压之姿将顽固保守的旧形态淘汰出局。

第二个问题是人类行为模式的变化。一旦意识可以上传、存储，如何判定 AI 人格和真实人格？这种情况下，在元宇宙当中封禁账号约等于杀戮，也将带来许多争议。人格意识马不停蹄地持续发展，当其知道自己可以永生后又会如何行为？

第三个问题是无我才能大我。元宇宙不意味着完全的去中心化，但它一定需要让创造内容的人持有价值的大部分，让参与经营的所有客户参与到社区规则的治理中。元宇宙不是"虚拟世界"。《头号玩家》不是元宇宙，《黑客帝国》也不是元宇宙，元宇宙与平行世界也不是相互割裂的，而是交汇融合的。线上加线下是元宇宙未来的存在模式。线下的场景会成为元宇宙的一个重要组成部分，元宇宙也会为线下的沉浸式娱乐带来更多可能。罗马不是一天建成的，元宇宙也一样。

元宇宙融合了信息技术(5G/6G)、互联网(Web 3.0)、人工智能、云算力、大数据、区块链、VR、AR、MR 以及游戏引擎在内的虚拟现实技术的成果。它将引发基础数学(算法)、信息学(编程、信息熵)、生命科学(脑机接口)、区块链(加密金融)、量子计算(算力)等学科的深入研究和交叉互动。还会推动未来学、哲学、逻辑学、伦理学、科幻等人文科学体系的全新突破。但这一切需要时间，不能急功近利地想着去变现。

算力即权力。在元宇宙世界，算力是同水、电、油、气一样的基础设施。没有算力，元宇宙将停止运转。谁拥有了算力，谁就拥有了财富。谁拥有了控制算力的权限，谁就拥有控制世界的权力。未来世界的算力分为中心化算力和去中心化算力。如果中心化算力占据上风，那这个世界将更加不平等。如果去中心化算力占据上风，那这个世界相对来说更加公平。人类未来最大的矛盾是日益增长的数据处理需求与有限算力之间的矛盾！

元宇宙的核心是"去中心化"，不会被某一家科技巨头公司控制。被科技巨头控制的元宇宙，不是元宇宙。任何一家科技巨头，也无法真正建成完整的元宇宙。真正的元宇宙最终需要实现跨链互通、身份互认、价值共享，它不属于任何一家科技巨头公司，而是属于每一个人。

6.10　元宇宙的应用领域

前面简要介绍了元宇宙硬件网络及核心技术，后面章节也有对物联网、区块链、人工智能、大数据等的介绍，这里简要介绍元宇宙应用。元宇宙的各种应用场景有：远程办公、金融、制造业、教育、工业、农业、文化、旅游、城市治理等，元宇宙开始的爆发可能在教育、协同办公等领域，特别是疫情时代，教育、办公、网购等线上刚需领域引领元宇宙增长，并将带动元宇宙线上就业，产生元宇宙线上职位。在互联网时代打下基础的旅游、文化等领域的大公司也会加入元宇宙应用行业并丰富元宇宙应用内容。在游戏领域，以好莱坞为首的科幻大片中描述的场景、中国丰富的神话如西游记、山海经等场景都将出现在元宇宙的应用视野中。

元宇宙是一个抽象的概念，它对每个人甚至每个组织都有不同的意义，未来元宇宙将改变人们的生活方式,应用到人们生活的方方面面,逐步创造一个满足人们不断发展的数字需求和偏好的虚拟社会,对我们的社交、购物和娱乐方式产生深远的影响。

6.10.1　工业

在加工制造业中一直以来都有设备"数字孪生"这个概念。生产制造是一个比较复杂的过程,在虚拟空间内仿真模拟工厂生产工艺流程,企业管理者能够鉴别并剖析怎样更有效、更方便地达到目标,而无须进行实地验证。

在工业元宇宙,工程师非常容易进到工业生产虚拟零件的内部进行观察。工业机器人还可以在设计环节加入各种各样的行为动作。

6.10.2　旅游

文旅元宇宙拓展了时空,我们可以在本地虚实相融的空间中看到远方,获得趣味性和沉浸感。元宇宙将允许人们使用 VR 设备在不离开家的情况下"环游"世界。

元宇宙是一个数字化的虚拟世界,不受时间、天气、交通等的影响和限制,为旅游业带来了数字化、个性化、沉浸式的体验,带来了全新的机遇和挑战。

6.10.3　教育

教育元宇宙将会构建以现实物理空间为核心,以资源生态、社会交往、探究学习和评价系统等为关键环节的智慧学习空间,形成虚实共生和跨界探索的未来教育形态。

教育元宇宙的主要特征体现为:沉浸体验、网络社交、群体创造、虚实共生。教育元宇宙有四个关键词:育人、体验、需要、能力。

教育元宇宙是一个育人空间,通过丰富人的各种体验,实现体验增值,满足人类的跨界需要,具有育人价值,有助于培养人的想象力、游戏力、交互力和跨界力。

6.10.4　互联网

在元宇宙中,人不单单是访问具体内容,而是置身于具体内容当中,元宇宙将会接替移动互联网,并开启人类新时代。

Web 3.0 技术为元宇宙提供了信息互联的技术基础和保障,提供了持续发展的根基,而元宇宙为 Web 3.0 提供了一个重要应用场景和发展的动力。

6.10.5　游戏

元宇宙在游戏领域的应用是最成熟的。从概念上来讲,元宇宙游戏是一种以区块链为底层技术支撑,与 VR、AR、5G、云计算等结合,共建社区生态,可催生经济活动与文明的游戏。

6.10.6　开发商

元宇宙开发商包括 Decentraland、The Sandbox、Cryptovoxels、Somnium Space、天下秀

等。与元宇宙产业有密切联系的公司有 Metaverse Group(虚拟地产公司)、Token.Com(虚拟货币及元宇宙地产公司)等。

6.10.7 房地产

在元宇宙中,每一块地都被赋予了其独一无二且不可复制的 NFT(非同质化代币),并以此来区分每个地块和每笔交易。开发商和用户可以在平台上的一级/二级市场进行购买/出售。在元宇宙中,玩家可利用土地、房屋等虚拟空间进行创造、社交、游戏等。因此,要想在其中占据一席之地,用户便需要拥有虚拟土地或房屋。当然,这些虚拟土地或房屋无法在现实世界使用。

6.11 元宇宙产业链

元宇宙的产业链可拆解为 7 个层面：体验、发现、创作者经济、空间计算、去中心化、人机交互、基础设施。元宇宙产业链各环节仍处于发展初期。这 7 个层面具体涉及的技术和相关大厂的布局情况如下。

1. 体验

主要指用户实际参与的层面,包括游戏、社交、商务等,在此方面布局的大厂有腾讯、字节跳动、Facebook 等。

2. 发现

主要指可以使用户了解体验层的途径,包括广告系统、应用商店等,在此方面布局的大厂有 Steam、谷歌等。

3. 创造者经济

主要指帮助创作者持续更新创作内容、降低门槛的相关技术,包括智能开发工具、货币化技术等,在此方面布局的大厂有微软、Epic Games 等。

4. 空间计算

主要指可以混合数字世界和现实世界的相关技术,包括数字孪生、语音与手势识别、空间映射等,在此方面布局的大厂有谷歌、unity 等。

5. 去中心化

主要指可以实现去中心化的相关技术,包括区块链、边缘计算、AI 等,在此方面布局的大厂有 IBM 等。

6. 人机交互

主要指人与智能终端设备的交互,VR/AR 被认为是用户访问元宇宙世界的主要终端,此外还包括可穿戴设备、脑机接口等,在此方面布局的大厂有苹果、Facebook 等。

7. 基础设施

主要指保障虚拟环境中实时通信能力的相关技术,包括 5G 和云计算等,在此方面布局的大厂有 AWS、AMD 等。

元宇宙需要没有实际控制人的公链,但也需要用户体验非常好的私有链或者联盟链。这也意味着公司或平台要想做大,首先要放弃自己的控制权,降低用户的生产要素流通成本,即无我才能大我。

元宇宙产业链有两个核心的东西,一个是数据统一,一个是 NFT。节点按需即时生成 NFT。所有终端订单,在释放 token 后都是真实不可撤销订单,产业链按需生产,及时交货,协同效率大大提升。产业链节点的数据统一和区块链技术基础上的强信任,解决了这两个问题,世界上的每个产业链就都是新型高效合作平台了。解决了市场经济中高交易成本的问题,人类进入新文明!

产业链只是一种功能实现的手段,而手段有可替代性,异业之间的直接竞争替代了同业内部的竞争。比如,原来是不同的牛仔布企业在竞争,以后是牛仔布和真丝在竞争,而新发明的布料层出不穷,人类进入崇尚创新的新文明。我们现在要做的就是先把传统产业链的协同效率提升,从而实现巨大利率。

6.12 元宇宙的实现路径——布局模式

元宇宙涉及非常多的技术,包括人工智能、数字孪生、区块链、云计算、拓展现实、机器人、脑机接口、5G 等,元宇宙的生态版图中有底层技术支撑、前端设备平台和场景内容入口。元宇宙有三个属性,一是包括时间和空间的时空性;二是包括虚拟人、自然人、机器人的人机性;三是基于区块链所产生的经济增值性。

元宇宙在不同产业领域当中,发展速度是不一样的,如果某一个产业领域和元宇宙的三个属性有密切结合,它发展会更快,这包括游戏、展览、教育、设计规划、医疗、工业制造、政府公共服务等。未来我们所有的行业都需要在有空间性、人机性、经济增值性的元宇宙中重新进入赛道。

目前市场上的元宇宙公司有四套叙事逻辑,分为虚实融合、去中心化交易、自由创造、社交协作。从目前的情况来看,各大科技企业主要还是依托其既有优势来布局元宇宙领域,主要可以分为三种模式。

第一种是聚焦核心元器件和基础性平台领域,加快布局元宇宙硬件入口和操作系统,以英伟达、Meta、微软等国际数字科技巨头为主,字节跳动等国内企业也在加快推进元宇宙相关硬件的研发。

第二种是聚焦商业模式与内容场景,探索元宇宙相关应用场景落地,以国内数字科技巨头为主,如腾讯表示将在游戏、社交等领域加快对元宇宙的研究开发。

第三种是政府推动企业入局模式,韩国是推进元宇宙产业发展最积极的国家之一,其首都首尔在 2022 年 11 月宣布成为首个加入元宇宙的政府城市;同时,韩国元宇宙产业的发展主要由相关政府部门牵头,引导和推动三星、现代汽车、LG 等企业组成"元宇宙联盟",形成企业在元宇宙领域的发展合力,以此推动实现更大范围的虚拟现实连接,并建立韩国国家级元宇宙发展平台。

6.13　元宇宙与创业

在不久的将来,可能会有大量新的工作出现,例如,元宇宙架构师、元宇宙游戏策划者、元宇宙构建运营专家等。元宇宙让我们不再是隔着屏幕交流,而是即使身处不同的物理空间也能进行"面对面"实时交流。这种沉浸式体验需要高速和低延时的网络环境,需要借助一些硬件辅助设施,需要一个支持在各个应用之间进行穿梭的技术和支付渠道;而当我们分开看时会发现,这几个要点目前都是存在的。

(1) 5G/6G 网络的发展为人们提供了高速和低延时的网络环境;

(2) VR、AR、AI 技术的发展为我们提供了硬件及算法服务;

(3) 区块链技术和 NFT 使得资产真正归个人所有,并且可以根据所有者的个人意志转移到其他平台或者个人身上,而不是属于某个中心化的公司;

(4) 多元的支付方式,中心化货币或加密数字货币都可以让人们在数字空间进行交易。

广义的元宇宙涉及的因素很多,可以提供基础建设的服务商,还提供可兼容可转移的产品/服务。

(1) 基础服务商:AR、VR 建模设备,显示设备,声音设备,交互设备,可搭载 AR/VR 软件的终端硬件等(手机、眼镜、耳机、平板电脑等),NFT 设计师,虚拟地产承建商等。

(2) 支付服务商:可跨链或者多链使用的数字货币,或者支持多平台兑换的合规法币兑换通道等。

(3) 兼容可转移的产品/服务:融入了区块链技术的会议 Meta-App、艺术空间、GameFi、SocialFi 社交平台、创作平台、交易平台等。

元宇宙是一个由多种技术、大量应用场景构成的生态体系,从图 6-1 可以看出,元宇宙将带动商业模式的变革,催生新的产业,形成新的行业业态。在元宇宙体系中,从底层硬件、核心技术到各种应用都有巨大创业空间。自元宇宙概念提出后,元宇宙的相关行业成了新的创业热门。由于元宇宙本身可想象与发展空间巨大,元宇宙的创业可选方向很多,并且就目前的元宇宙发展状态,无论选择哪个方向都有非常大的市场前景。创业团队可以根据自己团队的技术、资源,选择某一个点去创业,展望多个领域留下未来想象空间,但千万别一开始就铺开太广的面。常见元宇宙的创业方向如下。

1. 虚拟偶像

通过绘画、动画、CG 等形式在元宇宙虚拟场景举办活动,然后靠粉丝经济进行变现,投资较大,适合大公司创业。

2. 数字孪生

数字孪生是游戏角色和皮肤的进化。只不过游戏提供的是特定的角色和皮肤及道具,"数字化身"工具公司提供的是个性化的方案,每个人都可以根据自己的需求量身定制自己的"数字化身",这一数字化身可以应用在不同的虚拟平台,可以是头条、抖音、B 站或任何一个地方的另一个自己。因为"数字化身"及其皮肤和装备可以销售,从而创造价值,所以不同的平台可以创建协议,共建生态,实现虚拟商品的大流通。

目前国内出现的能提供"数字化身"的公司跟美国的比还有点差距,这也是巨大的机会。动漫设计师和画家会成为抢手的"数字化身"设计师。通过程序自动生成的"数字化身"不会有太大市场。

3. 社交、兴趣社区

社交、兴趣社区类似韩国推出的"崽崽"App。因为用户体验和模式设计得不好,"崽崽"按目前的路子很难火。但不排除能找到正确的形态、模式和路径。一旦有一款元宇宙社交平台成为头部,将会带动创作者经济。

4. 小说、影视剧等沉浸内容

沉浸感是指人们过于专注于设计环境而忘记现实的体验。在环球影城,看似身体上的体验实际上是一种精神上的沉浸,比如随着哈利·波特把移动的椅子变高,和变形金刚一起跳上摩天大楼,和小黄人一起跳舞。元宇宙是一个基于专业建筑设计和 3D 设备的沉浸式体验的自然场所。

5. 区块链 NFT、数字资产

美国因为开放了比特币和 NFT 市场,所以 NFT 数字艺术品已经成行成市了。数字艺术品作为一种新的艺术门类,可以提前市场化。一些年轻的艺术创作者会率先进入这个领域,创作自己的数字艺术作品。NFT 技术平台可以让这些数字艺术作品变成 NFT,并用实物方式实现交易,体现其价值。这里面的创业机会包括:数字艺术创作者、NFT 技术平台、NFT 数字艺术品交易商。

目前,画廊是元宇宙最常见的商业模式,此商业模式源于 NFT 与艺术之间的内在联系。元宇宙的第一批活跃成员中有许多是艺术家或艺术行业的成员。CryptoVoxels 的作品包括刘嘉颖的"纯金画廊"、宋婷的"熊猫画廊"、BCA 画廊和韩国社区的 DogeSound Club。这是元宇宙中最早也是最流行的商业模式。

6. IP 型新消费场景

传统的电商平台会死掉一批,如果还有一点资源的,可以考虑投入"虚拟购物中心"。

虚拟购物中心就是相当于线上 K11。架构者除了要盖起这么一间虚拟购物场所,还要招商,要招来购物者。

理论上,这样一家虚拟的 K11,可以有现实的 K11 十倍大都没问题。它不能完全提供物理 K11 的功能,但能提供身临其境的购物体验,24 小时不打烊,可以提供社交服务。最重要的是,它让购物者躺在床上就可以逛商场,当看到中意的物品后,马上下单,隔天或几日就能送到。虚拟购物中心可以为商家提供虚拟门店。借助数字化工具,一家虚拟门厅只需要一个管理者就行,大大降低运营成本。

7. VR 及其眼镜

已经有人研究出了可获得接吻触电感的 VR 头盔。国外最新体感服已经能部分模拟出被子弹击中的痛感——当然,不会有任何生命危险。

VR 游戏会升级游戏体验,所以,开发 VR 体感游戏会带来第一波掘金机会。从现在的热门游戏看,"吃鸡"大概率会升级到 VR 体感玩法的第一波掘金浪潮。在某些开放国家,还会有更刺激的 VR 体感游戏爆火。

由 VR 体感游戏衍生来的,还有 VR 电影院、VR 舞蹈课室、VR 运动、VR 培训等。

一旦有一款"杀手级"VR 体感游戏出现,就会快速拉动 VR 硬件市场,设计、生产、制作、销售、维修、软硬件升级就会快速形成一条产业链。首先,一些游戏电脑店面会快速转型升级。以前做计算机、手机甚至电器类行业的都可以快速加入这一队伍,抓住快速致富机会。VR 头盔目前在中国年销量百万台,进一步成熟后,VR 眼镜至少有智能手机一半的年销量,5～8 年后,可能会成为家里的必备消费电子。VR 硬件还包括一系列体感服。

8. AR 眼镜与商用化场景

工厂、医院、建筑工地、复杂机器和设备维修、军舰和飞机驾驶,这些领域最先需要应用 AR 眼镜,帮助完成培训、协作、团队支持等工作。这是微软目前正在研究的领域。不出意外,微软会成为这个行业的领导者或者重要参与者。

AR 眼镜还有一个重要作用,就是提升实体门店的顾客体验。通过内置程序和内容,实体店可以实现无人导购和销售,只要让顾客进门时取一副专门备用的 AR 眼镜就行。

由于有多个行业应用及场景,AR 可以成就很多个创业机会,选择好细分赛道就行。重要的不是硬件,而是解决方案和内容开发。

9. 独立世界观游戏

游戏的虚拟性使它们很容易集成到元宇宙中。The Sandbox 是一个由社区驱动的区块链游戏平台,创作者可以在其中将原资产和游戏内的设备转化为区块链上的 NFT。此外,游戏当然也可以成为其他元宇宙平台的一部分,通过这样的链上游戏,玩家可以在投资 NFT 的同时享受游戏的乐趣。

10. 线上 KTV

对于那些喜欢 KTV 的人来说,线上 KTV 是一种社交方式。在现实世界中,相距遥远的人很难在 KTV 中相聚,然而在元宇宙中,这些愿望或许可以实现。

11. 服务

数据无处不在,元宇宙里当然也不例外。平台需要每个包裹的访客数据,潜在买家需要出售包裹的历史数据,潜在卖家希望市场数据来设定他们的要价。数据的支持对于上述每项都是必要的,专业的数据分析可能会成为一项重要的业务。

12. 数字包裹租赁

就像现实世界中的房地产一样,数字包裹也可以租赁和购买。CV Analytics 的数据分析显示,许多土地所有者持有多个地块。大部分的土地所有者并不打算建设自己的地块,他们选择进行长期的投资。因此,一个自然的土地租赁市场应运而生,土地所有者可以将他们的闲置土地出租给其他有建设或运营需要的人。

13. 建设

有些土地所有者拥有多个地块,但建设的时间和精力有限。其他的土地所有者则是为了扩大品牌宣传而倾向于雇佣专业的团队来建设自己的地块。这样的需求导致元宇宙出现了第三方建筑服务,如 MetaEstate 和 Voxel Architects。在 CryptoVoxels 的主岛 Origin City 上,累计访客人数最多的前四栋建筑 SpaceAge、StoneAge、GlassAge 和 Welcome 都是由 Voxel Architects 建造的。MetaEstate 还建造了 MetaChi 总部、Creation Fashion Hub 等著名建筑。

14. 服务型虚拟数字人

由于人形机器人还有漫长的路要走,服务型虚拟数字人会率先崛起。因为不受物理形态限制,虚拟数字人可以获得更广泛的应用。超现实的虚拟数字人拥有情感交互的优势,基于 AI 和机器学习,其功能越来越强大。未来,在以下几个领域将会出现专业的服务型虚拟数字人公司:虚拟老师、虚拟导游、虚拟导购、虚拟销售员、虚拟客服等。

习题

1. 元宇宙实现需要的技术支持可能有哪些?
2. 元宇宙可能出现哪些新型职业需求,带动哪些行业和领域的发展?
3. 如何平衡元宇宙虚拟经济与实体经济的关系?
4. 在我国创业者应如何抓住机遇,参与推进元宇宙建设?
5. DAO 是什么? 为什么 DAO 是元宇宙最合适的组织形式?

第 7 章

创业场景：物联网

在通信技术、互联网、传感等新技术的推动下，逐步形成了人与人、人与物、物与物之间沟通的网络——物联网(Internet of Things)。互联网让人与人之间的距离变成零或者忽略不计，只剩下逻辑关系；物联网让人与物、物与物之间的距离忽略不计，变成纯逻辑位置关系。互联网颠覆了人类的传统信息体系架构，而物联网融合物质、能量，将会再次强烈冲击和改变世界信息体系架构。同时，物联网又是元宇宙的底层架构技术，是元宇宙的基础。物联网应用涉及人们工作生活的方方面面，因此物联网被称为继计算机和互联网之后的第三次信息技术革命。信息时代，物联网无处不在。

7.1 物联网体系架构与关键技术

物联网是一种综合集成创新的技术系统。按照信息生成、传输、处理和应用的原则，物联网可划分为感知层、网络层和应用层。

7.1.1 物联网体系架构

物联网的三层体系结构如图 7-1 所示。

1. 感知层

感知是物联网的底层技术，是联系物理世界和信息世界的纽带。感知层包括各种感知技术。感知技术是能够让物品"开口说话"的技术，如 RFID(射频识别)标签中存储的信息，通过无线通信网络自动传输到中央信息系统，实现物品各种参数的提取和管理。无线传感网络主要通过各种类型的传感器对物质性质、环境状态、行为模式等参数信息进行获取。近年来，各类互联网电子产品层出不穷，智能手机、VR/AR、可穿戴设备等迅速普及，使得人们可以随时随地接入互联网，分享信息。信息生成、传输方式多样化是物联网区别于其他网络的重要特征。

2. 网络层

网络层的主要作用是把感知层数据接入互联网，供上层服务使用，包含信息传输、信息交换和信息整合。物联网核心网络最主要的是互联网。网络边缘使用各种无线网络提供被

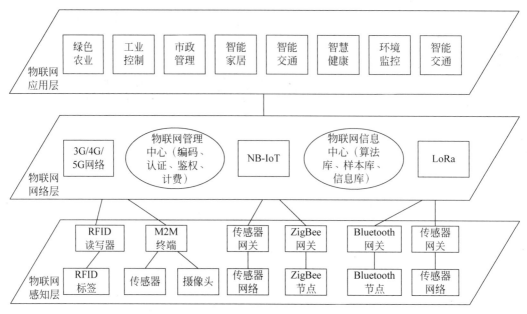

图 7-1 物联网的三层体系结构

感知物体参数信息的网络接入服务。无线通信技术有：移动通信网络（包括 2G、3G、4G 及 5G 技术），网络覆盖较为完善，但成本、耗电不具优势，在不易充电的环境下使用非常受限；WiMAX 技术（IEEE 802.16），提供城域范围高速数据传输服务；WiFi（IEEE 802.11）、蓝牙（IEEE 802.15.1）、ZigBee（IEEE 802.15.4）等通信协议的特点是低功耗、短距离，一般用作个人电子产品互连、工业设备控制等领域；LoRa、NB-IoT 的特点是低功耗、低传输速率、长距离，适用于智慧城市、智慧农村等应用场景。各种不同类型的无线网络适用于不同的环境。根据应用场景采用不同技术或组合，是实现物联网无线传输的重要方法。

3. 应用层

应用层利用经过分析处理挖掘的感知信息数据，为用户提供丰富的服务，实现智能化感知、识别、定位、追溯、监控和管理。应用层是物联网建设的目的。目前，已经有大量物联网应用运用在实际中，例如通过一种传感器感应某个井盖被移动的信息，然后通过网络进行监控，以便及时采取应对措施。

应用层主要包含应用支撑平台子层和应用服务子层。应用支撑平台子层支撑跨行业、跨应用、跨系统之间的信息协调、共享、互通，包括公共中间件、信息开放平台、云计算平台和服务支撑平台。应用支撑平台子层可以将大规模数据高效、可靠地组织起来，为行业应用提供智能的支撑平台。应用服务子层包括智慧城市、智慧校园、智能交通、智能家居、工业控制等行业应用。

7.1.2 物联网关键技术

物联网是一个技术系统，融合了大量不同层面的技术，物联网的关键技术有传感技术、

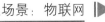

无线通信技术、数据分析处理技术和网络通信技术等。下面将对这几种技术进行简单介绍。

1. 传感技术

传感器负责物联网中的信息采集，是实现"感知"世界的物联网神经末梢。传感器是一种可以感知和探测物体的某些参数信息（如温度、湿度、压力、尺寸、成分等）并根据转换规则将这些参数信息转换成可传输的信号（如电压）的器件或设备，它们通常由某个参数敏感性部件和转换部件组成。

2. 无线通信技术

常见无线通信技术包括移动通信 2G、3G、4G、5G 技术，WiMAX，WiFi，Bluetooth，ZigBee，LoRa，NB-IoT，RFID 等。下面简要介绍 RFID 技术。

RFID 技术是利用无线射频方式进行非接触式自动识别物品并获取相关信息的双向无线通信技术，又称"电子标签"，它通过无线信号空间耦合实现无接触信息传送。RFID 技术的优势在于适用多种传输距离（读取半径从厘米量级到上千米不同距离）、穿透力强（可直接读取包装箱里物品的信息）、无磨损、非接触、防污染、高效率（可以同时识别多个标签）等。电子标签带电池就称为有源标签，不带电池称为无源标签。

RFID 系统包括 RFID 标签、阅读器和信息处理系统。当一件带有 RFID 标签的物品进入 RFID 阅读器读写范围内时，标签就会被阅读器激活，标签内的信息就会通过无线电波传输给阅读器，通过信息通信网络传输到后台信息处理系统，完成信息的采集工作。

3. 数据分析处理技术

数据分析处理技术通过网络传输汇总物品参数信息，进一步分析处理海量数据，从海量数据中挖掘出有价值的规律、结论，把结论通过图表等形式提供给决策层用户使用。可以借助智能控制技术等提升数据分析的智能性、自动化程度以代替人工进行决策、控制。

4. 网络通信技术

网络通信技术包括各种有线和无线传输技术、交换技术、网关技术等。M2M 通信技术是指机器对机器（Machine-To-Machine）通信，实现人、机器、系统之间的连接与通信。M2M 技术可以结合 WiMAX、WiFi、蓝牙（Bluetooth）、ZigBee、LoRa、NB-IoT、RFID、UWB 等无线连接技术提供通信服务。

7.2 物联网＋新技术

物联网的兴起是信息技术高速发展的必然，是互联网发展到一定阶段的产物。物联网的核心点是把物连到网络上，形成一个庞大、智能的网络，所有的物品都能够远程感知以及远程控制。物联网发展的下一步是继续加强与可穿戴设备、AR/VR、人工智能、机器人、无人机、3D 打印、区块链等的结合，实现物联网＋，并逐步形成元宇宙支撑框架。物联网通过各种传感设备感知世界，通过可穿戴设备与人互联，通过 AR/VR 呈现数字内容，通过人工智能辅助分析，协助人类判断，并下达人类指令，通过机器人、无人机实地执行，通过 3D 打印远端实现，通过区块链实现颠覆性架构，兼顾公平性、安全性。可穿戴设备有两个层面，一个是感知人体参数,另外一个是获取人的指令。我们可以看到,物联网＋就是替代手机的未来形态,这种未来形态不仅能够完成人与人之间、人与物之间、物与物之间的信息传递,还可以完成远程动作,物理世界的创造、改造及实现。物联网＋新技术的未来发展方向就是元宇宙,元宇宙就是在物联网＋新技术的基础上,在内容上创新、创造出一个虚拟的世界。

7.2.1　物联网＋可穿戴设备

可穿戴设备是能穿在身上的设备,可以穿在人、动物等身上,是能感知、传递和处理信息的设备,融合多媒体、无线通信、微传感、柔性屏幕、GPS定位系统、虚拟现实、生物识别、人工智能等最前沿的技术,与大数据平台、智能云平台、移动互联网结合,对信息进行随时随地的搜集、处理、反馈和共享。

可穿戴设备涉及生活中的方方面面,是基于移动互联网高性能、低功耗特点的智能终端设备,借助各种传感器,与人体及物体产生信息交互,搜集数据。

根据功能,可穿戴设备产品可划分为:医疗健康类、体感交互类、信息资讯类和综合功能类等。医疗健康类的设备有体侧腕带及智能手环,主要消费人群为大众消费者;体感交互和综合功能类的设备有智能眼镜等,消费人群以年轻人为主;信息资讯类的设备有智能手表,主要消费人群为大众消费者。

根据产品的形态,可穿戴设备又可以分为头戴式、身着式、手戴式、脚穿式等。

目前可穿戴设备产品越来越丰富,未来单一领域的可穿戴设备产品将会与其他智能硬件产品结合,各个公司及企业会根据用户的实际需求来生产更加丰富多彩的产品,从而带来更符合用户需求的智能体验。

可穿戴设备有很多应用,如骑行佩戴智能头盔,除了安全还能提供更多数字服务。智能眼镜拥有独立操作系统,通过人的眨眼、点头、摇头等动作实现导航、好友互动、拍摄照片或视频等功能。AR技术可以控制家庭中的物体,凭借视觉识别、射频、红外线、蓝牙、大数据分析、云计算来实现健康监测、安全提醒等功能。智能手表除了具有基本的时间功能之外,还兼具提醒、导航、校准、监测、交互等多种功能。智能手环有计步、闹钟、睡眠监测、健康管理、防丢定位等各种功能。智能鞋内置GPS芯片、微控制器、天线等设备为人们导航,从而可以解决孩子及老人的迷路问题。

可穿戴设备为人类带来了全新的生活方式,舒适和具有多功能的多传感器可穿戴设备可以帮助人们全方位改善生活。真正实现起来,需要将可穿戴设备制造商与对消费者有用的服务结合起来。从远程医学检查到帮助人们进行健康的饮食选择,再到家庭自动化等,这些服务将鼓励人们购买和使用可穿戴设备,推动这个市场走向成熟。

可穿戴设备市场产业链主要包括热门行业应用、社交平台、运营服务、大数据、云计算等。未来,智能穿戴设备产业链上各方将会加强合作,数据共享,共同促进该行业的发展。

在物联网生态系统中,可穿戴设备可以实现人体参数、人类指令与云端、万物之间的自由连接,是实现人体与信息网络间的重要I/O接口。

可穿戴设备未来的发展方向是作为超系统能部分替代智能手机,成为人体与网络间的

I/O接口,实现无所不能的交互。

7.2.2　物联网＋人工智能技术

现在正处于人工智能快速发展的时代,人工智能技术应用的细分领域有:深度学习、计算机视觉、虚拟个人助理、自然语言处理、实时语音翻译、情境感知计算、手势控制、视觉内容自动识别、推荐引擎等。人工智能的发展很大程度上依赖物联网系统,物联网系统负责人工智能所需要的数据,从数据采集获取、传输到汇总。物联网系统汇集的海量数据产生大数据,人工智能对这些大数据进行挖掘整理并应用。物联网采集是大数据主要的数据来源,物联网也是人工智能的重要基础,不仅为人工智能获取数据,而且人工智能还能通过物联网来控制终端设备,如自动驾驶就是人工智能和物联网结合的产物。

自动驾驶汽车主要依靠人工智能技术。要通过人工智能实现自动驾驶,必须通过物联网监控、雷达、GPS、视觉计算、智能决策、物联网控制协同合作,在没有任何人操作的情况下,自动安全地操作机动车辆。自动驾驶包括感知定位、规划决策、执行控制三大组成部分。感知定位是无人驾驶汽车的关键点,所用技术包括物联网硬件GPS、超声波测距、网络通信模块、高清摄像头等,通过高清摄像头采集各种图像,通过算法处理识别目标,再通过规划决策控制无人驾驶车的方向盘,并通过控制油门和刹车来控制速度。

7.2.3　物联网＋区块链技术

随着物联网、云计算及人工智能的发展,越来越多的数据被记录,大数据时代的数据是可以进行交易和共享的,数据通过多维度的融合,才能发挥最大价值。目前数据都是孤岛,大多数企业不愿意将自己的数据通过交易中心进行交易,这主要在于将来可能发生的关于利益分配的纠纷,这样就急需一套安全的、可信度高的又可以开放共享的数据管理方法。区块链提供了新的思路,将会给社会数据架构带来颠覆性变化。在物联网时代,我们生活中大部分设备都能够连接到互联网中,这些设备之间可以直接通信,而不需要通过人类,设备能够实现自我管理,不需要人力维护,人类被设备去中心化了。

设备的运行环境如果是中心化的网络环境,每个设备间的信任是由中心化的机构来完成的,每个节点只需要信任中间机构,就能完成各种操作。但物联网世界里包含了全世界无数的设备,且都是设备之间的直接交易或通信,而不是人,也没有中心化设备。通信或交易的频次会非常高,交易金额也非常小。如果用传统的中心化支付系统和通信系统需要巨大的算力,对网络性能也要求极高,因此需要一个去中心化的网络环境,这时就可以用区块链的技术。区块链的去中心化思想可以很好地解决物联网设备的信任关系,通过区块链的分布式记账技术,实现设备间的通信和交易信任化,直接进行点对点操作;大量的数据通过分布式存储也降低了网络的压力;区块链天然具备的价值转移属性,也为设备间的直接交易提供可信环境。

区块链是随着比特币等数字加密货币的出现而兴起的一种全新的去中心化的基础架构,是分布式计算模式。目前,区块链已经引起各级政府部门、金融机构、科技企业和市场的高度重视。美、英等发达国家相继将区块链技术上升至国家战略层面,成立了区块链发展联盟。中国《"十三五"国家信息化规划》也首次将区块链列入中国的国家信息化规划,并将其定为战略性前沿技术之一。

区块链最初的应用就是比特币,比特币采用的是区块链 1.0 的技术。比特币是一串使用密码学方法产生的数据块,每一个数据块中包含了过去 5～10 分钟内所有的比特币网络交易的信息,而这将用于验证其信息的有效性(防伪)和生成下一区块。

区块链技术是一种去中心化的、无须信任积累的信用建立范式。区块链技术的本质是用数据区块取代目前互联网对中心服务器的依赖,这样数据变更或交易都记录在一个云系统之上,理论上实现了数据传输中数据的自我证明,长远来说,超越了常规意义上需要依赖中心的信息验证模式,降低了全球"信用"的建立成本。

物联网和区块链结合的优势有:区块链提供了高度的安全性和透明度,使节点间能快速验证信息,建立信任,监控进度并触发支付,而无须依赖中心管理设备。基于设备的点对点合同和分类账可加速数据的交换和处理。通过区块链,企业可以直接交换数据,转移商品并自动化业务流程。区块链实体间有智能合约,无须第三方认证交易。

由区块链特有的设计技术可见,区块链技术不仅可以应用于数字加密货币领域,同时在金融、物联网、物流、食品追溯、药品追溯等社会系统中也存在广泛的应用。根据区块链技术应用领域,区块链应用类型有数字货币、数据存储、数据鉴证、金融交易、资产管理、选举投票、物联网货品追溯等。

物联网和区块链结合的重要应用场景:传统的供应链运输需要经过多个主体,例如发货人、承运人、货代、船代、堆场、船公司、陆运(集卡)公司,还有做舱单抵押融资的银行等业务角色,这些主体之间的信息化系统很多是彼此独立、互不相通的,出现状况时,应急处置没法及时响应。如果部署区块链节点,通过实时和离线等方式,将传感器收集的数据写入区块链,成为无法篡改的电子证据,可以提升各方主体造假成本,厘清责任边界,通过区块链链式的结构,追本溯源,及时了解物流的最新进展,根据实时搜集的数据,采取必要的反应措施,增强多方协作。

电动汽车面临多家充电公司支付协议复杂、支付方式不统一、充电桩相对稀缺、充电费用计量不精准的问题,各充电桩基于区块链的电子装置,将多家充电桩的所属公司和拥有充电桩的个人进行串联,对电动汽车进行充电。

7.2.4　物联网+机器人技术

随着科技的进步,以及各种智能传感设备、处理设备等的发展,整个社会变得越来越智能,这也为智能机器人的发展提供了各种技术基础和手段,使得机器人在人类的生产生活中扮演的角色越来越重要。未来的机器人必定会向着更加专业化、智能化的方向发展。

机器人是一种智能自动执行工作的机械装置,它既可以接受人类指挥,又可以运行预先编码的程序,也可以根据人工智能技术制定的原则纲领进行行动。任务是协助甚至取代大量人类的机械性重复性工作,或者危险系数大的工作。

把各种传感器、控制模块、执行构件等多个设备组合在一起，构建一个机器人系统，将会面临很多复杂的问题，这样机器人专用的中间件就会起到很大作用。先开发用于机器人的中间件，再开发机器人的效率就大为提升，并提升可维护性，实现与外部系统更灵活的联动。

随着技术的不断创新以及产业的发展，机器人规模化量产将得以实现，未来机器人入驻每一户家庭将成为现实，并且智能机器人将成为主流。目前机器人平台也开始悄悄兴起，机器人厂商以智能平台接入第三方应用，开始创建机器人生态圈。

随着各种 App 的开发、进化、成熟，智能机器人开始不断被赋予更多功能，既能够完成简单家政服务、初步的身体监测、康复护理，又可以进行聊天娱乐，还能控制家电、提醒工作安排、叫车付费等，不久的将来，科幻作品中的管家机器人也将会变为现实。

机器人离人们的生活已经越来越近，它们给人类带来了越来越多的便利。未来，机器人将与物联网逐步结合并深度融合，为人类决策提供参考，最终物联网变成机器人远程触角，更好地服务于人类。

7.2.5 物联网＋无人机技术

无人机是通过无线电遥控设备或机载计算机程控系统进行操控的无人现场驾驶飞行器。

在无人机上安装自动驾驶仪、程序控制装置等设备，在地面、舰艇上或母机遥控站人员通过雷达等设备，对无人机进行跟踪、定位、遥控、遥测和数字传输，在无线电遥控下像普通飞机一样执行整个飞行过程和飞行任务。无人机能完成人类非现场驾驶飞机执行的任务，特别适合有人飞机不宜执行的任务，如危险区域的地质灾害调查、空中救援指挥等，广泛用于空中侦察、监视、通信、航拍、测绘、反潜、电子干扰等。

无人机系统是无人机及与其配套的通信站、起飞发射回收装置以及无人机的运输、储存和检测装置等的统称。通信站既可建在固定地面，也可以设在车、船或其他平台上，通过通信站可以获得无人机所侦察到的信息、向无人机发布控制指令完成任务。

无人机系统主要包括飞机机体、飞控系统、动力系统、数据链系统、发射回收系统、电源系统等。飞控系统即飞行管理与控制系统，是无人机系统的核心部分，对无人机的稳定性、精确度、飞行性能非常重要；数据链系统可以保证对遥控指令的准确传输、接收发送信息的实时可靠，以保证信息的及时有效性。

21世纪初期，无人机的应用由军事领域迅速扩展至各个行业，包括通信中继、建筑安全检查、地质勘探、灾难信息收集及救援、森林防火、执法和边境管制监督、风暴追踪、飓风与龙卷风监测预报、电力巡线、影视新闻拍摄、遥感测绘、地理制图、快递运输、农业作物监测、自拍跟拍、风景观赏、旅游助手等。

按用途，无人机可分为军用无人机和民用无人机。民用无人机主要包括：民用通信中继无人机、航拍无人机、气象探测无人机、灾害监测无人机、农药喷洒无人机、地质勘测无人机、地图测绘无人机、空中交通管制无人机、边境控制无人机等。军用无人机又有杀伤力和非杀伤力两类，杀伤力无人机主要有软杀伤力和硬杀伤力两类无人机。非杀伤力无人机主要用于训练靶机、战场的侦查与监视、扫雷、探测、通信中继等。软杀伤力无人机有雷达诱饵、电子干扰等。硬杀伤力无人机有炮火的校射、目标指示、反装甲、反辐射等。

按飞行高度,无人机可分为低空无人机、中空无人机、高空无人机、邻近空间无人机。

按活动半径,无人机可分为近程无人机、短程无人机、中程无人机、远程无人机。

按功能用途,无人机可分为靶标无人机、诱饵无人机、侦察无人机、炮兵校射无人机、电子对抗无人机、电子侦听无人机、心理战无人机、通信中继无人机、测绘无人机、攻击无人机、察打一体无人机、预警无人机等。

固定翼型无人机通过动力系统和机翼的滑行实现起降和飞行,原理如同民航飞机,能同时搭载多种遥感传感器。起飞方式有滑行、弹射、车载、火箭助推和飞机投放等;降落方式有滑行、伞降和撞网等。固定翼型无人机的起降需要比较空旷的场地,比较适合矿山资源监测、林业和草场监测、海洋环境监测、污染源及扩散态势监测、土地利用监测以及水利、电力等领域的应用。旋翼无人机能够定点起飞、降落,对起降场地的条件要求不高,其飞行通过无线电遥控或通过机载计算机实现程控,主要应用于突发事件的调查,如山体滑坡勘查、火山环境的监测等领域。

早期无人机多用于军事,包括侦察、情报收集等,21 世纪以来,无人机在民用应用领域快速拓展,如民用通信中继无人机、气象探测无人机、灾害监测无人机、农药喷洒无人机、地质勘测无人机、地图测绘无人机、交通管制无人机等,民用无人机涉足地质、农业、气象、通信等多个学科,为工农业提供了极大的便利,科技的进步也大大推动了无人机行业的快速发展。

无人机在农林行业主要以调查、取证、评估为主,农林行业对绝对定位精度、三维坐标观测精度要求较低,无人机可以轻松完成对作物长势、病虫灾害、土壤养分、植被覆盖、旱涝影响以及森林动态等信息的监测,推动农林产业的研究进入定量化精准决策的阶段。

无人机在矿业、能源、交通等领域也得到了广泛的应用,如矿产资源的开采需要环境等数据,保证开采作业的安全性,无人机可以克服恶劣的地理环境,采用低空勘测的方法完成数据采集;在矿产资源开采过程中,无人机可以为矿区环境的保护、整治提供详尽的数据信息。

消费级无人机逐步进入人们的生活。随着物联网技术日趋成熟,人工智能技术发展迅猛,未来新型无人机将向着集群化、智能化、网络化方向发展。

为了充分发挥无人系统的优势,无人系统之间实现陆海空互操作相互配合,实现各系统之间的信息数据共享,相互合作共同组成未来战场上的陆海空作战无人大系统。随着技术的发展和自主化水平的提高,无人系统将逐渐实现无人机集群化、协助化、智能化、网络化,实现实时全面的自主,既可以为物联网提供动态化网络,本身又可以作为物联网终端,实现数据采集、任务执行。

7.2.6　物联网＋VR 技术

虚拟现实(Virtual Reality,VR)技术是一种能够创建和体验虚拟世界的计算机仿真技术，它利用计算机生成一种交互式的三维动态视景，其仿真系统能够使用户沉浸到该环境中。

我们能够通过视觉、听觉、触觉、嗅觉，以及形体、手势或口令，参与到信息处理的环境中去，从而取得身临其境的体验。这种信息处理系统建立在一个多维的信息空间中，虚拟现实技术是支撑这个多维信息空间的关键技术。虚拟现实是技术的综合，包括实时三维计算机图形技术，广角（宽视野）立体显示技术，对观察者头、眼和手的跟踪技术，以及触觉/力觉反馈、立体声、网络传输、语音输入输出技术等。

1. VR 与室内设计

VR 不仅仅是一个演示媒体，而且还是一个设计工具。它以视觉形式反映了设计者的思想，可以把构思变成看得见的虚拟物体和环境，使以往只能借助传统的设计模式提升到数字化的即看即所得的完美境界，大大提高了设计和规划的质量与效率。运用虚拟现实技术，设计者可以完全按照自己的构思去构建装饰"虚拟"的房间，并可以任意变换自己在房间中的位置，去观察设计的效果，既节约了时间，又节省了做模型的费用。

2. VR 与文物古建修缮

利用虚拟现实技术，结合网络技术，可以将文物的展示、保护提高到一个崭新的阶段。首先表现在将文物实体通过影像数据采集手段，建立起实物三维或模型数据库，保存文物原有的各种类型数据和空间关系等重要资源，实现濒危文物资源的科学、高精度和永久保存。其次利用这些技术来提高文物修复的精度并预先判断、选取将要采用的保护手段，同时可以缩短修复工期。通过计算机网络来整合统一大范围内的文物资源，并且通过网络在大范围内来利用虚拟现实技术更加全面、生动、逼真地展示文物，从而使文物脱离地域限制，实现资源共享，真正成为全人类可以"拥有"的文化遗产。使用虚拟现实技术可以推动文博行业更快地进入信息时代，实现文物展示和保护的现代化。

3. VR 旅游

VR 旅游将传统旅游与 VR 技术结合，通过线上和线下相辅相成的共同运营，以及多种多样的体验模式，为广大用户带来与传统旅游所不同的全新体验，将虚拟与现实交融，传统与现代对接。VR 旅游运用三维可视化、3D 互联网技术实现用户虽然足不出户，但是能一览全球风光的美好愿望。

4. VR 教育

VR 设备应用到教育领域，可以采集人物以及周围环境的状态和动作，并反馈到教学中。在教学中仅依靠一个设备，就可以实现各个学科的教学，以及面向各门学科的科学实验，为语言学科的对话、交流创造一个虚拟环境。

5. VR 医疗

虚拟现实技术作为辅助诊断、模拟治疗以及远程交互应用的工具，也可在医学领域得以大范围应用，让医疗教学更简单、治病救人更科学。虚拟现实手术是利用各种医学影像数据，在计算机中建立一个模拟环境，医生借助虚拟环境中的信息进行手术计划、训练。运用虚拟现实技术可以使医务工作者沉浸于虚拟的场景内，通过视、听、触觉感知并学习各种手术实际操作,体验并学习如何应对临床手术中的实际情况。这样既节约了培训医务人员的费用和时间,使非熟练人员进行手术的风险性大大降低,又提高了医学教育与训练的效率和质量,对于改善医学手术水平发展不平衡的现状有着特殊的意义。虚拟现实技术可辅助医师快速做好病情诊断,及时建立手术方案,提高手术成功率。

6. VR动物园

采用一种沉浸式的VR技术,将一些场景制作好,然后结合动物园的实际场景,在用户佩戴上VR设备后,就会使其产生身临其境的感觉,观看到动物进食、嬉戏、繁殖等画面。

7.2.7　物联网＋其他技术

物联网可以与其他很多技术结合,如物联网＋云计算技术。云计算技术是一种高效利用闲置资源的新型计算模式。随着互联网时代信息与数据的快速增长,有大规模、海量的数据需要处理。当数据计算量超出自身IT架构的计算能力时,一般是通过加大系统硬件投入来实现系统的可扩展性。另外,由于传统并行编程模型应用的局限性,还需要一种易学习、使用、部署的并行编程框架来处理海量数据。为了节省成本并实现系统的可扩放性,云计算应运而生。云计算作为一种能够满足海量数据处理需求的计算模型,成为物联网发展的基石。之所以说云计算是物联网发展的基石,一是因为云计算具有超强的数据处理和存储能力,二是因为物联网无处不在的信息采集活动,需要大范围的支撑平台以满足其大规模的需求。实现云计算的关键技术是虚拟化技术。虚拟化技术将物理资源虚拟成为软件资源,形成了多种资源池,这样可以提供按需交付、集中规模、自由调度、安全管理等多种功能,适应了当代企业和用户对大规模数据计算、复杂逻辑处理的迫切要求。云计算技术可以大大降低对资源使用的成本,提高资源灵活性和可用性。

数据融合是将多种数据或信息进行处理,组合出高效且符合用户需求的数据的过程。在传感网应用中,多数情况只关心监测结果,并不需要收集大量原始数据,数据融合是处理该类问题的有效手段。如借助数据稀疏性理论在图像处理中的应用,可将其引入传感网用于数据压缩,以改善数据融合效果。分布式数据融合技术需要人工智能理论的支撑,包括智能信息获取的形式化方法、海量信息处理的理论和方法、网络环境下信息的开发与利用方法,以及计算机基础理论。同时,还需掌握智能信号处理技术,如信息特征识别和数据融合、物理信号处理与识别等。

智能技术通过在物体中植入智能系统,可以使得物体具备一定的智能性,能够主动或被动实现与用户的沟通,甚至实现物体与物体之间的交互或对话。

物联网产业环节有芯片、传感器、RFID、网络与通信、软件与系统集成、应用服务、物联网安全技术以及数据存储,行业领域涵盖工业、交通/车联网、环保、家居、农业、能源、医疗、物流、政务、金融、教育、电信等。

物联网产生的大量数据价值巨大,大数据技术与物联网的结合能够有效释放物联网数据的潜在价值,并创造出许多新的应用甚至业务模式。

7.3　物联网＋新技术创业

20世纪80年代,智能建筑、智能家居等概念悄悄萌芽。1995年,比尔·盖茨的《未来之路》一书对物联网技术在家居场景方面的应用做了详细的阐述,使得人们对于物联网应用有了初步的认识。但当时的传感器、无线网络及其他硬件水平有限,物联网也只是作为一个模糊的概念而存在,并未引起更多的重视。未来物联网借助互联网和各类数据采集手段收集各种“物”的信息以服务于人类。因此,物联网是把所有物品通过射频识别设备、传感器等信息识别装置将其蕴含的数据共享至互联网实现智能识别和管理等行业应用的一种网络。越来越多的国家开始了物联网的发展计划和行动,下面介绍物联网的创业方向以及未来物联网的新方向。

1．人工智能机器人显微镜

我们的海洋脏了,人工智能机器人显微镜可以拯救它。未来,小型自主AI显微镜将在云中联网并部署到世界各地,持续监测对人类生存至关重要的水资源状况。

全球有很多人生活在缺水地区,但是现在科学家很难对海洋、湖泊和河流状况相关的最基本数据进行实时收集和分析。

通过部署一些特殊的传感器可以检测到水中特定的化学物质和状况,但却无法检测预料之外的物质,如入侵物种或者新流入的化学物质。浮游生物是水域健康的天然生物传感器,即便是非常微小的水质变化也会影响它们的行为。它们还是海洋食物链的基础,充当着10多亿人的主要蛋白质来源。IBM研究人员正在研发小型自主显微镜,放在水体中可以就地监视浮游生物、识别不同的物种,并跟踪其在三维空间中的移动。借助这些发现成果,人类可以更好地理解浮游生物的行为,比如它们对温度、石油泄漏以及溢流等各种因素导致环境变化的反应,甚至可以用浮游生物来预测人类水供应所面临的威胁,比如赤潮等。

新型显微镜没有透镜,依赖一个成像芯片来捕获浮游生物从芯片前游过时的阴影,无须对焦就能生成其健康状态的数字样本。未来,该显微镜有望借助高性能、低功耗的AI技术实现本地分析和解读数据,实时报告任何异常,并及时采取应对措施。

2．区块链密码锚定

未来,密码锚定(cryptographic anchors)和区块链技术将保证产品从生产源头一直到客户购买的整个过程都真实可信。

一条供应链往往由分散于多个国家的数十个供货商组成,链条如此复杂,很难提防不法分子在其中“搞鬼”,因而目前从纸币到消费电子产品,市场上任何产品都可能出现造假。

密码锚定是IBM研究人员开发的一种可以防篡改的数字指纹,可以被嵌入产品或零部件中,并与区块链相连接。数字指纹有不同的种类,当与区块链技术结合时,它可以成为验证产品真伪的一种强有力的手段。

如用于疟疾验血的塑料医疗器械目前在全非洲有数百万的仿冒品,通过浮雕技术可以在产品上添加一个无法修改的光密码。此外,还可以在每颗疟疾药上涂抹少许可食用的磁性墨水。只要用智能手机扫描一下,医生或患者就能立即验证药物是否为安全的真品。

对于无法直接嵌入密码锚定的液态物品(比如一瓶葡萄酒)或者某种昂贵金属,为确保真实性,IBM推出的密码锚定将配备特殊光学设备的移动传感器或手机与AI算法结合起来,这样就能通过纸质标签学习和识别所有事物的光学结构和特征,整个过程在一张自拍的时间内就能完成,还可以在数分钟内确定是否存在某种DNA序列。

有些密码锚定的作用不仅限于验证实体商品的真伪。全球最小的计算机是IBM设计的一种边缘设备架构和计算平台。它比一粒盐还小,制造成本不足10美分,却可以监视、分析、传输数据,能根据数据采取行动。其在很小的面积内封装了数十万个晶体管,能用于查证一个产品在长途运输过程中的处理是否恰当。

这些密码锚定能够支持新的解决方案去验证食品安全,验证制造元件和转基因产品的真伪,识别冒牌货和奢侈品的来源,等等。

3. 车联网

车联网是由车辆位置、速度和路线等信息构成的巨大交互网络。通过GPS、RFID、传感器、摄像头图像处理等装置,车辆可以完成自身环境和状态信息的采集;通过互联网技术,所有的车辆将自身各种信息传输汇聚到中央处理器;通过计算机技术,这些车辆的信息可以被分析和处理,从而计算出不同车辆的最佳路线,及时汇报路况和安排信号灯周期。

关键技术有:传感器技术及传感信息整合;开放的、智能的车载终端系统平台;语音识别技术,通过语音对车联网发号施令索取服务,用耳朵来接收车联网提供的服务,满足车这个快速移动空间的用户体验的要求;服务端计算与服务整合技术,通过服务端计算可以整合更多信息和资源向终端提供及时的服务,通过服务整合,可以使车载终端获得更合适更有价值的服务,如呼叫中心服务与车险业务整合、远程诊断与现场服务预约整合、位置服务与商家服务整合;短距离无线通信和远距离的移动通信技术。

车联网以车为节点和信息源,通过无线通信等技术手段将获取的信息连接到平台网络中加以分析和管理,通过信息获取和反馈控制,实现车与路、车与车、车与城市网络的相互连接。它是伴随着城市交通拥堵的日益加重以及智能交通解决方案技术的不断进步而出现的。

4. 智能婴儿床

养育婴儿十分消耗时间和精力,良好的睡眠对于婴儿的发育起着至关重要的作用,可以检测婴儿睡眠质量、体温、是否尿床、记录婴儿成长的智能婴儿床,可以让父母能随时了解婴儿状态,给予婴儿更好的关怀,节省年轻父母照看的精力。对应婴儿尿床则可以利用湿度传感器来判断,再通过网络通知家长或照看人员来换尿布;对婴儿哭闹可通过声音传感器来判断并播放录音安抚。

未来物联网产业总的发展趋势是规模化、协同化和智能化。物联网在各行业领域中的规模将逐步扩大,尤其是一些政府推动的项目,大批有实力的企业进入物联网领域,大大推动物联网应用进程,为扩大物联网产业规模产生巨大作用。物联网将朝着协同化方向发展,形成不同物体间、不同企业间、不同行业乃至不同地区或国家间物联网信息的互联互通互操作,应用模式从闭环走向融合,最终形成可服务于不同行业和领域的全球化物联网应用体系。物联网从简单的物体识别和信息采集走向真正意义上的物联网,实时感知、网络交互和应用平台可控可用,实现信息在真实世界和虚拟空间之间的智能化流动,完全支撑元宇宙的各种应用场景。

习题

1. 请画出物联网架构图。
2. 物联网的关键技术有哪些？
3. 你最喜欢物联网＋哪项技术？并设计应用方案。
4. 对自己所设计的方案进行调查,确定其合理性及适用性。
5. 对自己所设计的方案进行实践。

第 8 章　创业场景：大数据、云计算和人工智能

大数据产业正在以超乎我们想象的速度蓬勃发展，借助大数据的风口，云计算和人工智能也同时走进我们的视野，三者之间有着不可分割、相互影响的关系。

8.1　大数据、云计算和人工智能

在工业 4.0 的背景下，数据量增长速度极快，用常规的数据工具无法在一定的时间内采集、处理、存储和计算数据集合。在大数据的基础上，采用云计算建立灵活、强大的分布式数据处理集群，利用深度学习等人工智能方法对大数据进行训练，从中归纳出可以被计算机进行泛化、运用在类似数据上的知识或规律。本节主要介绍大数据、云计算和人工智能相关概念。

大数据、云计算和人工智能三者间的关系如下。

云计算相当于人的大脑，是物联网的神经中枢。云计算基于互联网相关服务的增加、使用和交付模式，通常通过互联网来提供动态易扩展且虚拟化的资源。

大数据相当于海量知识，这些知识只有通过消化、吸收、再造才能创造出更大的价值。

人工智能就像一个人吸收了人类大量的知识（数据），不断深度学习、进化成为一方高人。人工智能离不开大数据，更是基于云计算平台完成深度学习进化。

可简单总结为，通过物联网产生、收集海量的大数据存储于云平台，再通过云计算大数据分析，甚至更高形式的人工智能为人类的生产活动、生活所需提供更好的服务。这将是第四次工业革命演进方向。

8.1.1　大数据的概念

大数据，或称巨量资料，指的是需要新处理模式才能具有更强的决策力、洞察力和流程优化能力的海量、高增长率和多样化的信息资产。从各种各样类型的数据中快速获得有价值信息的能力，就是大数据技术。

大数据时代已经来临，它将在众多领域掀起变革的巨浪。但我们要冷静地看到，大数据的核心在于为客户挖掘数据中蕴藏的价值，而不是软硬件的堆砌。因此，针对不同领域的大

数据应用模式、商业模式研究将是大数据产业健康发展的关键。在国家的统筹规划与支持下，通过各地方政府因地制宜制定大数据产业发展策略，通过国内外 IT 龙头企业以及众多创新企业的积极参与，大数据产业未来发展前景十分广阔。

8.1.2 云计算的概念

云计算基于互联网相关服务的增加、使用和交付模式(这种模式提供可用的、便捷的、按需的网络访问)，进入可配置的计算资源共享池(资源包括网络、服务器、存储、应用软件、服务)，只需投入很少的管理工作，或与服务供应商进行很少的交互，这些资源就能够被快速提供。过去在图中往往用云来表示电信网，后来也用来表示互联网和底层基础设施的抽象。云计算甚至可以让用户体验每秒 10 万亿次的运算能力，拥有这么强大的计算能力可以模拟核爆炸，预测气候变化和市场发展趋势。用户通过计算机和手机等方式接入数据中心，按自己的需求进行运算。

8.1.3 人工智能的概念

人工智能是研究使用计算机来模拟人的某些思维过程和智能行为(如学习、推理、思考、规划等)的学科，主要包括计算机实现智能的原理、制造类似于人脑智能的计算机，使计算机能实现更高层次的应用。人工智能涉及计算机科学、心理学、哲学和语言学等学科，可以说几乎是自然科学和社会科学的所有学科，其范围已远远超出了计算机科学的范畴。人工智能与思维科学的关系是实践和理论的关系，人工智能处于思维科学的技术应用层，是思维科学的一个应用分支。

从思维的观点看，人工智能不仅限于逻辑思维，还要考虑形象思维、灵感思维才能促进人工智能突破性的发展。数学常被认为是多种学科的基础科学，数学也进入语言、思维领域，人工智能学科也必须借用数学工具。数学在标准逻辑、模糊数学等范围发挥作用，数学进入人工智能学科，将与人工智能互相促进从而更快地发展。

8.1.4 云计算与大数据

从技术上看，大数据与云计算的关系就像一枚硬币的正反面一样密不可分。大数据必然无法用单台的计算机进行处理，必须采用分布式计算架构。大数据的特色在于对海量数据的挖掘，但它必须依托云计算的分布式处理、分布式数据库、云存储和虚拟化技术。

8.1.5 人工智能与大数据

如果把人工智能看成一个嗷嗷待哺拥有无限潜力的婴儿，某一领域专业、海量、深度的数据就是喂养这个婴儿的奶粉。奶粉的数量决定了婴儿是否能长大，而奶粉的质量则决定了婴儿后续的智力发育水平。

与以前的众多数据分析技术相比，人工智能技术立足于神经网络，同时发展出多层神经网络，从而可以进行深度机器学习。与以往传统的算法相比，这一算法并无多余的假设前提

（比如线性建模需要假设数据之间的线性关系），而是完全利用输入的数据自行模拟和构建相应的模型结构。这一算法特点决定了它是更为灵活的且可以根据不同的训练数据而拥有自优化的能力。但这一显著的优点带来的便是显著增加的运算量。在计算机运算能力取得突破以前，这样的算法几乎没有实际应用的价值。但今天的情况却大大不同了。高速并行运算、海量数据、更优化的算法共同促成了人工智能发展的突破。这一突破，如果三十年后回头来看，将会是不弱于互联网对人类产生深远影响的另一项技术，它释放的力量将再次彻底改变人们的生活。

8.1.6 人工智能与云计算

人工智能是程序算法和大数据结合的产物，而云计算是程序的算法部分，物联网是收集大数据根系的一部分。可以简单地认为：人工智能＝云计算＋大数据（一部分来自物联网）。随着物联网在生活中的大规模应用，它将成为大数据最大、最精准的来源。

8.1.7 云计算最初的目标

云计算最初的目标是对资源的管理，主要是计算资源、网络资源、存储资源。

1. 管理数据中心

如购买一台笔记本电脑，就要关心这台电脑是什么样的 CPU、多大的内存。CPU 和内存这两个就被称为计算资源。

电脑要上网，就需要有可以插网线的网口，或者有可以连接路由器的无线网卡。因此，需要到运营商开通一个网络，然后由工程师用网线将路由器和网络连接配置好。这样家里所有的电脑、手机、平板就都可以通过路由器上网了。这就是网络资源。

过去的硬盘都很小，后来硬盘不断更新、扩容，这就是存储资源。

对于一台电脑是这样，对于一个数据中心也是同样。一个非常大的机房堆了很多服务器，这些服务器也是有 CPU 和内存的，也是通过类似路由器的设备上网的。这时的问题就是：运营数据的人怎么把这些设备统一管理起来。

2. 时间空间灵活性

管理的目标就是要达到两个灵活性。

时间灵活性：想什么时候要就什么时候要，需要的时候一点就能出来。

空间灵活性：想要多少就有多少。

空间灵活性和时间灵活性即云计算的弹性。解决这个弹性经历了漫长的时间。

3. 虚拟化解决物理设备不灵活问题

物理设备不具备很好的灵活性。首先是它缺乏时间灵活性，不能达到想什么时候要就什么时候要，其次是它的空间灵活性差。

针对上述问题，第一个解决办法就是虚拟化。由于数据中心的物理设备都很强大，可以从物理的 CPU、内存、硬盘中虚拟出一小块来给客户，同时也可以虚拟出一小块来给其他客户。每个客户只能看到自己的那一小块，但其实每个客户用的是整个大的设备上的一小块。

而且如果事先物理设备都准备好,要在云上创建计算机,虚拟化软件虚拟出一台计算机是非常快的。这样空间和时间灵活性就基本解决了。

4. 虚拟世界的赚钱与情怀

这个世界上很多软件都是闭源的,有闭源就有开源,源就是源代码。某个软件代码被封闭起来,只有本公司知道,其他人不知道,其他人想用这个软件,就要付钱,这是闭源。

如蒂姆·伯纳斯·李就是个非常有情怀的人。2017年,他因"发明万维网、第一个浏览器和使万维网得以扩展的基本协议和算法"而获得2016年度的图灵奖。图灵奖就是计算机界的诺贝尔奖。然而最令人敬佩的是,他将万维网,也就是我们常见的WWW技术无偿贡献给全世界免费使用。

5. 虚拟化的半自动和云计算的全自动

虚拟化软件创建一台虚拟的计算机,需要人工指定这台虚拟计算机放在哪台物理机上。这一过程可能还需要比较复杂的人工配置。仅凭虚拟化软件所能管理的物理机的集群规模都不是特别大。这一方面会影响时间灵活性:虽然虚拟出一台计算机的时间很短,但是随着集群规模的扩大,人工配置的过程越来越复杂,越来越耗时。另一方面也影响空间灵活性:当用户数量多时,这点集群规模还远达不到想要多少就有多少的程度,很可能这点资源很快就用完了。随着集群的规模越来越大,这么多机器要靠工人去选一个位置放这台虚拟化的计算机并做相应的配置,几乎是不可能的事情,还是需要机器去做这个事情。

人们发明了调度算法来做这个事情。一个调度中心,几千台机器都在一个池子里面,无论用户需要多少CPU、内存、硬盘的虚拟计算机,调度中心会自动在大池子里面找一个能够满足用户需求的地方,把虚拟电脑启动起来做好配置,用户就直接能用了。这个阶段称为池化或者云化,到了这个阶段,才可以称为云计算,在这之前都只能叫虚拟化。

6. 云计算的私有与公有

云计算大致分为两种:一种是私有云,另一种是公有云。此外,还有把私有云和公有云连接起来称为混合云。

私有云:把虚拟化和云化的这套软件部署在自己的数据中心里。使用私有云的用户往往很有钱,自己买地建机房、自己买服务器,然后让云厂商部署在自己这里。

公有云:把虚拟化和云化软件部署在云厂商数据中心,用户不需要很大的投入,只要注册一个账号,就能在网页上创建一台虚拟电脑,如亚马逊的公有云,国内的阿里云、腾讯云、网易云等。

7. 云计算的赚钱与情怀

Rackspace和美国航空航天局合作创办了开源软件OpenStack。OpenStack架构图如图8-1所示。OpenStack是一个计算、网络、存储的云化管理平台。

有了OpenStack之后,果真如Rackspace的行业目标一致,所有想做云的大企业都参与了进来,对这个云平台进行贡献,包装成自己的产品,连同自己的硬件设备一起卖。有的做了私有云,有的做了公有云,OpenStack已经成为开源云平台的事实标准。

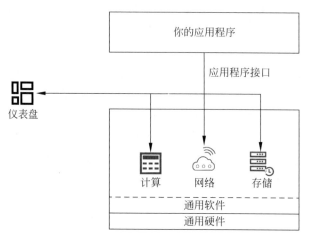

图 8-1　OpenStack 架构图

8. IaaS，资源层面的灵活性

OpenStack 的技术越来越成熟，可以管理的规模也越来越大，并且可以用多个 OpenStack 集群部署多套，如北京部署一套、贵州部署两套，然后进行统一的管理，这样整个规模就更大了。在这个规模下，对于普通用户的感知来讲，基本能够做到想什么时候要就能什么时候要，想要多少就要多少。背后的机制是这样的：分配给每个单独用户的空间，可能只用了其中很少一点，随着文件的不断上传，分配的空间会越来越多。云平台发现快满了的时候，会采购更多的服务器，扩充背后的资源，这个对用户是不透明的。从感觉上来讲，就实现了云计算的弹性。有点像银行，给储户的感觉是什么时候取钱都有，只要不同时挤兑，银行就不会垮。

8.1.8　云计算管理资源和应用

IaaS(Infranstracture as a Service，基础设施服务)实现的资源层面的弹性还不够，还有应用层面的弹性。

如实现一个电商的应用，平时 10 台机器就够了，"双十一"需要 100 台。有了 IaaS，再新创建 90 台机器，但这 90 台机器创建出来是空的，电商应用并没有放上去，只能让公司的运维人员一台一台来弄，需要很长时间才能安装好。

虽然资源层实现了弹性，但没有应用层的弹性，灵活性依然是不够的。人们在 IaaS 平台之上又加了一层，用于管理资源层以上的应用弹性的问题，这一层通常称为 PaaS(Platform as a Service)。这一层大致分两部分：一部分称为"你自己的应用自动安装"，另一部分称为"通用的应用不用安装"。

自己的应用自动安装：如电商应用是你自己开发的，除了你自己，其他人是不知道怎么安装的。电商应用安装时需要配置支付宝或者微信账号，才能使别人在你的电商上买东西时，付的钱是打到你的账户里面的。所以安装的过程中只需要将自己的配置信息融入自动化的安装过程中。如"双十一"新创建出来的 90 台机器是空的，如果能够提供一个工具，自动在这新的 90 台机器上将电商应用安装好，就能够实现应用层的真正弹性。

通用的应用不用安装。通用的应用指一些复杂性比较高但大家都在用的，如数据库。这样的应用可以变成标准的 PaaS 层应用放在云平台的界面上。当用户需要数据库时，一点就可以直接用了。大多数云平台会提供 MySQL 这样的开源数据库，但维护需要很大的团队。要么是自动部署，要么是不用部署，总的来说就是应用层也少操心，这就是 PaaS 层的重要作用。

虽说脚本的方式能够解决自己的应用部署问题，然而不同的环境千差万别，一个脚本往往在一个环境上运行正确，到另一个环境就不正确了，而容器能更好地解决这个问题。容器就是要变成软件交付的集装箱。集装箱的特点：一是封装，二是标准。

Ubuntu 中的 LXC 技术就能将应用打包封装起来。封闭的环境主要使用了两种技术，一种是看起来隔离的技术 Namespace，每个 Namespace 中的应用看到的是不同的 IP 地址、用户空间、称号等；另一种是用起来隔离的技术 Cgroups，整台机器有很多的 CPU、内存，而一个应用只能用其中的一部分。

镜像就是将焊好集装箱的那一刻，将集装箱的状态保存下来，集装箱里面就定在了那一刻，然后将这一刻的状态保存成一系列文件。这些文件的格式是标准的，谁看到这些文件都能还原当时定住的那个时刻。将镜像还原成运行时的过程（读取镜像文件，还原那个时刻的过程）就是容器运行的过程。容器使得 PaaS 层对用户自身应用的自动部署变快。

8.2　大数据拥抱云计算

在 PaaS 层中，一个复杂的通用应用就是大数据平台。大数据需要融入云计算。

8.2.1　数据含智慧

随着信息化的到来，信息越来越多。大数据里面的数据分三种类型，分别是结构化的数据、非结构化的数据和半结构化的数据。

结构化的数据即有固定格式和有限长度的数据，例如填的表格就是结构化的数据。非结构化的数据是不定长、无固定格式的数据，例如网页、语音、视频都是非结构化的数据。半结构化数据是一些 XML 或者 HTML 格式的。

数据本身没有什么用处，但数据里面包含的信息很重要。数据经过梳理和清洗才能够成为信息。信息包含很多规律，需要从信息中将规律总结出来，成为知识。

有了知识，然后将知识应用于实战，是智慧。有知识并不一定有智慧，很多创业家之所以伟大，就是将获得的知识应用于实践，最后做了很大的事业。数据的应用分四个步骤：数据、信息、知识、智慧。

8.2.2　数据升华智慧

数据的处理分为几个步骤,完成了才有智慧。

第一个步骤:数据收集。首先得有数据,数据的收集有两个方式:第一个方式是拿、抓取或者爬取,如搜索引擎,它把网上的所有信息都下载到它的数据中心,一搜就能搜出来。第二种方式是推送,有很多终端可以帮用户收集数据,比如手环,可以将用户每天跑步的数据、心跳的数据、睡眠的数据都上传到数据中心。

第二个步骤:数据传输。一般通过队列方式进行数据传输,因为数据量太大,数据必须经过处理才会有用。

第三个步骤:数据存储。数据就是金钱,掌握了数据就相当于掌握了钱,所以需要存储下来。

第四个步骤:数据处理和分析。存储的数据是原始数据,原始数据多是杂乱无章的,需要清洗和过滤,得到一些高质量的数据。对于高质量的数据,就可以进行分析,从而对数据进行分类,或者发现数据之间的相互关系,得到知识。如沃尔玛超市的啤酒和尿布的故事,就是通过对人们的购买数据进行分析,发现了男人一般买尿布时会同时购买啤酒,这样就发现了啤酒和尿布之间的相互关系,获得知识,然后应用到实践中。

第五个步骤:数据检索和挖掘。检索就是搜索,将分析后的数据放入搜索引擎,人们想寻找信息的时候,一搜就有了。另外就是挖掘,仅搜索出来已经不能满足人们的要求了,还需要从信息中挖掘出相互的联系。通过各种算法挖掘数据中的关系,形成知识库,十分重要。

8.2.3　大数据时代众人拾柴火焰高

当数据量越来越大,最强的服务器都解决不了问题时,就要聚合多台机器的力量,齐心协力把这个事搞定。

对于数据收集:就物联网来讲,外面部署着成千上万的检测设备,将大量的温度、湿度、电力等数据统统收集上来;就互联网网页的搜索引擎来讲,需要将整个互联网所有的网页都下载下来。一台机器做不到,需要多台机器组成网络爬虫系统,每台机器下载一部分,同时工作,才能在有限的时间内将海量的网页下载完毕。

对于数据传输:一个内存里的队列会被大量的数据挤爆,于是就产生了基于硬盘的分布式队列,可以多台机器同时传输,只要队列足够多,管道足够粗,就能够撑得住。

对于数据存储:一台机器的文件系统肯定放不下,需要一个很大的分布式文件系统来做这件事情,把多台机器的硬盘合成一块大的文件系统。

对于数据分析:若对大量的数据做分解、统计、汇总,一台机器搞不定,于是就有了分布式计算的方法,将大量的数据分成小份,每台机器处理一小份,多台机器并行处理,很快就能算完。

8.2.4 大数据需要云计算，云计算需要大数据

有些工作需要很多的机器一块做，想什么时候要就什么时候要，想要多少就要多少。只有云计算，可以为大数据的运算提供资源层的灵活性。而云计算也会部署大数据放到它的 PaaS 平台上，作为一个非常重要的通用应用。现在公有云上基本上都有大数据的解决方案，并且上面已经部署好了的大数据平台，只要把数据放进去算就可以了。云计算需要大数据，大数据需要云计算，二者就结合了。

8.3 人工智能拥抱大数据

8.3.1 机器要懂人心

虽说有了大数据，人的需要却不能够完全满足。虽说在大数据平台里面有搜索引擎，想要什么东西一搜就出来了，但有时用户想要的东西不会搜，表达不出来，搜索出来的又不是用户想要的。更好的应用应该是在使用时，机器知道用户想要什么，而不是说当用户想要时，去机器里面搜索。这个机器真像用户的朋友一样懂用户。

8.3.2 让机器推理

首先要告诉计算机人类的推理能力，让机器根据提问，推理出相应的回答。如证明数学公式，数学公式非常严谨，推理过程也非常严谨，而且数学公式很容易用机器进行表达，程序也相对容易表达，然而人类的语言就没这么简单了。

8.3.3 教机器知识

仅仅告诉机器严格的推理是不够的，还要告诉机器一些知识。语言领域和财经领域知识能不能表示成像数学公式一样稍微严谨点呢？这个太难了，语言表达千变万化。但不能规定在语音语义识别时，要求对着机器说标准的书面语，这样还是不够智能，人工智能这个阶段叫作专家系统。

8.3.4 教不会自己学

于是人们想到：机器是和人完全不一样的物种，干脆让机器自己学习好了。既然机器的统计能力这么强，基于统计学习，一定能从大量的数字中发现一定的规律。

然而统计学习比较容易理解简单的相关性：例如一个词和另一个词总是一起出现，两个词应该有关系，而无法表达复杂的相关性。并且统计方法的公式往往非常复杂，为了简化计算，常常做出各种独立性的假设来降低公式的计算难度，然而现实生活中，具有独立性的事件是相对较少的。

8.3.5　模拟大脑的工作方式

人类的大脑中不是存储着大量的规则，也不是记录着大量的统计数据，而是通过神经元的触发工作的。每个神经元有从其他神经元的输入，当接收到输入时，会产生一个输出来刺激其他神经元，于是大量的神经元相互反应，最终形成各种输出的结果。

于是人们开始用一个数学单元模拟神经元，如图 8-2 所示。这个神经元输入和输出之间通过一个公式来表示，输入根据重要程度不同（权重）影响着输出。

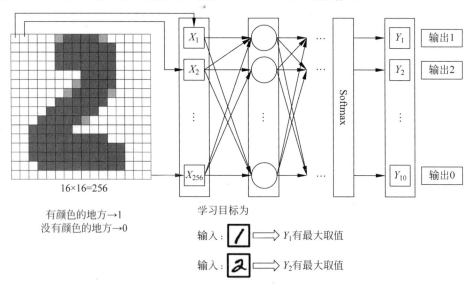

图 8-2　神经元输入输出示例

于是将 n 个神经元通过一张神经网络连接在一起。n 这个数字可以很大，所有的神经元可以分成很多列，每一列由很多个神经元排列起来。每个神经元对于输入的权重可以都不相同，从而每个神经元的公式也不相同。当人们从这张网络中输入一个东西时，希望输出一个对人类来讲正确的结果。

如输入一个写着 2 的图片，输出的列表里面第二个数字最大，其实从机器来讲，它既不知道输入的这个图片写的是 2，也不知道输出的这一系列数字的意义，没关系，人知道意义就可以了。正如对于神经元来说，它们既不知道视网膜看到的是美图，也不知道瞳孔放大是为了看得清楚，反正看到美图，瞳孔放大了，就可以了。

对于任何一张神经网络，谁也不敢保证输入是 2，输出一定是第二个数字最大，要保证这个结果，需要训练和学习。毕竟看到美图而瞳孔放大也是人类很多年进化的结果。学习的过程就是，输入大量的图片，如果不是想要的结果，则进行调整。

如何调整呢？就是每个神经元的每个权重都向目标进行微调。由于神经元和权重实在是太多了，所以整张网络产生的结果很难表现出非此即彼的结果，而是向着结果微微地进步，最终能够达到目标结果。当然，这些调整的策略还是非常有技巧的，需要算法的工程师来仔细调整。

8.3.6 没道理但能做到

神经网络的普遍性定理：假设某个人给你某种复杂奇特的函数 $f(x)$，如图 8-3 所示。

不管这个函数是什么样的，总会确保有个神经网络能够对任何可能的输入 x，其值 $f(x)$（或者某个接近准确的近似）是神经网络的输出。

如果说函数代表着规律，也意味着这个规律无论多么奇妙，多么不能理解，都是能通过大量的神经元，通过大量权重的调整表示出来的。

图 8-3 函数 $f(x)$ 示例

8.3.7 人工智能的经济学解释

把每个神经元当成社会中从事经济活动的个体，神经网络相当于整个经济社会，每个神经元对于社会的输入都有权重的调整，做出相应的输出，如工资涨了、菜价涨了、股票跌了，这里面肯定有规律。

基于专家系统的经济属于计划经济。整个经济规律不希望通过每个经济个体的独立决策表现出来，而是希望通过专家的高屋建瓴和远见卓识总结出来。但专家永远不可能知道哪个城市的哪个街道缺少一个卖早点的，专家说的往往与人民生活的真正需求有较大的差距，就算计划书写几百页，也无法表达隐藏在人民生活中的小规律。

基于统计的宏观调控就靠谱多了，每年统计局都会统计整个社会的就业率、通胀率、GDP 等指标。这些指标往往代表着很多内在规律，虽然不能精确表达，但是相对靠谱。

然而基于统计的规律总结表述相对比较粗糙。经济学家看到这些统计数据，可以总结出长期来看房价是涨还是跌、股票长期来看是涨还是跌。如果经济总体上扬，房价和股票应该都是涨的。但基于统计数据，无法总结出股票、物价的微小波动规律。

基于神经网络的微观经济学才是对整个经济规律最准确的表达，每个人对于自己在社会中的输入进行各自的调整。股市行情细微的波动曲线，正是每个独立的个体各自不断交易的结果。而每个人根据整个社会的输入进行独立决策，当某些因素经过多次训练后，也会形成宏观上统计性的规律，这也就是宏观经济学所能看到的。如每次货币大量发行，最后房价都会上涨，多次训练后，人们也就都学会了。

8.3.8 人工智能需要大数据

神经网络包含很多节点，每个节点又包含非常多的参数，整个参数量实在是太大了，需要的计算量实在太大。有了大数据平台，可以汇聚多台机器的力量一起来计算，就能在有限的时间内得到想要的结果。

人工智能可以做的事情非常多，例如可以鉴别垃圾邮件、鉴别黄色或暴力文字和图片等。这也经历了三个阶段。第一个阶段依赖于关键词黑白名单和过滤技术，包含哪些词就是黄色或者暴力的文字。随着这个网络语言越来越多,词也不断地变化,不断地更新这个词库就有点顾不过来。第二个阶段依赖一些新的算法,比如贝叶斯过滤等。第三个阶段基于大数据和人工智能,进行更加精准的用户画像、文本理解和图像理解。

由于人工智能算法多是依赖于大量的数据,这些数据往往需要面向某个特定的领域(如电商、邮箱)进行长期的积累,如果没有数据,就算有人工智能算法也不行,所以人工智能程序很少像前面的 IaaS 和 PaaS 一样,将人工智能程序给某个客户安装一套,让客户去用。因为给某个客户单独安装一套,客户没有相关的数据做训练,结果往往是很差的。但云计算厂商往往是积累了大量数据的,于是就在云计算厂商里面安装一套,开放一个服务接口,想鉴别一个文本是不是涉及黄色和暴力,直接用这个在线服务就可以了。这种形式的服务,在云计算里面称为软件即服务(Software as a Service,SaaS)。

8.4　云计算的关键技术

云计算是分布式计算的一种,指的是通过网络"云"将巨大的数据计算处理程序分解成无数个小程序,然后通过多部服务器组成的系统进行处理和分析这些小程序得到结果并返回给用户。现阶段的云计算是分布式计算、效用计算、负载均衡、并行计算、网络存储、热备份冗杂和虚拟化等计算机技术混合演进并提升的结果。

云计算的关键技术有:虚拟化、分布式文件系统、分布式数据库、资源管理技术、能耗管理技术、信息安全等。

虚拟化是云计算最重要的核心技术之一,它为云计算服务提供基础架构层面的支撑,是ICT 服务快速走向云计算的最主要驱动力。虚拟化是云计算的重要组成部分,但不能代表全部的云计算。虚拟化的最大好处是增强系统的弹性和灵活性、降低成本、改进服务、提高资源利用效率。从表现形式上看,虚拟化又分两种应用模式。一是将一台性能强大的服务器虚拟成多个独立的小服务器,服务不同的用户;二是将多个服务器虚拟成一个强大的服务器,完成特定的功能。这两种模式的核心都是统一管理,动态分配资源,提高资源利用率。在云计算中,这两种模式都有比较多的应用。

分布式数据存储技术通过将数据存储在不同的物理设备中,能实现动态负载均衡、故障节点自动接管,具有高可靠性、高可用性、高可扩展性。因为在多节点的并发执行环境中,各个节点的状态需要同步,并且在单个节点出现故障时,系统需要有效的机制保证其他节点不受影响。这种模式不仅摆脱了硬件设备的限制,同时扩展性更好,能够快速响应用户需求的变化。利用多台存储服务器分担存储负荷,利用位置服务器定位存储信息,不但提高了系统的可靠性、可用性和存取效率,还易于扩展。

云计算需要对分布的、海量的数据进行处理、分析,因此数据管理技术必须能够高效地管理大量的数据。云计算系统的平台管理技术需要高效调配大量服务器资源,使其更好协同工作。方便地部署和开通新业务,快速发现并且恢复系统故障,通过自动化、智能化手段实现大规模系统可靠运营是云计算平台管理技术的关键。

随着规模越来越大，云计算本身的能耗越来越不可忽视。提高能效的第一步是升级网络设备，增加节能模式，减少网络设施在未被充分使用时的耗电量。除了降低数据传输的能耗，优化网络结构还可以降低基站的发射功率，因为基站是云端与终端之间传输信息的桥梁。新的低功耗缓存技术可以和现有技术相结合，在保持性能的同时降低能耗。

有数据表明，安全已经成为阻碍云计算发展的最主要原因之一。云安全可以说是从传统互联网遗留下来的问题，只是在云计算的平台上，安全问题变得更加突出。在云计算体系中，安全涉及很多层面，包括网络安全、服务器安全、软件安全、系统安全等。不管是软件安全厂商还是硬件安全厂商，都在积极研发云计算安全产品和方案。

8.5 大数据的关键技术

（1）数据收集：在大数据的生命周期中，数据采集处于第一个环节。根据 MapReduce 产生数据的应用系统分类，大数据的采集主要有 4 种来源：管理信息系统、Web 信息系统、物理信息系统、科学实验系统。

（2）数据存取：大数据的存取采用不同的技术路线，大致可以分为 3 类。第 1 类主要面对的是大规模的结构化数据。第 2 类主要面对的是半结构化和非结构化数据。第 3 类面对的是结构化和非结构化混合的大数据。

（3）基础架构：云存储、分布式文件存储等。

（4）数据处理：对于采集到的不同数据集，可能存在不同的结构和模式，如文件、XML 树、关系表等，表现为数据的异构性。对多个异构的数据集，需要做进一步集成处理或整合处理，将来自不同数据集的数据收集、整理、清洗、转换后，生成到一个新的数据集，为后续查询和分析处理提供统一的数据视图。

（5）统计分析：假设检验、显著性检验、差异分析、相关分析、T 检验、方差分析、卡方分析、偏相关分析、距离分析、回归分析、简单回归分析、多元回归分析、逐步回归、回归预测与残差分析、岭回归、Logistic 回归分析、曲线估计、因子分析、聚类分析、主成分分析、因子分析、聚类法、判别分析、对应分析、多元对应分析（最优尺度分析）、bootstrap 技术等。

（6）数据挖掘：目前，还需要改进已有数据挖掘和机器学习技术；开发数据网络挖掘、特异群组挖掘、图挖掘等新型数据挖掘技术；突破基于对象的数据连接、相似性连接等大数据融合技术；突破用户兴趣分析、网络行为分析、情感语义分析等面向领域的技术。

（7）模型预测：机器学习、建模仿真。

（8）结果呈现：标签云、关系图等。

8.6 人工智能的关键技术

人工智能的关键技术包括：机器学习、知识图谱、自然语言处理、机器翻译、语义理解、问答系统。

（1）机器学习。机器学习是一门涉及统计学、系统辨识、逼近理论、神经网络、优化理论、计算机科学、脑科学等诸多领域的交叉学科，研究计算机怎样模拟或实现人类的学习行为，以获取新的知识或技能，重新组织已有的知识结构使之不断改善自身的性能，是人工智能技术的核心。基于数据的机器学习是现代智能技术中的重要方法之一，研究从观测数据（样本）出发寻找规律，利用这些规律对未来数据或无法观测的数据进行预测。根据学习模式、学习方法以及算法的不同，机器学习存在不同的分类方法。根据学习模式，机器学习分为监督学习、无监督学习和强化学习等。根据学习方法，机器学习分为传统机器学习和深度学习。

（2）知识图谱。知识图谱本质上是结构化的语义知识库，是一种由节点和边组成的图数据结构，以符号形式描述物理世界中的概念及其相互关系，其基本组成单位是"实体-关系-实体"三元组，以及实体及其相关"属性-值"对。不同实体之间通过关系相互联结，构成网状的知识结构。在知识图谱中，每个节点表示现实世界的"实体"，每条边为实体与实体之间的"关系"。通俗地讲，知识图谱就是把所有不同种类的信息连接在一起而得到的一个关系网络，提供了从"关系"的角度去分析问题的能力。知识图谱可用于反欺诈、不一致性验证等公共安全保障领域，需要用到异常分析、静态分析、动态分析等数据挖掘方法。特别地，知识图谱在搜索引擎、可视化展示和精准营销方面有很大的优势，已成为业界的热门工具。但是，知识图谱的发展还有很大的挑战，如数据的噪声问题，即数据本身有错误或者数据存在冗余。随着知识图谱应用的不断深入，还有一系列关键技术需要突破。

（3）自然语言处理。自然语言处理是计算机科学领域与人工智能领域中的一个重要方向，研究能实现人与计算机之间用自然语言进行有效通信的各种理论和方法，涉及的领域较多，主要包括机器翻译、机器阅读理解和问答系统等。

（4）机器翻译。机器翻译技术是指利用计算机技术实现从一种自然语言到另外一种自然语言的翻译过程。基于统计的机器翻译方法突破了之前基于规则和实例翻译方法的局限性，翻译性能取得巨大提升。基于深度神经网络的机器翻译在日常口语等一些场景的成功应用已经显现出了巨大的潜力。随着上下文的语境表征和知识逻辑推理能力的发展，自然语言知识图谱不断扩充，机器翻译将会在多轮对话翻译及篇章翻译等领域取得更大进展。

（5）语义理解。语义理解技术是指利用计算机技术实现对文本篇章的理解，并且回答与篇章相关问题的过程。语义理解更注重于对上下文的理解以及对答案精准程度的把控。随着 MCTest 数据集的发布，语义理解受到更多关注，取得了快速发展，相关数据集和对应的神经网络模型层出不穷。语义理解技术将在智能客服、产品自动问答等相关领域发挥重要作用，进一步提高问答与对话系统的精度。

（6）问答系统。问答系统分为开放领域的问答系统和特定领域的问答系统。问答系统技术是指让计算机像人类一样用自然语言与人交流的技术。人们可以向问答系统提交用自然语言表达的问题，系统会返回关联性较高的答案。尽管问答系统目前已经有了不少应用产品出现，但大多是在实际信息服务系统和智能手机助手等领域中的应用，在问答系统稳健性方面仍然存在着问题和挑战。

8.7 大数据、云计算和人工智能与创业

伴随着互联网技术的飞速发展以及创业潮的兴起，大数据、云计算和人工智能等技术与创业的联系日渐紧密。

8.7.1 大数据与创业

现有的大数据公司，赚钱的方法可大致分为以下五种。

（1）广告、营销。这一类主要集中在第三方大数据营销公司里。典型的企业包括缔元信、时趣这样的公司。他们主要的业务就是帮助大数据分析能力较弱的公司来做大数据分析，优化广告和营销的路径，使市场投入产生更大的价值。

（2）直接卖数据的公司。典型的企业有数据堂。

（3）做工具或者服务。目前的移动统计工具就是这一类，做 Hadoop 套件的也是。

（4）卖报告或解决方案。市场上存在做大数据解决方案的公司，典型的公司为 IBM。

（5）跨界和融合。

根据上述公司的已有经验，可以学习到的大数据行业的创业方向有哪些呢？

首先是大数据创业的 2B 方向，其更多的是作为工具提供服务，如数据可视化、商务智能、CRM 等。现有的大数据工具有着技术门槛高、上手成本高和实际业务结合较差以及部署成本高等特点。那么新创企业就可以根据以往这些产品的缺陷，做更适合市场和客户的大数据分析工具和服务。另外，将大数据工具完整化和产品化也是一个方向。新一代的大数据处理工具应该是有着漂亮 UI、功能按键和数据可视化等模块的完整产品。

对于 2C 方向，大数据一个很大的作用就是为决策做依据，以前做决定是"拍脑袋"决定，现在是根据数据结果做决定。在我们的生活中，需要做决策的时候很多，非常需要大数据来辅助决策，例如个人理财（我的钱花哪去了，哪些可以省下来）、家庭决策（孩子报考哪所大学）、职业发展/自我量化（该不该跳槽，现在薪水到底合适不合适）以及个人健康，都可以用到大数据。

那么大数据创业的技术方向有哪些呢？

第一个是 Hadoop 商业化。简单来说就是做 Hadoop 的收费版本。Hadoop 本来是开源的，但是在具体业务场景中，还缺乏很多功能，那么 Hadoop 商业化就是去完善这些功能，使其更好地应用于企业的业务场景。Hadoop 商业化最典型的公司就是 Hadoop 的三驾马车 Hortonworks、Cloudera 和 MapR。中国做 Hadoop 商业化的公司是星环科技。

第二个是 SQL on Hadoop，即基于应用场景下的数据框架，如大数据架构里的查询引擎、存储引擎、计算模型等，这个主要是基于大数据技术方向的，如 WibiData 提供了对 Hadoop 的封装，连接前端应用到 Hadoop 基础设施。

第三个是 NoSQL 数据库。典型的国外企业有 MongoDB 和 Datastax。基础云服务商青云 QingCloud 已经推出了基于 MongoDB 的集群服务：青云 QingCloud MongoDB。

第四个是分析和可视化。对应的国外企业有 Tableau、Datameer。国内新创的大数据企业中,也有很多大数据企业在做可视化服务,如国云数据的大数据魔镜。

第五个是行业大数据应用。为社交媒体、广告公司、企业客户、电子商务等行业客户提供数据分析,帮助这些行业提升数据分析的水平,如 DataSift、RelateIQ、RocketFuel 等创业公司。

Hadoop 是一个由 Apache 基金会开发的分布式系统基础架构。用户可以在不了解分布式底层细节的情况下,开发分布式程序,充分利用集群的威力进行高速运算和存储。Hadoop 实现了一个分布式文件系统,其中一个组件是 HDFS(Hadoop Distributed File System)。HDFS 有高容错性的特点,并且设计用来部署在低廉的硬件上;而且它提供高吞吐量来访问应用程序的数据,适合那些有着超大数据集的应用程序。HDFS 放宽了 POSIX 的要求,可以以流的形式访问文件系统中的数据。Hadoop 的框架最核心的设计就是 HDFS 和 MapReduce。HDFS 为海量的数据提供了存储,而 MapReduce 则为海量的数据提供了计算。

在决定创业之前,要首先明确影响创业成功与否的因素。

(1)想清楚谁为你买单(找用户)。

(2)痛点是什么(找需求)。

(3)稳定/独特的数据源(找数据)。

(4)靠谱的人做靠谱的事(找人才)。

(5)考虑 2C 的产品方向。

(6)忘记科技行业过往经验。

(7)将大数据产品化(小而美)。

(8)深耕一个领域,不断的试错和迭代。

大数据创业方向有:

(1)数据托管平台。对于小型公司来说,不是每天都有数据分析的需求,可能一周或一月才需要进行一次数据处理,可以为企业托管数据,定义输出分析报告,预测结果,指导意见等,这样,企业就可以节约一大笔开发和维护成本了。这种服务需要的就是数量要多、单价要低,真正能帮助小企业节约成本。

(2)数据分析平台。进行数据分析平台的搭建,让用户通过可视化的操作,对自己公司的运营数据、客户行为数据、销售数据、库存数据等进行统一管理,快速生成报表,实时进行结果展示。这类平台要想脱颖而出,还需要自己特色,比如低价、企业化的定制、离线平台搭建等。

(3)数据采集平台。数据采集是大数据的上游产业。采集形式有很多,比如利用物联网采集、爬虫、页面行为捕获、问卷调查、表单收集甚至数据购买等。有了数据,就可以帮助企业进行更可靠更精准的数据分析,让企业在更短的时间内获取大量行业或者用户数据,更快地实现数据驱动决策。

(4)人工智能。大数据的下游产业就是人工智能。大数据的应用分四个步骤:数据、信息、知识、智慧。人工智能在大数据智慧阶段是大有可为的。

8.7.2　云计算与创业

云计算入门创业有哪些方向呢？

（1）私有云：私有云最大的优点是数据的安全性，因为私有云一般构筑在防火墙之后，这也是任何企业都很看重的问题。可以将数据集中起来，实现网内资源共享和协同工作，减少传统的资源交换，提高资源的利用率，同时降低成本。

（2）云安全：许多新的加密技术和安全协议在未来会越来越多地呈现出来。云计算使计算分布在大量的分布式计算机上，而非本地计算机或远程服务器中，企业数据中心的运行将与互联网更相似。

（3）云视频：云视频在视频监控、在线教育、在线会议等方面都展现着自己的价值，尤其是在会议方面。传统视频会议的成本较高、安装流程复杂、会受到传输信号的影响，而云视频会议则可以以更好的协同性、跨地域跨时间性、毫无障碍地完成会议。

（4）混合云：企业使用云计算来补充内部基础设施和应用程序。这些服务将优化业务流程的性能。云计算领域创新和创业有两种方式：一是基于大的云计算平台来做行业创新，这种创新方式比较适合中小创业者，技术难度低且前期投入低，二是构建行业 PaaS 平台，这种创新方式比较适合中大型科技公司，或者是具有大量行业资源和技术资源积累的企业。

具体而言，有以下五种模式可以参考。

（1）将大量不常使用的应用迁移到云端。很多企业都开发和部署了很多重要但是使用率很低的应用，这类应用都适合迁移到云端。同时，这些应用转移到云端后，其访问方式和访问权限和安全性都应该保持原样，让这种迁移变得高效简单的云计算迁移技术将成为混合云的市场热点之一。

（2）随需开发和测试环境。混合云是应用部署和测试的理想环境。运营团队可以在公有云中快速搭建应用开发和测试所需的任意规模的基础架构，而无须固定资本投入，这可以大大加快新应用在企业中的部署。

（3）二级存储。数据写入后从未被访问过，就是所谓的"封存数据"。被 StorSimple 验证的概念"混合云存储"能削减 $60\% \sim 80\%$ 的存储开销。越来越多的企业开始寻求将云存储作为传统内部存储的二级存储，用于归档和备份等。

（4）灾难恢复。成本很高的灾难恢复也可以从混合云中受益。对于大多数企业来说，灾难恢复的投入包括维护镜像实例甚至数据中心，为的是备份和宕机时快速恢复服务。结果总体市场规模高达数十亿美元的灾难恢复系统的实际使用率远低于 10%，而混合云可以让企业将公有云作为无缝的灾难恢复站点。

（5）分析负载。数据分析的计算负载天生难以预测，很多需要动用大量存储和计算资源，而有些则不需要。如今数据分析越来越多地涉及第三方数据，将这些数据抓到企业防火墙后处理是非常低效和高成本的做法。

对于企业来说,分析负载的计算和存储架构需要具有很高的弹性,能够穿越私有和公共边界(如大数据处理)。新的无边界数据中心的时代正在到来。

8.7.3　人工智能与创新创业

互联网即将迎来发展的下一幕,而推动其发展的核心动力,不是大数据,也不是云计算,而是人工智能。虽然整个市场都在提人工智能,但真正理解人工智能的人却不多。人工智能的大规模应用需要大量技能型人才的支撑,他们拥有人工智能知识框架,知晓该如何利用人工智能解决问题。

AI领域分为两个方向。第一,本身做平台级的应用,做芯片或者是基于芯片做后面的一些算法或系统。第二是纵向的,能够在一个领域中找到具体落地的场景,而不是泛泛的语音识别或者图像处理,是要用到真正的场景里,像安防或者教育领域。从当前的人工智能体系结构来看,如果想基于人工智能来获取收益,可以通过以下几种方式。

(1) 通过研发人工智能产品来获取价值。随着产业结构升级的持续推进,未来大量的传统企业将需要进行智能化改造,这个过程会释放出大量的创新机会,整个传统行业也需要大量的人工智能产品,所以通过研发人工智能产品会带来可观的价值收益。

(2) 通过搭建人工智能应用场景来获取价值。对于不具备研发能力的创业者来说,通过搭建人工智能应用场景也会获得比较可观的收益。对于很多传统行业的从业者来说,可以基于自身的行业资源积累来把握人工智能的发展机会,初期的发展红利往往更容易把握。当前对于很多传统行业来说要进一步提升自身的行业竞争力,智能化改造是一个必然的路线。

(3) 加入人工智能产业体系来获取价值。对于很多中小创业者来说,可以根据自身的资源整合情况来加入人工智能产业链中,由于人工智能产品的覆盖面比较广,所以机会也相对比较多。目前智能家居、可穿戴设备、农业物联网、智能诊疗、车联网等领域都有比较多的机会,相信在5G通信的推动下,未来人工智能领域将孵化出大量的中小创业团队。

在人工智能时代,创业有五个前提条件。

(1) 清晰的领域界限。人工智能创业,要解决的领域问题一定要非常清晰、有明确的领域边界,因为这类问题是今天以深度学习为代表的人工智能算法最善于解决的。例如,同样是做机器人,如果做一个借助视觉传感器更好地规划扫地线路、提高清洁效率的扫地机器人,将机器人的需求限定在一个有限的问题边界内,这样的解决方案就相对靠谱;如果上来就要做一个长得像人一样、可以与人交流的人形机器人,那以今天的技术,做出来的多半不是人工智能,而是"人工智障"。

(2) 闭环的、自动标注的数据。针对要用AI解决的领域问题,最好要在这个领域内,有闭环的、自动标注的数据。例如,基于互联网平台的广告系统可以自动根据用户点击以及后续操作,收集到第一手转化率数据,而这个转化率数据反过来又可以作为关键特征,帮助AI系统进一步学习。这种从应用本身收集数据,再用数据训练模型,用模型提高应用性能的闭环模式更加高效。谷歌、百度等搜索引擎之所以拥有强大的人工智能潜力,就是因为它们的业务,比如搜索和广告本身就是一个闭环的系统,系统内部就可以自动完成数据收集、标注、训练和反馈的全过程。

(3) 千万级的数据量。今天人工智能的代表算法是深度学习,而深度学习通常要求足够数量的训练数据。一般而言,拥有千万级的数据量是保证深度学习质量的前提。在不同的应用领域,深度学习对数据量的要求也不尽相同。不能仅看数据记录的个数,还要看每个数据记录的特征维数,以及特征在相应空间中的分布情况等。

(4) 超大规模的计算能力。深度学习在进行模型训练时,对电脑的计算能力有着近乎"痴狂"的渴求。一个典型的深度学习任务,通常都要求在一台或多台安装有 4 块甚至 8 块高性能 GPU 芯片的计算机上运行,涉及图像、视频的深度学习任务,则更是需要数百块、数千块 GPU 芯片组成的大型计算集群。

(5) 顶尖的 AI 科学家。水平最高的科学家与普通水平的算法工程师之间,生产力的差异不止千百倍。今天的人工智能研发还相当依赖于算法工程师,甚至是 AI 科学家的个人经验积累。大公司拥有人工智能的核心技术,但是却不能完全做到各领域产品的研发落地。而中小创业者更接地气,更了解生活中的各种需求,能将自己的创新想法落实到各个垂直领域。

人工智能的创业领域参考如下。

(1) AI+医疗健康领域。机器学习将改善整个医疗保健价值链,并降低成本。改善诊断、减少错误、简化药物发现过程,这个潜力是让人非常兴奋的。患者数据可用于早期检测疾病和个性化治疗计划。制药的生物技术公司可以使用计算方法快速有效地发现比目前市场上更有效的新药。

(2) AI+文娱领域。媒体和娱乐领域中应用人工智能的案例可以分为 4 类。

① 市场营销和广告。人工智能将用于诸如电影预告片、广告设计等创意工作。

② 个性化用户体验。娱乐提供商将使用人工智能应用程序,根据用户偏好和行为获得的数据为其提供个性化内容。

③ 搜索优化。人工智能将被用来提高整体分类和搜索过程的速度和效率,方便观众更方便快捷找到自己中意的娱乐作品。

④ 更广泛使用 VR 和 AR 的创新体验。人工智能将提升虚拟现实和增强现实全新效果,将用户体验提升到一个新的水平。

(3) AI+企业级语音服务。尽管分析语音是业务工作流的关键组成部分,但它的复杂性使得语音处于机器学习趋势的边缘。来自 NewVoiceMedia 的 2013 年的研究报告称,由于呼叫中心效率低下,每年的损失在 410 亿美元左右。每年有 240 万名内部销售代表,花数百万小时在与用户沟通交流上。因此,很明显,在呼叫中心、销售、营销方面的自动化流程中存在很大的机会。

(4) AI+教育领域。传统教育的一个主要局限在于,尽管学生的理解水平和学习风格不同,教师必须为整个班级教授标准化的课程。如果有公司能利用数据帮助家长和学校识别问题领域,为每个学生提供个性化的课程,根据他们的问题和风格提供量身定制的计划,不仅能改变教育状况,而且提供了一个重要的经济机会。

(5) AI+供应链。机器学习可以改善供应链的几方面,包括需求预测、市场趋势、贸易促销和新产品。现在的公司很难估计不断变化的市场模式和波动情况,而机器学习可以为业务决策者提供信息,并进行更为准确的预测。

(6) AI+制造业。工业物联网是一个价值高达120亿美元的市场。根据一项对高管的调查,只有25%的人有物联网战略,只有24%的人对执行感到满意。这些高管正在寻找机器学习的解决方案来提高产量,减少库存和成品水平。

(7) AI+金融合规性。机器学习可以督促客户和员工遵守银行或其他公司必须遵守的审计和法规。

(8) AI+保险。保险是一个庞大且范围广泛的类别,机器学习可以帮助保险公司以更低的成本提供针对性的产品。比如,汽车保险公司可以使用驾驶和其他行为数据单独定价、溢价,或使用更好的欺诈检测来降低其总体成本。咨询公司KPMG将机器学习描述为保险业的"制胜法宝"。

(9) AI+个人财务。新的数据和分析模型解锁(如信用产品)以前是不可用或不期望的金融产品。但随着技术的发展,智能自动化系统通过追踪行为并根据偏好和目标提供建议,降低了为消费者提供个性化建议的成本。Erin Shipley和TX Zhou在科技媒体Techcrunch上写过一篇关于人工智能对财务影响的文章,包括通过基于用户行为的个性化推荐来推动财务健康。

人工智能的关键技术是机器学习,有如下领域值得参与。

(1) 成功的机器学习创业公司应有针对垂直应用的、有明确需求的技术。消费者包装产业就是个很好的例子,机器学习可以更准确地预测库存水平,以更好地管理供应链,降低库存成本,最大限度地减少过剩产能需求,并消除缺货情况。

(2) 重复人工参与的领域。强烈的人工干预意味着存在利用复杂预测算法进行优化的机会。在同样的供应链示例中,现在的分析师们会根据一些历史数据来估计库存需求,但很多时候也是凭直觉。通过利用生产时间、销售率和其他数据,学习模型可以更准确地预测未来的需求。

(3) 大量的可预测数据。创业公司需要大量的数据来有效地训练机器学习模型。他们可以和更大更成熟的公司合作,利用别人的数据学习,或者建立一个吸引用户输入自己的数据的产品,如果能做到这一点,这个创业公司很有可能成功。

(4) 网络效应和防御性。算法将继续是开源的,这使得专有数据特别重要。而反馈和系统输入则提高了其准确性。因此,产品应该鼓励人们对其预测和建议提供反馈。

技术不等同于创新,创新更需要落地。大公司通过开放平台与中小创业者合作,提供技术接口,吸纳创新思维,在各个领域落地人工智能产品。中小创业者借助大公司的AI开放平台,将成熟技术赋予各个应用场景,进行产品落地,中小创业公司完全可以创造更多的价值。

8.8　ChatGPT 及创业分析

2022 年 12 月横空出世，引爆 AI 新时代的 ChatGPT 爆火，受到资本、媒体、大众的广泛关注。作为人工智能行业的变革性应用，ChatGPT 可以聊天、写代码、写诗歌和文章，作为一款人工智能技术驱动的自然语言处理工具，它似乎无所不能，使得沉寂许久的 AIGC 重新回归焦点。AIGC 是 AI Generated Content 的缩写，是利用人工智能技术生成内容的生产方式。AIGC 被认为是继 PGC、UGC 之后的新型内容生产方式。AIGC 目前可以在文本、图像、音频、视频、代码、数字人等领域应用，具有降低内容生产的门槛、提升内容产出的效率、增加内容多样性等价值。ChatGPT 核心技术优势是提升了理解人类思维的准确性。

微软公司联合创始人比尔·盖茨在他的个人博客中畅谈 ChatGPT 和生成式人工智能对教育、医疗、生产力提升、公平等方面的影响。随着机器学习和大量计算能力的到来，复杂的人工智能已经成为现实，包括 AI 的进步将使个人代理的创建成为可能，人工智能还将显著加快医学突破的速度等。

8.8.1　ChatGPT 起源

ChatGPT 并不是"从天而降"，它经历了长达 8 年的磨砺。

2015 年，OpenAI 成立。2016 年，OpenAI 便推出了初代 GPT，具有较强的语言生成能力。Generative Pre-Trained Transformer（GPT）是一系列基于 Transformer 的深度学习语言模型。OpenAI 于 2018 年 6 月在题为 *Improving Language Understanding by Generative Pre-Training* 的论文中提出了第一个 GPT 模型 GPT-1。从这篇论文中得出的关键结论是，Transformer 架构与无监督预训练的结合产生了可喜的结果。GPT-1 以无监督预训练＋有监督微调的方式针对特定任务进行训练，以实现"强大的自然语言理解"。

2019 年 2 月，OpenAI 发表了第二篇论文"Language Models are Unsupervised Multitask Learners"，其中介绍了由 GPT-1 演变的 GPT-2，GPT-2 可以生成语言，并且在一定程度上准确识别语言，可以完成多任务处理。OpenAI 成功地证明了半监督语言模型可以在"无须特定任务训练"的情况下，在多项任务上表现出色。

2020 年 5 月，OpenAI 在 *Language Models are Few-Shot Learners* 发布了 GPT-3。GPT-3 比 GPT-2 大 100 倍，它拥有 1750 亿个参数，可以生成各种类型的文本，可以理解文本的语义。

2022 年 11 月底，OpenAI 推出了 ChatGPT，11 月 29 日发布了一个命名为 textdavinci-003（文本-达芬奇-003）的新模式，在 11 月 30 日发布了它的第二个新功能："对话"模式。它以对话方式进行交互，既能够做到回答问题，也能承认错误、质疑不正确的前提以及拒绝不恰当的请求。

8.8.2 ChatGPT 相关技术与原理

ChatGPT 是一个基于语言模型 GPT-3.5 的聊天机器人。ChatGPT 模型是 Instruct GPT 的姊妹模型(sibling model),使用强化学习和人类反馈来更好地使语言模型与人类指令保持一致,使用机器学习算法来分析和理解文本输入的含义,然后根据该输入生成响应。该模型在大量文本数据上进行训练,使其能够学习自然语言的模式和结构。

ChatGPT 经历多类技术路线演化,逐步成熟与完善。ChatGPT 所能实现的人类意图,来自机器学习、神经网络以及 Transformer 模型的多种技术模型积累。第一阶段是基于模板和规则的前深度学习阶段;第二阶段是机器学习,根据一定范围的数据进行参数分类;第三阶段神经网络,开始模仿人脑进行大量数据的标记和训练;第四阶段是 Transformer,对人脑学习过程进行重点关注;第五阶段是 GPT,进行海量数据学习训练,人类的反馈信息成为模型学习的内容。ChatGPT 是基于 Transformer 架构的语言模型,它在以往大语言模型(如 ELMo 和 GPT-2)的基础上有诸多性能提升。

转移学习(Transfer Learning)的应用标志着基础模型时代的开始。Transformer 使基础模型成为可能,在技术层面上,基础模型通过转移学习和规模得以实现。转移学习的思想是将从一项任务中学习到的"知识"(如图像中的对象识别)应用于另一项任务(如视频中的活动识别)。在深度学习中,预训练又是转移学习的主要方法:在替代任务上训练模型(通常只是达到目的的一种手段),然后通过微调来适应感兴趣的下游任务。转移学习使基础模型成为可能。

大规模化使基础模型更强大,因而 GPT 模型得以形成。大规模需要三个要素:①计算机硬件的改进,例如,GPU 吞吐量和内存在过去 4 年中增加了 10 倍;②Transformer 模型架构的开发,该架构利用硬件的并行性来训练比以前更具表现力的模型;③更多训练数据的可用性。基于 Transformer 的序列建模方法现在应用于文本、图像、语音、表格数据、蛋白质序列、有机分子和强化学习等,这些例子的逐步形成使得使用一套统一的工具来开发各种模态的基础模型这种理念得以成熟。例如,与 GPT-2 的 15 亿个参数相比,GPT-3 具有 1750 亿个参数,允许上下文学习,在上下文学习中,只需向下游任务提供提示(任务的自然语言描述),语言模型就可以适应下游任务,这是产生的一种新兴属性。

Transformer 奠定了生成式 AI 领域的游戏规则。Transformer 摆脱了人工标注数据集的缺陷,模型在质量上更优、更易于并行化,所需训练时间明显更少。Transformer 通过成功地应用于具有大量和有限训练数据的分析,可以很好地推广到其他任务。在 Ashish Vaswani 等的论文 *Attention Is All You Need* 中,考虑到主导序列转导模型基于编码器-解码器配置中的复杂递归或卷积神经网络,性能最好的模型被证明还是通过注意力机制连接编码器和解码器,因而 *Attention Is All You Need* 中提出了一种新的简单架构——Transformer,它完全基于注意力机制,完全不用重复和卷积,因而这些模型在质量上更优,同时更易于并行化,并且需要的训练时间明显更少。Transformer 出现以后,迅速取代了 RNN 系列变种,跻身主流模型架构基础。

OpenAI 发布了多模态预训练大模型 GPT-4。GPT-4 是一个多模态大模型，也是 OpenAI 努力扩展深度学习最新的里程碑。ChatGPT 大模型架构也是机器学习发展到第三阶段的必然产物，机器学习中的计算历史分为三个时代：前深度学习时代、深度学习时代和大规模时代。在大规模时代，训练高级机器学习系统的需求快速增长。计算、数据和算法的进步是指导现代机器学习进步的三个基本因素。在 2010 年之前，训练计算的增长符合摩尔定律，大约每 20 个月翻一番。自 2010 年早期深度学习问世以来，训练计算的增长已经加快，大约每 6 个月翻一番。2015 年年末，随着大规模机器学习模型开发，训练计算需求增加 10～100 倍，出现了一种新趋势——训练高级机器学习系统的需求快速增长。2015—2016 年，出现了大规模模型的新趋势。这一新趋势始于 2015 年年末的 AlphaGo，并持续至今。

8.8.3 竞争

小成功靠朋友，大成功靠对手。提起 ChatGPT 的竞争对手，首先要提谷歌。

ChatGPT 和谷歌是在同一领域的两个主要竞争者。但是，与竞争对手的关系也可以是一种促进双方发展的关系。通过竞争，ChatGPT 和谷歌可以互相激励，不断提高自身的能力，推动自然语言处理领域的发展。ChatGPT 和谷歌的竞争关系，可以帮助它们取得更大的成功。

ChatGPT 是一种先进的人工智能技术，具有强大的自然语言处理能力。它可以生成高质量的文本、回答问题等，这些都是谷歌目前具有的能力，对谷歌产生直接的竞争关系。

如果 ChatGPT 的性能继续提高，它可能成为一个替代谷歌搜索等功能的选择，这可能对谷歌的业务造成一定的威胁，ChatGPT 的开源性质也意味着它可以被广泛使用和改进，并且不需要对谷歌支付任何费用，这对谷歌的盈利模式也是一种挑战。

谷歌也开始了正面迎接挑战，开放了对 AI 聊天机器人工具巴德(Bard)的访问，直接面对与 ChatGPT 竞争。

8.8.4 ChatGPT 会取代哪些岗位

ChatGPT 为什么让人如此兴奋？它是一种先进的生产工具，让更多人觉得利用它人生会提升效率。作为一个人工智能的语言模型，ChatGPT 可以做到很多事情：与人进行实时对话，即时回答问题，可以做到理解上下文，实现连续对话；可以撰写和修改计算机代码；编写文案、脚本、大纲、策划；快速生成新闻报道、创作诗歌等。ChatGPT 带来便利的同时，给传统的大量职业带来了挑战。ChatGPT 会取代哪些岗位呢？包括但不限于这些岗位。

数据分析师：ChatGPT 能自动处理数据并发现潜在趋势。

文字工作者：国外媒体正在尝试用 AI 写新闻报道。

客服：AI 客服已广泛应用于各行各业。

教师：89％美国大学生用 ChatGPT 辅导作业。

律师：ChatGPT 可解决基础的咨询需求。

图书编译：翻译功能帮助用户轻松阅读外文文献。

广告人：ChatGPT 既能写创意文案，又能测算投放成本。

交易员：ChatGPT 擅长分析数据和预测结果。

文秘：很多人开始用 ChatGPT 写演讲稿。

8.8.5 基于 ChatGPT 的创业

ChatGPT 具有较为广泛的商业前景，将推动众多行业的变革，有望在 AIGC、客户服务、教育、家庭陪护等领域率先落地。ChatGPT 模型的出现对于文字模态的 AIGC 应用更是具有重要意义。未来与图形模态的 AIGC 相结合，有望打造从文字描述到图片生成的 AI 创作辅助工具。

类似 ChatGPT 这类大型语言模型的火爆，为国内 AIGC 的发展带来底层技术突破的利好机会。在技术方面，基于文本生成音频、基于文本生成视频乃至多模态理解结合生成等，有可能成为 AIGC 助推数字人乃至元宇宙发展的重点。

下面我们看一下 ChatGPT 的创业理解，对于创业 ChatGPT 给的答案。

问：你适合创业吗？

答：首先，先来对照一下，你是否具备一些可能适合创业的特征？

在 ChatGPT 看来，具有以下这些特征可能表明某个人非常适合创业。

(1) 独立思考：他们喜欢独立工作和自己做决定。

(2) 创造力：他们有能力提出独特和创新的想法。

(3) 风险承受能力：他们对不确定性感到满意，并愿意承担经过计算的风险。

(4) 决心：即使面对挑战和失败，他们也坚持不懈、积极进取。

(5) 适应性：他们能够根据需要调整和改变他们的业务战略。

以下这些特征可能表明某个人不适合创业。

(1) 缺乏远见：他们很难看到大局并想出新的创新解决方案。

(2) 规避风险：他们对不确定性感到不安，更喜欢稳定和安全。

(3) 缺乏决心：面对挑战或失败时，他们很容易放弃。

(4) 缺乏灵活性：他们难以适应变化，并且拒绝调整业务战略。

(5) 领导能力差：他们很难有效地激励和领导团队。

ChatGPT 眼中全世界最厉害的创业者：

杰夫·贝佐斯(Jeff Bezos)：亚马逊的创始人，全球最大的在线零售商。埃隆·马斯克 (Elon Musk)：SpaceX、Tesla、Neuralink 和 The Boring Company 等公司的创始人。马克·扎克伯格(Mark Elliot Zuckerberg)：全球最大的社交网络平台 Facebook 的联合创始人。马云：阿里巴巴集团创始人，全球最大的电子商务公司之一。史蒂夫·乔布斯(Steve Jobs)：苹果公司的联合创始人，该公司以其 iPhone 和 Mac 等创新技术产品而闻名。理查德·布兰森(Richard Branson)：维珍集团(Virgin Group)的创始人，维珍集团是一家跨国企业集团，业务涉及旅游、娱乐和电信等多个行业。拉里·佩奇(Lawrence Edward Page)：世界上最大的搜索引擎谷歌的联合创始人。

这些厉害的创业者都有一些共同的特征：远见的思维、冒险、激情、韧性、适应性、强大的领导力、网络技能。虽然这些是许多成功企业家的共同特征，但需要注意的是，每个人的成功之路都是独一无二的，这些特征可能或多或少与不同的人相关。

ChatGPT 提供的入门指南：

（1）确定问题并找到解决方案：成功开展业务的第一步是确定需要解决的问题并找到解决方案。这可以是任何东西，从解决问题的新产品到简化流程的服务。

（2）进行市场调查：一旦对你的业务有了想法，就进行市场调查以查看是否有需求，寻找有关市场规模、竞争对手和潜在客户的数据。这将帮助你了解想法是否可行，以及如何才能从竞争中脱颖而出。

（3）制订商业计划：商业计划是一份书面文件，概述了你的企业目标、战略和财务预测，它将帮助你在开始和发展业务时保持条理和专注。商业计划应包括有关目标市场、竞争、营销和销售策略以及财务预测的信息。

（4）筹集资金：创业通常需要大量资金，考虑所有筹资方式，包括贷款、投资和赠款。准备好向潜在投资者推销你的商业理念，并制订可靠的财务计划。

（5）建立强大的团队：随着业务的发展，你需要一支强大的团队来帮助你管理它。雇佣具有不同技能和经验且与你有共同愿景和价值观的员工，与对你的业务充满热情并且会支持你的人在一起。

（6）营销你的业务：强有力的营销计划对于任何企业的成功都至关重要。确定你的目标市场并制定能够触及目标市场的营销策略。使用社交媒体、电子邮件营销和其他渠道来推广你的业务并与客户互动。

（7）保持适应性：商业世界在不断变化，因此适应性强并愿意在必要时改变路线非常重要。对新想法保持开放态度，并在事情不顺利时愿意改变方向。

（8）专注：创业是一项重大承诺，很容易走偏。专注于你的目标，不要让分心妨碍你。与支持你的人在一起，他们会帮助你保持动力。

（9）创业是一段旅程，重要的是要为起伏做好准备。专注于你的目标，身边都是支持你的人，并愿意在必要时适应和改变路线。

总之，成功创业需要努力工作、奉献精神以及学习和适应的意愿。通过遵循这些提示和原则，你可以增加成功的机会并建立成功且可持续的业务。

找人找钱找方向，是创业最核心的三要素。不过在创业早期阶段，找到合适的人和资金进来都是一项具有挑战性的工作，找到合适的商业模式也是持续试验和迭代的过程。

如何找人？

（1）定义你的团队需求：明确定义你在团队成员中寻找的技能、专业知识和经验。这将帮助你吸引适合贵公司的人才。

（2）网络：使用你的个人和专业网络来寻找潜在的团队成员。考虑联系行业联系人、大学校友或当地社区的企业家。

（3）利用在线平台：使用在线平台来接触更广泛的受众并找到潜在的候选人。

（4）提供激励措施：考虑提供激励措施，例如股权或奖金，以吸引顶尖人才加入你的团队。

（5）寻找热情：在寻找团队成员时，寻找对你的公司和使命充满热情的人，这有助于确保他们全心全意地帮助你的创业公司取得成功。

（6）考虑文化契合度：寻找符合你公司文化和价值观的团队成员，这有助于营造积极的工作环境。

（7）寻求推荐：鼓励当前的团队成员推荐他们认为适合贵公司的朋友和同事。

（8）在寻找团队成员时，寻找具有贵公司所需的技能、专业知识和经验、对你的使命充满热情并与文化契合的人。通过执行这些步骤，可以找到合适的人来帮助你的创业公司取得成功。

如何找钱？

（1）制订商业计划：结构良好的商业计划通常是获得融资的必要条件。它应该概述你的业务目标、战略和财务预测。

（2）评估你的融资选择：初创公司有很多融资选择，包括贷款、风险投资和天使投资。研究每个选项以确定哪个最适合你的业务。

（3）与投资者建立联系：参加创业活动、贸易展览和会议，结识潜在投资者。还可以使用社交媒体与投资者联系并加入在线论坛与其他企业家交流想法和信息。

（4）接触加速器和孵化器：这些组织可以为你提供指导、资源和接触投资者的机会。

（5）寻求政府补助和贷款：许多政府机构向小企业提供补助和贷款。研究所在地区的可用选项，然后申请符合业务需求的选项。

（6）考虑众筹：众筹是初创公司筹集资金的一种流行方式。可以使用众筹平台从大量人群中筹集资金。

（7）向风险投资公司推销：风险投资公司投资于具有高增长潜力的初创公司。研究所在地区的公司，并接触那些投资于与你类似的企业。

（8）与银行建立牢固的关系：与银行建立牢固的关系可以帮助你在未来获得融资。

（9）寻找天使投资人：天使投资人是投资初创公司以换取股权的个人。接触天使投资团体并向他们推销你的业务。

（10）利用个人网络：朋友和家人可以为你的企业提供宝贵的资金来源。考虑向你信任的人寻求贷款或投资。

请记住，为你的企业争取融资需要时间和精力。制订结构合理的计划并与尽可能多的潜在投资者建立联系非常重要。准备好推销你的业务并回答有关你的财务预测和增长潜力的问题。

如何找方向？

（1）确定目标市场：了解你的目标客户是谁，他们的需求和痛点是什么，以及他们喜欢如何购买产品或服务。

（2）研究竞争对手：研究竞争对手的商业模式，确定你可以差异化并为客户创造价值的领域。

（3）尝试不同的模式：尝试不同的商业模式，看看哪种模式最适合你的公司，这可能涉及提供不同的定价模型、分销渠道或客户群。

（4）收集反馈：不断收集客户的反馈并相应地调整你的业务模型。

（5）测试和迭代：测试你的业务模型并根据结果进行必要的更改。

（6）考虑可扩展性：选择业务模型时，请考虑它是否具有可扩展性，并能随着公司的扩张而支持增长。

创业需要避开哪些坑？

（1）低估所需的时间和精力：创业需要大量的时间和精力，企业家需要准备好投入工作，使他们的企业取得成功。

（2）缺乏明确的商业计划：结构良好的商业计划可以帮助企业家保持专注并避免代价高昂的错误。没有一个明确的商业计划，很容易忽视企业的目标和愿景。

（3）没有进行彻底的市场调查：在开展业务之前对市场和竞争有深入的了解很重要。如果不这样做，可能会导致推出无法引起客户共鸣的产品或服务。

（4）低估现金流的重要性：拥有正现金流对于任何企业的生存都是必不可少的，企业家需要清楚地了解他们的财务状况，以确保他们能够支付费用并发展业务。

（5）雇佣了错误的团队：建立一支强大的团队对于任何企业的成功都至关重要，企业家在招聘时需要有选择性，并确保他们招来的人与他们有着共同的愿景和价值观。

（6）过于关注短期收益：虽然关注短期目标很重要，但企业家也需要对他们的业务有一个长期的愿景，并做出能够维持其未来增长的决策。

（7）不寻求建议和支持：创业可能是一段孤独的旅程，向经验丰富的企业家、商业教练或导师寻求建议和支持很重要。

（8）不保护知识产权：企业家需要积极保护他们的知识产权，例如商标、专利和版权，以防止他人利用他们的想法。

创业公司的成功率差异很大，取决于许多因素，例如行业、商业模式、团队以及所提供产品或服务的市场需求。

据统计，大约 50% 的小企业在头五年内倒闭，而其他小企业则经历了快速成长并成为成功的公司。需要注意的是，创业并不能保证成功，它需要努力工作、决心和韧性。然而，有了经过充分研究的商业计划、强大的团队和对满足客户需求的关注，成功的机会就会增加。

创业失败是创业过程中很自然的一部分，而且往往是成功的必要垫脚石。

如果一家初创公司失败了，重要的是要评估出了什么问题并从中吸取教训。创业失败的一些常见原因包括市场研究不力、缺乏资金、管理经验不足以及无法根据市场需求进行调整。

如果失败了，创业者应该按照以下 4 个步骤反思自己的经历：①花时间了解导致失败的原因以及可以采取哪些不同的做法；②联系你的专业网络以获得支持、建议和潜在机会；③从失败中吸取教训并将其应用到未来的努力中；④不要害怕再次尝试并寻求新的机会。

习题

1. 大数据的关键技术有哪些？
2. 人工智能的关键技术有哪些？
3. 云计算的关键技术有哪些？
4. 请简述云计算创业的方向、方式以及创业模式。
5. 如何将 AI 落地到人们的日常生活中？
6. 假设你要开设一家远程医疗服务平台的公司，如何将人工智能、云计算、大数据等相关技术运用到实际中？
7. 基于 ChatGPT 平台构思创业项目。

第9章

创业场景：区块链

9.1　比特币创世

2008 年 11 月 1 日，出现了一篇题为《比特币：一种点对点式的电子现金系统》（Bitcoin：A Peer-to-Peer Electronic Cash System）的帖子，见图 9-1，投稿者大胆地说"我正在开发完全新的点对点的电子货币系统，不需要被信赖的第三方介入。"署名 Satoshi Nakamoto（中本聪）。

Bitcoin: A Peer-to-Peer Electronic Cash System

Satoshi Nakamoto
satoshin@gmx.com
www.bitcoin.org

Abstract. A purely peer-to-peer version of electronic cash would allow online payments to be sent directly from one party to another without going through a financial institution. Digital signatures provide part of the solution, but the main benefits are lost if a trusted third party is still required to prevent double-spending. We propose a solution to the double-spending problem using a peer-to-peer network. The network timestamps transactions by hashing them into an ongoing chain of hash-based proof-of-work, forming a record that cannot be changed without redoing the proof-of-work. The longest chain not only serves as proof of the sequence of events witnessed, but proof that it came from the largest pool of CPU power. As long as a majority of CPU power is controlled by nodes that are not cooperating to attack the network, they'll generate the longest chain and outpace attackers. The network itself requires minimal structure. Messages are broadcast on a best effort basis, and nodes can leave and rejoin the network at will, accepting the longest proof-of-work chain as proof of what happened while they were gone.

1.　Introduction

Commerce on the Internet has come to rely almost exclusively on financial institutions serving as

图 9-1　比特币论文

2009 年 1 月 3 日，中本聪真的实现了他的想法。他在赫尔辛基的一台小型服务器上创建、编译并打包了第一个开放源代码。

比特币世界第一区块（block）创建于 2009 年 1 月 3 日 18∶15UTC（世界协调时间）。这天比特币信徒称之为"创世日"，这一块也被称为"创世块"，中本聪则是"创世主"。创世块的开源代码注释如图 9-2 所示。

Block #0

Summary	
Number Of Transactions	1
Output Total	50 BTC
Estimated Transaction Volume	0 BTC
Transaction Fees	0 BTC
Height	0 (Main Chain)
Timestamp	2009-01-03 18:15:05
Received Time	2009-01-03 18:15:05
Relayed By	Unknown
Difficulty	1
Bits	486604799
Size	0.285 kB
Weight	0.896 kWU
Version	1
Nonce	2083236893
Block Reward	50 BTC

图 9-2　创世块的开源代码注释

一个块包含了很多信息。分为三部分。

第一部分是"身份证",它是区块的基本信息。在中本聪的这个创世块里,Number Of Transactions 表示交易数量,其为 1,表明这个区块中只有 1 笔交易,这是系统对中本聪挖矿的 1 笔奖励交易;Height 在行业中既表示区块高度,也表示区块的链接在主链的个数,即达到了第几个区块。其为 0 说明这个区块为最底层区块,代表一种创世的意义;Difficulty 则是比特币挖矿的一种难度,直观展现出创造这一块区块的难度。

Timestamp 则像一种交易时间的确认,即时间戳的概念。2009 年 1 月 3 日 18 点 15 分(UTC),这个时间戳标志着第一块区块 Block ♯0 被创建;Size 则是区块的大小,即字节;Version 表示交易数据结构的版本号;Block Reward 是一种奖励,在中本聪挖矿过程中,表示对"矿工"挖矿劳动的一种奖励,最终中本聪获得了 50 个比特币的奖励;Nonce 表示一种随机值,起到一种验证作用,而验证的对象,就是哈希散列值,随机数不断迭代,直到哈希有效。

Hash 表示对应区块的哈希值,是随机数,也是这个区块的唯一编号。Previous Block 表示前一个区块的哈希散列值,Block ♯0 作为底层的第一个区块,前一个区块的哈希值也就为 0，是无效值，而 Next Block 则表示下一个区块的哈希值，如此，哈希就将各区块一个个连接起来，形成了链式结构，这也就是区块链称为链的原因。

第二部分是默克尔根 Merkle Root。比特币系统中每个区块都有一个 Merkle Tree，Merkle Tree 是一类基于哈希值的二叉树或多叉树，其叶子节点上的值通常为数据块的哈希值，Merkle Root 哈希值存在于每个区块的头部，通过这个 Root 值连接区块体，而区块体内则包含着大量的交易。每个交易都是一个数据块，而每个交易本身都有自己的哈希值来唯一标识自己。

第三部分是一个具体的交易详情，见图 9-3。它详细记载了每笔交易的转出方、收入方、金额及转出方的数字签名，是每个区块内的主要内容。由于这是第一块创世区块的交易详情，因此它没有输入（input）只有输出（output），也就是说，它没有发起人的账户地址，只有接收人中本聪的账户地址，这笔交易是系统给他的 1 笔奖励交易，金额就是 50 个比特币。

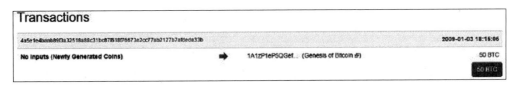

图 9-3 一个具体的交易详情

9.2 比特币白皮书

面对传统金融体系难以解决的"双花"问题，中本聪在白皮书里提出了一个可行的方案。他用理智、冷静的语言在里面提出：本文提出了一种完全通过点对点技术实现的电子现金系统，它使得在线支付能够直接由一方发起并支付给另外一方，中间不需要通过任何金融机构。

白皮书遵从学术习惯采用"我们"作为第一人称，行文也是标准的论文格式，描述了一个基于密码学而非基于信用、点对点电子现金系统的 Bitcoin 系统，简单来说内容如下：①交易（Transactions）、②时间戳服务器（Timestamp server）、③工作量证明（Proof-of-Work）、④网络（Network）、⑤激励机制（Incentive）、⑥回收硬盘空间（Reclaiming Disk Space）、⑦简化支付认证（Simplified Payment Verification）、⑧组合和分割价值（Combining and Splitting Value）、⑨隐私（Privacy）、⑩计算（Calculations）。

白皮书体现出，第三方信任问题是天然存在的，而区块链则用于解决信任问题。

互联网贸易几乎都需借助金融机构作为可值得信赖的第三方来处理电子支付信息。这类系统在绝大多数情况下都运作良好，但仍然内生性地受制于"基于信用的模式"的弱点。见图 9-4，中本聪指出，我们非常需要这样一种电子支付系统，它基于密码学原理而不基于信用。

针对其所提出的电子支付系统的交易，中本聪将一枚电子货币（an electronic coin）定义

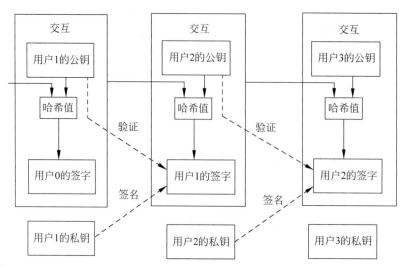

图 9-4　基于密码学原理的电子支付系统交易过程

为一串数字签名：每位所有者通过对前一次交易和下一位拥有者的公钥（Public key）签署一个哈希散列的数字签名，并将这个签名附加在这枚电子货币的末尾，电子货币就发送给了下一位所有者。而收款人通过对签名进行检验，就能够验证该链条的所有者。

在交易过程中，收款人将难以检验之前的某位所有者是否对这枚电子货币进行了双重支付。为了在没有一个可信任方的情况下完成这件事情，交易必须被公告，并且需要一个系统让所有参与者在一个单链顺序历史上达成共识。

同时，中本聪的方案提出了一个时间戳服务器（Timestamp Server）的概念：一个时间戳服务器的工作，就是通过把一组数据（items）形成的区块（blocks）的哈希（hash）散列值加盖上时间戳，并不断增强，形成 chain，全网广播。

这里的一组数据就是指多笔交易，然后把这一组数据打包成一个区块（block），并把这个区块加盖上时间戳，以此来保证时间的先后顺序，也就是确保单链顺序历史。有人常把计算比特币过程喻为"挖矿"，而这其实是一种矿工所要做的工作。因此，时间和区块挂钩，而在图 9-4 中可以看到区块和 hash 挂钩，这些 hash 因为区块链的性质连在一起，因此在此之前历史挂钩的时间戳是不可被篡改的。

在中本聪的论文里，还有比特币区块链的一个核心部分——工作量证明，也就是广为人知的 Proof of Work（工作量证明，PoW）。为了实现一个基于 P2P 的分布式时间戳服务器，仅像报纸或者世界新闻网络组一样工作是不够的，中本聪提出一个类似于 Adam Back's Hashcash 的证明系统。

在时间戳网络中，补增一个随机数（Nonce），这个随机数要使得该给定区块的 hash 散列值出现了所需的那么多个 0。通过反复尝试来找到这个随机数，直到找到为止，这样就构建了一个工作量证明机制，如图 9-5 所示。可以看到，和图 9-4 一样，只是这里着重体现出每个区块的内容，指明一个区块包含了上一个区块 hash 的信息（Previous Hash），并且

Nonce 是区块中的一部分。一旦更改 Nonce、Prev Hash、Tx 中任意一个,那么这个区块的 Hash 也会改变,之后的区块也全部都要改。

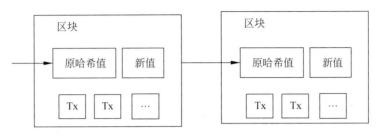

图 9-5　工作量证明机制

　　PoW 有一精妙之处,即其证明难度是随整个系统的提升而提升的,因为计算机负责计算的硬件能力是不断提升的。但这同时也提出一个顾虑,如今计算机算力呈指数式爆发增长,算力中心化程度特别高。

　　现在的比特币世界形成了两大权力中心,一个是以"代码开发和维护"的 Bitcoin-Core 团队技术权力中心;一个是以矿工为代表的算力权力中心。比特币社区这两大中心之间的较量,已经引起了整个社区的焦虑。

　　中本聪在比特币构架的世界建立了游戏规则:所有参与比特币游戏的人,都可以去抢答一道数学谜题,抢答成功者系统将会自动奖励 50 个比特币(每 4 年减半),抢答成功率与电脑算力成正比。中本聪提出这样一种激励机制,说明了"货币从哪来"的问题,它把每个区块的第一笔交易都特殊化,这样一笔交易产生一枚电子货币,同时它也会鼓励节点们保持诚实。

　　在比特币区块链世界里,算力是至高无上的。在这过程之中,信息一直在膨胀,区块链系统也会不断产生区块,与之而来的就是硬盘空间的回收需要。而巧妙之处就在于,区块链不存储交易,而是使用 Merkel Hash Tree 的方式存储 Root Hash,达到"0 知识证明"。在计算机领域,Merkle Tree 大多用来进行完整性验证处理,在分布式环境下进行这样的验证时,Merkle Tree 会大大减少数据的传输量以及计算的复杂度。

　　中本聪用其制定的规则告诉我们,不含交易信息的区块头大小仅有 80 字节。如果我们设定区块生成的速率为每 10 分钟一个,那么每年产生的区块头数据为 4.2MB(80 bytes×6×24×365＝4.2MB)。2008 年 PC 系统通常的内存容量为 2GB,按照摩尔定律预测当时一年可以增长 1.2GB,即使将全部的区块头存储在内存之中都不是问题。而回收硬盘空间所带来的问题就是简化支付认证的问题,因为有些节点已经不会持有全部区块信息,这里相当于一个博弈,一种存储与安全便捷的博弈。

　　同样,中本聪用一张图表明只要有 hash 链就行,只要持有了 hash 作为标识,无论什么节点总是能从其他节点上请求到原始信息。用户只需要保存最长的那条工作量证明链的区块头,就可以通过网络节点和 Merkle Tree 分支追溯到所需要的交易信息。这是存储与安全便捷的一个博弈结果。

在比特币的白皮书里,中本聪用数学和算力构建出一个关于 Bitcoin 的神奇世界。从这份白皮书可以看出,中本聪不仅仅是一个加密专家、数学大咖、经济学者,而且还是一个心理学家。在比特币白皮书里,谈得最多的加密技术,是整个比特币的基础,中本聪只是加密技术界的一个集大成者,区块链的出现,不是他一个人的成果。

9.3　密码朋克说

中本聪首次现身的那封帖子出现在一个秘密讨论群的"密码学邮件组"列表里,而中本聪在白皮书里提出的可行方案,也是基于密码学。我们要知道,基于密码学技术的比特币,其实并非加密货币的最原始首创。早在 20 世纪 80 年代,加密货币的最初设想就已经出现。

1982 年,大卫乔姆提出不可追踪的密码学网络支付系统,而这其实就是今天比特币的老祖宗。除此之外,大卫乔姆还发明了乔姆盲签名,可以说,他是密码货币的始祖。

1991 年,Stuart Haber 和 Scott Stornetta 发表论文 *How to Time-Stamp a Digital Document*,他们提出用时间戳确保数位文件安全的协议,这也就是今天所谓区块链链条的雏形。

1991 年,菲尔·齐默尔曼基于 RSA 公钥加密体系开发了一个邮件加密系统 PGP,它能够保证邮件内容不被篡改,而中本聪在其活动中的所有邮件都是通过 PGP 发出的。

1997 年,亚当·拜克(Adam Back)发明了一种哈希现金(Hash cash)算法机制,而哈希算法在比特币的白皮书中,被中本聪用来解决了比特币中零信任基础的节点共识问题。

1998 年,戴伟提出了匿名的、分布式的电子加密货币系统 B-money,在比特币的官网上,B-money 被认为是比特币的精神先导,中本聪与之也交流甚多,有所借鉴。

而一个独立数字货币的创造,则始于 1992 年。

以蒂莫西·梅为发起人,美国加州几个不安分的物理学家和数学家聚在一起,出于对美国政府(FBI 和 NSA)的天生警惕,这帮技术自由主义派创建了一个"密码朋克"小组,以捍卫未来数字世界的公民隐私,议题包括追求一个匿名的独立数字货币体系。

狭义地说,"密码朋克"是一套加密的电子邮件系统。

他们开始这样说悄悄话:如果期望拥有隐私,那么我们必须亲自捍卫之。我们使用密码学、匿名邮件转发系统、数字签名以及电子货币来保障我们的隐私。密码朋克提倡使用强加密算法,他们反对任何政府规则的密码系统。他们宁愿容许罪犯来开发和使用强加密系统,其存在一定风险,但他们认为这是为捍卫个人隐私所必须承受的。

"密码朋克"运动兴起后,互联网货币试验波澜迭起。互联网兴起之时,无数天才相中电子货币,但无一例外均被腰斩。在加密货币所提到的人,都是"密码朋克"小组的成员,中本聪同样也是。数字货币的诞生历程,就像是一次接力赛,非对称加密、点对点技术、哈希现金这些关键技术没有一项是中本聪发明的,而他站在前人肩膀上,才创造出比特币。不管未来结局如何,比特币的这场社会实验,已经达到了"密码朋克"运动的顶峰。

9.4　区块链溯源

在中本聪的比特币白皮书中，没有区块链这个词，只有链。这条链最初只是比特币系统的一个子集，如图 9-6 所示。

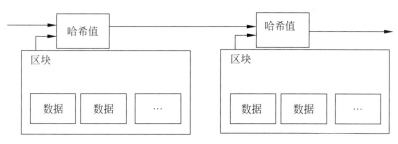

图 9-6　比特币链

后来，出现了各种"山寨"系统，数百种山寨币并没有跳出"公共分类账"的概念。为了将所有系统抽象为一个共同的概念，人们创造了一个新词——区块链。可以从两方面来理解：①区块链是比特币最初的核心技术，在比特币发明之前，世界上没有区块链；②比特币发明后，很多人参考比特币中的区块链，使用类似的技术实现各种应用，这些技术统称为区块链技术。

9.5　区块链发展体系

自区块链应用于比特币以来，其自身的发展和应用已经超越比特币（区块链 1.0），进入区块链 1.5 时代，并向金融领域（区块链 2.0）转型。一般来说，区块链的发展体系可以分为四个象限。

第一象限是比特币区块链。

第二象限是使用比特币区块链协议但不使用比特币货币的系统，如采用组合挖掘的万事达卡货币、彩色货币、合同货币和域名货币。

第三象限是一个同时使用独立货币和独立区块链的系统，如以太坊、瑞波币、莱特币和未来币等。

第四象限是侧链，采用独立的网络但以比特币作为底层货币的系统，如 BTC Relay 等。

9.6　区块链定义

1. 维基百科定义

区块链是一个分布式的账本，区块链网络系统无中心地维护着一条不停增长的有序的数据区块，每一个数据区块内都有一个时间戳和一个指向上一个区块的指针，一旦数据上链之后便不能更改。定义将区块链类比为一种分布式数据库技术，通过维护数据块的链式结构，可以维持持续增长的、不可篡改的数据记录。

2. 中国区块链技术与产业发展论坛给出的定义

区块链是分布式数据存储、点对点传输、共识机制、加密算法等计算机技术的新型应用模式。

3. 数据中心联盟给出的定义

区块链是一种由多方共同维护，使用密码学保证传输和访问安全，能够实现数据一致存储、无法篡改、无法抵赖的技术体系。典型的区块链是以块链结构实现数据存储的。区块链是由多方参与、共同维护的一个持续增长的分布式数据库，是一种分布式共享账本，区块链通过智能合约维护着的一条不停增长的有序数据链。参与的系统中任意多个节点，通过密码学算法把一段时间系统内的全部信息交流数据计算并记录到一个数据块（Block）中，最终将生成该数据块的指纹用于链接（Chain）下一个数据块和校验，系统中所有的参与节点共同认定记录是否为真，从而保证区块内的信息无法伪造和更改。其核心在于通过分布式网络、时序不可篡改的密码学账本及分布式共识机制建立交易双方之间的信任关系，利用由自动化脚本组成的智能合约来编程和操作数据，最终实现由信息互联向价值互联的进化。

9.7 区块链特征

区块链的雏形是一个不依靠第三方而实现价值转移的分布式账本技术。这种账本具备以下几个特征。

1. 去中心化

在现在的系统设计或者应用开发中，都是考虑中心服务器实现所有的信息交换和数据存储。但在区块链中，通过构建分布式的结构体系和开源协议，让所有的参与者都参与数据的记录和验证，再通过分布式传播发送给各个节点，即使部分节点受到攻击或者损坏，也不会影响整个数据库的完整性和信息更新，相当于每个参与的节点都是"自中心"。

2. 去信任

传统的互联网模式通过可信任的中央节点（比如住房登记系统）或者第三方通道（比如支付宝）进行信息的匹配验证和信任积累，所以其无法实现价值传递的去中心化，能够去中心化的一定是无须信用背书的。

3. 时间戳

区块是指对某一段时间内生成的所有信息（包含数据和代码）进行打包而生成的，下一个区块的页首都包含上一个区块的索引信息，首尾相连便形成了链。所以，区块（完整历史）与链（完整验证）相加便形成了时间戳（可追溯完整历史），其存储了系统中全部的历史数据，可为每一笔数据提供检索和查找功能，并可借助区块链结构追本溯源，逐笔验证。

4. 非对称加密

区块链通过的数学共识机制是非对称加密算法，即在加密和解密的过程中使用一个"密钥对"，"密钥对"中的两个密钥具有非对称的特点：一是用其中一个密钥加密后，只有另一个密钥才能解开；二是其中一个密钥公开后，根据公开的密钥其他人无法算出另外一个密钥。

5. 智能合约

由于区块链可以实现点对点的价值传递，可编程性的引入将使得在双方传递时可以嵌入相应的编程脚本。通过这种智能合约的方式去处理一些无法预见的交易模式，可保证这一技术在使用中能够持续生效。

9.8　区块链的模型架构

区块链技术不是单一的创新技术，而是多种技术整合并创新的结果，其本质是一个弱中心的、自信任的底层架构技术。与传统的互联网技术相比，它的技术原理与模型架构是一次重大革新。区块链技术模型自下而上包括数据层、网络层、共识层、激励层、合约层和应用层。每一层分别具备一项核心功能，不同层级之间相互配合，共同构建一个去中心的价值传输体系。

数据层是区块链最底层的释术架构，应用了公私钥相结合的非对称加密技术，利用散列函数确保信息不被篡改，还采用了链式结构、时间戳技术、梅克尔树等技术对数据区块进行处理，让新旧区块之间相互链接、相互验证，是区块链安全稳定运行的基础。

9.9　区块链的核心原理

从工业革命时代的资源导向到互联网时代的需求导向，再到区块链时代的价值导向，交易是商业文明的主导力量；从官方组织到市场组织，支付最终逐步走向个人交付。随着这种演进，如何建立分散的信任机制成为商业文明进程中亟待解决的问题。区块链技术的核心原则是建立信任链接器。基于程序和代码的信任系统就像最公平的机器法官，确保价值对象在点对点之间自由、安全、方便地传递和流通。为理解区块链核心原则，先看拜占庭问题。

很久以前，在现在的土耳其有一个富强的帝国——拜占庭帝国。有一天，拜占庭周围的10个小国准备共同进攻帝国。但要想取得成功，10个小国中至少有6个必须同时采取统一行动，否则它们将被消灭。但不幸的是，这10个国家也相互派间谍，任何国家都可能成为联盟的叛徒。因此，问题是，在信息不对称和不确定的环境下，如何确保信息传递的真实性和及时性，让10个"邪恶构想"的联盟成员建立信任并采取统一行动？

对于拜占庭问题，一位数学家设计了一个方案：让盟国的将军在收到一个国家发送的信息时签署他们的姓名和日期，并将签名信息传递给几个国家，而不是发送给他们自己的信息。此时，对于盟国将领来说，传递的信息可以追溯到信息的来源，并且可以相互验证。这样，盟军将领就可以轻松判断信息的真实性，并采取一致行动。

拜占庭问题的实质是讨论在没有可信的第三方组织(中心节点)和可靠的信息传输通道的分布式系统中,如何使分散的节点建立信任关系并进行安全的信息交换,而不必担心数据篡改。

区块链为这个问题提供了一个解决方案。其核心思想是构建相互关联、相互验证的数据块,通过时间戳对数据块进行排序,并结合密码学技术,形成一个集体维护、相互验证、有序链接的网络价值传递系统。

9.10 以太坊

维塔利克·布特林在《以太坊白皮书》中对以太坊进行了说明。以太坊最大的特点就是被称为"智能合约"的概念。根据图灵完备的编程语言而书写的智能合约能够在区块链上自由地更换状态。操作智能合约时有三个必要的步骤:写编码;保存在区块链上;发送信息、函数调用。

这里使用的编程语言是类似于 JavaScript 语言的 Solidity、类似于 Python 语言的 Serpent 以及类似于 Lisp 语言的 LLL。使用这些语言编写的代码的样本已经在 GitHub 上公示,可以自由下载。

如果要保存至区块链,就需要将以太坊上的货币"以太"作为费用来支付,因此就需要用自己的密钥进行安全签名。从中可以看出,目前要使用网页应用的以太坊上的各种应用,还存在着一定的障碍。

为了解决这一问题,有人提出了以下两种方案:一种是网站根据自身需要提前持有密钥;另一种则是将密钥简单地读入浏览器。另外,为了使用上传至区块链上的智能合约,就必须要发送信息。这时候,为了发送信息就需要找到合约被保存的场所(地址),而只要像比特币一样,使用区块浏览器就可以查阅合约被存放的地址以及合约的代码。对于已经找到的地址,只要发送信息,无论是谁都可以自由地执行合约。

以太坊的目标是打造一个运行智能合约的去中心化平台,平台上的应用按程序设定运行,不存在停机、审查、欺诈及第三方人为干预的可能。智能合约开发者可以在其上使用官方提供的工具,来开发支持以太坊区块链协议的应用(DApp)。以太坊有类似于手机上的安卓系统或 iOS 系统,而手机上运行的各种应用软件都依赖于操作系统。只是当前的操作系统和应用软件背后都是由某些人或者某些机构所控制的,是中心化的。而以太坊和运行其上的各种应用都是去中心化的,它们在区块链云上自动执行给定协议的条款。

9.10.1 以太坊区块链的特点

以太坊作为一个可编程、可视化和易于使用的区块链,允许任何人编写智能合约和发行代币,并有其自身的特点,主要包括:

(1) 为智能合约单独指定编程语言的坚固性;

(2) 使用具有高内存要求的哈希函数,避免计算能力不足;

（3）区块激励机制：减少矿池优势，将区块生成时间间隔缩短至 15 秒；

（4）难度调整算法：一定的自动反馈机制；

（5）气体限制调整算法：限制代码执行的指令数，避免循环攻击；

（6）将当前状态下哈希树的根哈希值记录到块中，在某些情况下，实现轻量级客户端；

（7）设计用于执行智能合约的简化虚拟机。

9.10.2　以太坊虚拟机

从狭义上讲，以太坊指的是一系列定义分散应用程序平台的协议。其核心是以太坊虚拟机，主要用于执行智能合约的字节码。用计算机科学的术语来说，以太坊是"图灵完全"的。开发人员可以使用其他类似于现有 JavaScript 和 Python 的友好编程语言作为模型来创建在以太坊国际象棋模拟器上运行的应用程序。图灵的完整语言为用户构建各种应用程序提供了完全的自由度。因此，智能合约提供的业务几乎是无穷无尽的，其边界就是人们所认为的形象力。

与其他区块链一样，以太坊也有点对点网络协议。以太坊区块链数据库由连接到网络的多个节点维护和更新，每个网络节点运行以太坊模拟器并执行相同的指令。因此，人们有时生动地称以太坊为"世界计算机"。

然而，整个以太坊网络的大规模并行操作并不是为了提高操作效率。事实上，这一过程使得以太坊上的操作比传统"计算机"上的操作更慢、更昂贵。以太坊的主要价值不是计算。

以太坊上的每个以太坊节点都运行一台以太坊虚拟机，以保持整个区块链的一致性。分散一致性使以太坊具有高容错性，确保零停机时间，并使存储在区块链上的数据能够永久保留、跟踪和反审核。

虽然以太坊平台本身似乎没有类似于编程语言的特点，其目的由企业家和开发人员决定，但很明显，某些应用程序类型可以从以太坊的功能中获益更多。以太坊特别适用于自动在点之间直接交互或促进网络中的团队协调活动的应用程序。如协调点对点市场的应用或复杂金融合同的自动化。比特币使个人能够在没有金融机构、银行或政府等其他中介机构帮助的情况下进行货币兑换，以太坊可能会产生更深远的影响。

理论上，任何复杂的金融活动或交易都可以在以太坊上自动可靠地编码。除金融应用程序外，任何对信任、安全和持久性要求较高的应用程序场景，如资产注册、投票、管理和物联网，都将受到以太坊平台的极大影响。因此，以太坊已经成为一个多类型的分散中心区块链应用平台。

9.10.3　以太坊技术架构

通常，区块链由 6 层组成。

数据层：块+链表的数据结构，本质上是一个分布式区块链。

网络层：P2P 网络。

共识层：制定区块链获取货币的机制。例如，PoW（工作量证明机制）用于比特币；计算机性能越好,就越容易获得金钱奖励。另一个例子是POS(股权证明、利息证明机制):与众筹股息的概念类似,利息将根据持有的金额和时间支付给持有人,例如,在超级分类账中使用了pbft(拜占庭容错)。

激励层:挖掘机制。

合同层:以前的区块链没有此层。因此,原始区块链只能用于交易,不能用于其他字段或其他逻辑处理。然而,合同层的出现使得区块链在其他领域(如物联网)的使用成为可能。以太坊的这一部分包括EVM和智能合约。

以太坊的顶层是DApp(分布式应用程序)。所有智能合约都在EVM上运行并使用RPC调用。EVM和RPC下面是以太坊的四个核心内容,包括区块链、共识算法、挖掘和网络层。除DApp外,所有其他部件都在以太坊客户端中。目前,最流行的以太坊客户端是ceth(go Ethernet)。

9.10.4　以太坊工作原理

在以太坊中,流行术语"智能合约"是指合约账户中的编码发送到账户时运行的程序。用户可以通过在区块链中部署编码来创建新合同。

只有当外部账户发出指令时,合同账户才能执行相应的操作。因此,合同账户无法自发执行任何数字生成或应用程序接口调用等操作。只有在外部账户提示时,它才会执行这些操作。这是因为以太坊要求节点与计算结果一致,这就要求确保合同账户的严格确定和执行。

这样一套基于智能合约自动执行的代码有多强大?假设甲、乙双方打赌。甲方打赌明天天气晴朗,乙方打赌明天下雨,赌注100元。应该做些什么来确保双方之间的赌注得以实现呢?需要:①品质保证,相互信任;②签署法律协议;③找一个普通的朋友作为证人。但是,无论上述哪种方法都存在缺陷,要么可操作性不强,要么成本过高。以太坊的智能合约很好地解决了这个问题。它就像是赌徒信任的普通朋友,但它存在于代码中。在以太坊,赌徒可以在软件中写"赌注",分别为以太坊100元。当第二天结果出来时,获胜者将获得软件下的所有资金,即价值200元的以太坊。

在执行此智能合约的过程中,就像比特币一样,赌徒(以太坊用户)必须向网络支付少量交易费。这可以保护以太坊区块链不受无关或恶意计算任务的影响,如分布式拒绝服务(DDoS)攻击或无限循环。交易的发送方必须在激活的"程序"中,在每个步骤进行支付,包括计算和存储。

交易费用由节点收取,使网络有效。这些"矿工"是以太坊网络中收集、传播、确认和执行事务的节点。

与比特币网络一样,采矿者的任务是解决复杂的数学问题,以便成功地"挖掘"区块,这被称为"工作量证明"。如果一个算术问题需要比验证解决方案更多数量级的资源,那么它是一个很好的工作证明选择。

为了防止比特币网络中由于集中化现象而出现的特殊硬件(如专用集成电路),以太坊选择了难以存储的操作问题。理想的硬件是普通计算机。这使得以太坊的工作负载对专用集成电路具有抵抗力。与特殊硬件控制的区块链比特币相比，它可以带来更分散的安全分发。

应用层是区块链的显示层。区块链的应用层可以是移动终端、Web终端，也可以集成到现有服务器中，以当前业务服务器为应用层。

9.11　区块链从1.0到3.0

9.11.1　区块链1.0

比特币的诞生是区块链1.0时代到来的标志。区块链1.0的发展与数字货币密切相关，应用普遍集中在货币转移、兑换和支付等方面。从某种意义上讲，这个时期的区块链技术找到了一个解决货币和支付去中心化的方案。

货币和支付构成了区块链1.0时代最显著的应用，出现了以比特币为代表的一系列虚拟货币，如莱特币、狗币、瑞波币、未来币、点点币等，这些"另类货币"充当着互联网上的"现金"，开启了金融领域的另一片天地。在虚拟货币的应用场景下，个人可以用一种去中心化、分布式且全球化的方式分配和交易各种资源。

9.11.2　以太坊为代表的区块链2.0

在区块链2.0时代，承载智能合约的区块链技术将充分发挥非中心化交易账本的功能。区块链2.0时代是区块链爆发的时代。

区块链1.0解决了货币和支付分散的问题，区块链2.0解决了市场分散的问题。这一时期的关键词是"合同"。因此，区块链技术已经应用于经济、市场和金融的各方面，如股票、债券、期货、贷款、抵押、产权、智能资产等领域。

区块链1.0到2.0的进展是对中本聪观区块链原有设计理念的一个提升过程。关于区块链的发展路径，中本聪在2010年的一封公开邮件中提到："多年前我一直在思考比特币是否能够支持多种交易类型，包括托管交易、债权合同、第三方仲裁和多重签名，如果比特币能够在未来大规模发展，这些类型的交易将是我们希望在未来探索的，但在设计时应考虑这些交易，以便在未来实现。"

除了最初的设置，区块链技术还在比特币的基础上继续发展。中本聪愿景有三个核心理念：分散的公共交易总账、端到端直接价值转移系统、运行任何协议或货币的强大脚本系统等。比特币实现了前两种技术，第三种技术的实现体现在以太坊中。可以说以太坊的出现代表了区块链2.0时代，这一时期的发展与合同技术的发展密切相关。

以太坊可以定义为一个开源区块链基础系统，所有区块链和协议都可以在其中运行。与比特币一样，以太坊不受任何人控制，由全球所有参与者共同维护。就像Android系统一样，它可以为用户提供非常丰富的API，因此许多人可以在其上快速开发各种区块链应用程序。

智能合约是以太坊的显著特征之一，也是可编程货币和可编程金融的基础技术。"智能合约"的概念最早是由密码学家 Nick Szabo 在 1995 年提出的。可以简单地理解为以数字形式定义的一系列承诺，一旦合同建立，就可以在区块链系统上自动执行，而无须第三方参与。智能合约的原则充分体现了程序员一直信奉的"代码就是法律"，虽然这一理论提出时间不短，但直到以太坊出现，智能合约才得到广泛应用。以太坊为智能合约提供了一个友好且可编程的基本系统。

智能合约顺利实施的前提是约定的合同内容不可篡改，实施过程应公开、透明、可信。区块链技术出现后，分散、防篡改、集体维护和可追溯性已成为智能合约的自然共生环境。基于此，以太坊为代表的新一代区块链应用在合并后与智能合约紧密相连，区块链技术再次得到提升。在以太坊上，智能合约在创建后由程序自动执行，没有人可以阻止它运行。以太坊上的智能合约可以控制系统中的各种数字资产，并执行复杂的计算和操作。

以航班延误保险为例，旅客为了在飞机延误后获得赔偿，需要积极联系保险公司并提供相关证明，保险公司可以在较长时间后进行赔偿。如果航班延误保险采用智能合约技术，一旦航班延误，将触发旅客与保险公司签订的航班延误协议，赔偿资金将自动转入旅客账户。

在功能方面，以太坊已经构建了一个通用且优秀的底层协议，该协议提供了图灵完整脚本语言，可以编写智能合约在系统上执行。在这里，我们需要理解一个基本概念——图灵完备，也就是说，一种在理论上可以解决任何算法的编程语言。

由于支持智能合约，以太坊上有两种类型的账户地址：一种是普通账户，另一种是合约账户。普通账户与比特币网络账户类似，合约账户主要用于智能合约。

从以太坊的运行原理可以看出，区块链为智能合约提供了一个可信的执行环境，智能合约促进了区块链应用的扩展。随着时间的推移，这项技术的应用超越了金钱，扩展到更广泛的领域，并具有更大的兼容性。

9.11.3 区块链 3.0

区块链 3.0 时代是区块链进入全面应用的时代，当区块链技术被用于社会治理时，我们就迈进了区块链 3.0 时代。

区块链的本质是一个关于信任的互联网协议，这意味着区块链是互联网价值的核心。区块链能够确认、计量和存储互联网上每一个代表价值的信息的产权，从而更好地实现区块链上资产的可追溯性、控制性和交易性。此外，互联网的核心是通过区块链构建具有全球特色的分布式会计系统。不仅可以记录金融行业的交易历史，还可以记录几乎任何可以以代码形式表达的有价值的东西，如共享汽车的使用权、共享房屋的使用权、信号灯的状态、结婚证、账户记录、医疗流程、能源和股票等。随着区块链发展研究的深入，区块链技术的应用领域可以在更广的范围内拓展，包括审计、司法、医疗、物流等诸多领域，逐步向全社会推广。届时，区块链的发展将进入 3.0 时代，即编程社会时代。

1．自动化采购

买方希望建立自动供货流程，跟踪合同执行过程，并根据规定条件自动完成全额付款、部分付款、补贴和罚款。该过程将涉及多个采购商、供应商、物流、银行等。有必要对每批货物的供应过程进行完整记录。

采用区块链方案，可以实现多方联合记账和监管，提高抗风险能力。

2．智能物联网应用

未来智能设备可以通过智能物联网代替人类处理一些日常工作。例如，汽车可以自动订购汽油、定期维护服务或清洁；冰箱可以自动订货，甚至空调和冰箱也可以协商如何错开峰值功耗。

通过区块链方案，可以在分布式物联网中建立信用机制，利用区块链的记录来监控和管理智能设备，并利用智能合约来规范智能设备的行为。

3．供应链自动化管理

客户希望了解所购买商品的供应链信息。例如，消费者希望了解食品的生产、加工、配送、储存和运输过程以及原材料的来源。机器集成商想知道零件的制造商和渠道来源。

区块链方案可以注册每种商品的来源，提供共享的全球分类账，并追踪所有变化的环境。

4．虚拟资产的交换和转让

在游戏或某些行业，消费者会积累大量虚拟资产（积分、奖励、装备、战斗力等），消费者希望轻松交换或转移虚拟资产。例如，游戏玩家希望将游戏虚拟资产从一个游戏转移到另一个游戏，或者玩家可以彼此交换这些虚拟资产。

区块链方案可以实现虚拟资产的公开、公平转移，不受第三方影响，自动到达。

5．产权登记

区块链技术可用于产权登记，包括不动产、动产、知识产权、租赁和使用权、商标、许可证、票据、证书、身份，以确保公平性、防伪性和可审计性。

6．审计公正

区块链提供的分布式机制可以锁定相关数据，从而使得数据可以被核查和独立审计。而在传统模式下，往往需要通过手工的方式来记录，又很难做到数据保护和同步更新。进入电子化时代之后，计算机记录虽然比手工记录更加快速，但是记录内容仍容易被篡改，数据核查依旧是一个难以解决的问题。但是基于区块链协议构建的一层分布式的、匿名数据协议 Factom 协议可以有效解决这些问题。Factom 协议维护了一个永久不可更改的、基于时间戳记录的区块链数据网络，从而有效降低了独立审计、管理真实记录、遵守政府监管条例的成本和难度。商业领域和政府部门可以充分利用简化数据管理与记录的流程，并解决数据记录的安全和符合监管的问题。

7．代理投票

当前，使用最为广泛的投票机制是股东代理投票机制，这种机制的缺点就是程序繁杂。通常，资产管理人向代理投票经纪人发出投票指令，该指令会传递到投票分配者，然后再由投票分配者传递到托管人和子托管人手中。托管人会请求公证人对投票指令作公证,然后向登记方申请并完成记录,最后投票信息被汇总到公司负责人处。这个流程就是一个非标准化的流程,投票的信息存在不正确传递,甚至是丢失的风险。另外,由于托管人以及子托管人二者使用的传输系统和字符识别系统存在一定的差异,投票的追溯和确认变得非常困难。

借助于传统投票机制,荷兰一家研究机构针对代理投票做了一项专门的研究,研究结果表明,在荷兰使用代理投票系统的公司和企业中,能够确认自己代理投票结果的仅占 31%。这样就给投票信息的正确传递以及追溯造成了极大的不便。

但是,借助于区块链技术,效果完全不同。区块链技术可以优化股东代理投票流程。资产管理人首先需要下载投票软件,提交身份信息进行注册,即可直接提交投票。要注意的是,一旦投票结果在分布式数字化投票登记系统中成功提交,就不可以对这些信息进行更改或撤销,同时基于区块链上数据的同步性,资产管理人可以借助区块链的这一特性对投票结果进行快速查询。基于区块链技术的股东代理投票流程与传统投票模式相比较,可以节省 50%~60% 的成本,除此以外,还可以使投票变得更加安全、高效、透明、便捷。

9.12　区块链的分类

按照区块链的参与准入机制,也就是区块链账本公不公开,可以把区块链分为三类:公有链、私有链、联盟链。

(1) 公有链。公有链上的数据所有人都可以访问,同时所有人也都可以发出自己的交易并等待写入区块链中。它具有完全去中心化、不受任何机构控制、账本完全公开透明等特点。公有链项目包括比特币、以太坊、瑞波、超级账本及大多数的竞争币以及智能合约平台等。

(2) 联盟链。公有链只对特定的组织团队开放,参与区块链的节点是事先选择好的,节点之间可以实现资源与信息的共享。比如你在 10 所大学之间建立联盟链,进行学生的课程信息共享,那么这个链上的课程内容只能被这 10 所大学的学生看到,内容也只能由这 10 所大学的老师和学生发布。联盟链可以视为部分去中心化,其特点是交易速度非常快,数据也可以有一定的隐私。

(3) 私有链。私有链是对单独的个人或实体开发的区块链,参与节点只有自己,数据的访问和使用有严格的权限管理,存在一定的中心化控制,常作为内部审计使用。

区块链项目大概可以分为四类:数字资产、智能合约平台、全球支付与结算、平台类应用。

下面分别介绍这四种类型的区块链项目。

1. 数字资产

数字资产可分为两类。一般数字资产,如比特币、硬分叉比特币现金、轻质莱特币和具有慈善属性的狗币。匿名数字资产,如 dascoin,它使用混合货币机制实现匿名交易;如

Monroe coin,它通过环签名机制实现匿名性；如 zcash,它使用零知识证明机制确保匿名性。

比特币是半匿名的。当有人向你转移比特币时,你知道对方的比特币地址。如果对方已在交易平台注册,则会留下电子邮件或手机号码,因此该地址可以与相应的人连接,因此并非完全匿名。匿名数字资产,如达斯币和门罗币,将使你无法通过特定的算法机制找出实际的传输者地址。

2. 智能合约平台

智能合约平台的主要代表是以太坊,它能让任何人都能在该平台上方便地建立智能合约应用。以太坊主要由以下几个要素组成。

(1) 以太币。以太坊上的代币,简称 ETH,是以太坊内部的主要燃料,为在这个体系上运行的各种数字资产交易提供主要的流动性,同时也用于智能合约费用的支付。

(2) 以太坊虚拟机 EVM。类似 Java 的 JVM,开发者可用使用现有的高级语言 JavaScript 或者 Python 等在以太坊上创造出自己想要的应用。

(3) 智能合约。指的是由计算机程序定义并自动执行的承诺协议。有了智能合约,任何人都能够在以太坊上创建自己想要的去中心化应用。智能合约在以太坊被创建之后,无须中介机构的参与就能自动执行,并且没有人能够阻止其运行。

3. 全球支付与结算

这里主要介绍最具代表性的区块链产品：ripple。它是目前比较成功的区块链金融应用之一。ripple 是基于一个开放和中立的协议构建的。ripple 通过与多家银行和支付机构合作,实现全球不同账本和网络之间的实时低成本国际支付,银行也可以通过它进行实时国际支付。在 ripple 网络中,由于阻塞时间为秒,跨境交易可以在几秒钟内完成,而传统的跨境交易需要数个工作日。运行在 ripple 网络上的 ripple 货币作为中介,可以直接转换成多种合法货币。

4. 平台类应用

(1) 市场预测平台 Augur。

它是一个基于以太坊区块链的分散预测平台,也是以太坊的第一个应用。在 Augur上,用户可以预测未来事件,Augur 将奖励正确预测未来事件的用户。如何使用 Augur 来预测？首先,建立账户并充值,然后创建预测市场问题或参与回答预测市场问题,最后耐心等待事件结果报告,以便 Augur 能够自动执行结果。

那么,如何创造预测市场问题呢？需要提交关于新预测市场的说明和问题。目前,只支持回答“是”或“否”的问题。然后输入你打算提供的启动资金,设置交易费用,并选择到期日期。作为回报,你将从市场获得一半的交易费。你如何参与回答预测市场问题？选择一个事件。如果你认为事件发生了,请购买“是”的答案,否则请购买“否”的答案。如果猜对,按比例分享收入,如果猜错,将失去用于购买活动的钱。

在这个预测市场中,谁来报告结果？由一个集中的组织报告结果可能会导致欺诈,因此它们将基于以太坊的区块链,预测结果由每个持有代币的人执行。在这里,奥古斯采用了

"群体智慧"的概念,一群人的智慧高于群体中最聪明的人的智慧。

（2）计算资源交易平台。

它是第一个基于区块链构建并实现计算能力全球共享的平台,允许用户通过网络交易计算资源,实现计算能力全球共享。Golem 可以被理解为专为计算机设计的滴滴专用车。其参与者分为计算资源销售商、将计算任务上传到网络的任务创建者和软件开发者。通过 P2P 网络,Golem 使计算机所有者和个人用户能够从其他用户那里租用计算能力。

（3）数字货币平台 Digixdao。

它是一个基于以太坊区块链的资产代币平台。Digixdao 创建了一个非常重要的概念,称为"链接",这意味着物理资产进入区块链并成为区块链资产。Digixdao 还创建了 POA（资产证明）,它为实物资产的令牌和文档提供了一个示例。

POA 是什么意思?

让我们了解一下迪吉克岛的造币过程。如果我们想进入黄金链,一克黄金的价值由"监管链"参与者(如黄金供应商、保管人和审计员)通过连续数字签名进行验证,该一克实物黄金的信息被注册为资产证明(POA)资产卡永久上传到分散数据库。该信息包括资产卡创建的时间戳、金条库存单位 SKU、金条序列号、购买依据、审计文件、存储收据、存储费用,以及监管链上监管机构(如供应商、保管人、审计员)的数字签名等。POA 资产卡保存在以太坊钱包中,这是 Digixdao 铸币的过程,因此可以通过 Digixdao 交易实物资产。

9.13 区块链七大应用场景

9.13.1 应用场景：信息共享

这应该是区块链最简单的应用场景,即信息交换。

1. 传统信息共享的痛点

信息由一个中心统一发布和分发,或者由它们之间进行定期批量对账(通常每天一次)。由于信息共享具有时效性要求,难以实现实时共享。信息共享的双方缺乏相互信任的通信模式,因此很难确定接收到的信息是否由另一方发送。

2. 区块链＋信息共享

首先,区块链本身需要维护每个节点的数据一致性,可以说有自己的信息共享功能;其次,通过区块链 P2P 技术实现实时性问题;最后,利用区块链的防篡改和共识机制,构建安全可靠的信息共享通道。

9.13.2 应用场景：版权保护

1. 传统认证的痛点

过程复杂：以版权保护为例,现有的认证方法注册时间长,成本高。

诚信缺失：以合法存单为例,个人或集中机构可能篡改数据,诚信难以保证。

2. 区块链＋认证证书

流程简化：认证证书应用区块链后，注册查询非常方便，无须在各部门之间运行。

安全可靠：区块链的分散存储确保任何组织都不能随意篡改数据。

区块链在认证领域的应用包括版权保护和合法证书存储。以版权保护为例，下面简单介绍区块链如何实现版权注册和查询。

（1）电子身份证："申请人＋发布时间＋发布内容"等版权信息加密上传。版权信息用于唯一的区块链 ID，这相当于拥有一张电子 ID 卡。

（2）时间戳保护：存储版权信息时，添加时间戳信息。如果权利是相同的，它可以用来证明序列。

（3）可靠性保证：区块链的分散存储、私钥签名和防篡改特性提高了认证信息的可靠性。

9.13.3　应用场景：物流链

商品从生产者到消费者需要经过多个环节，跨境购物更为复杂，中间环节经常出现问题，消费者很容易买到假货。假冒伪劣问题困扰着各大企业和平台，至今仍未得到解决。

以深受假冒伪劣产品困扰的茅台酒防伪技术为例，自 2000 年以来，茅台酒的酒皮上就有一个独特的 RFID 标签，可以通过手机等设备在 NFC 中读取，然后通过茅台 App 进行验证，以防假冒产品。乍一看，这种防伪效果非常可靠。然而，在 2016 年，有茅台酒被 NFC 证实是可以的，但茅台酒的专业人士却认定它是假酒。随后，在"全国白酒茅台酒防伪追溯系统"数据库审核中发现 80 万条防伪标签虚假记录，由防伪技术公司人员伪造。随后，茅台改为防伪芯片标签。然而，这里暴露的痛点并没有得到解决，即防伪信息由一个中央机构控制，授权人可以随意修改。

区块链和物流链结合的优势是什么？区块链中没有集中式节点，所有节点都是相等的，不可能通过掌握单个节点来修改数据。伪造数据也需要控制足够的节点，这大大增加了伪造数据的成本。区块链自然是开放透明的，任何人都可以公开查询，发现伪造数据的概率大大增加。区块链的数据不能被篡改，这也确保了已售出的产品信息已被永久记录。单纯复制防伪信息实现二次销售是不可能蒙混过关的。物流链的所有节点连接到区块链后，从制造商到消费者都有商品的痕迹，形成完整的链；商品缺失的环节越多，被揭发为假冒伪劣商品的可能性就越大。

9.13.4　应用场景：供应链金融

在一般的供应链贸易中，企业之间从原材料的采购、加工、装配到销售都涉及资本支出和收入，资本支出和收入之间存在时间差，形成资本缺口，大部分企业需要进行生产融资。

核心企业或大企业规模大、信誉好、议价能力强，先取货后付款，账期延长，将资金压力传递给后续供应商。一级供应商通过核心企业债权转让，获得银行融资。其他供应商（主要是小型、中型和微型企业）：规模小、发展不稳定、信用低、风险高，难以获得银行贷款，也不可能像核心企业那样有较长的会计期间。一般来说,企业越小,会计期间越短。

上述供应链中小微企业融资难的问题,主要原因是银行与中小企业之间缺乏有效的信任机制。如果供应链中的所有节点都连接到链上,通过区块链的私钥签名技术就可以保证核心企业的数据可靠性;合同和票据链是资产的数字化,便于流通,实现价值传递。

区块链解决了数据可靠性和价值流通问题后,银行和其他金融机构不再单独评估中小企业融资,而是站在整个供应链的顶端,通过信任核心企业的支付意愿,对链上的票据、合同等交易信息进行综合分析和评估。即借助核心企业的信用实力和可靠的交易链,支持中小微企业融资,实现从单环融资向全链融资的跨越,缓解中小微企业融资难的问题。

9.13.5　应用场景:跨境支付

跨境支付涉及多种货币,存在汇率问题。传统的跨境支付严重依赖第三方机构,因此有如下两个问题:烦琐的流程和漫长的结算周期。传统的跨境支付基本上是非实时的。银行在一天结束时对交易进行批处理。通常,一笔交易需要24小时以上才能完成;一些银行的跨境支付似乎是实时的,但事实上,收款行根据汇款行的信用进行一定金额的预付款,然后在一天结束时进行资金清算和对账,导致业务处理速度慢。传统跨境支付模式有大量手工对账操作,再加上依赖第三方机构,导致手续费高。造成这些问题的主要原因是信息不对称和缺乏有效的信任机制。

区块链的引入解决了跨境支付信息不对称问题,建立了一定程度的信任机制。它带来两个好处:提高效率,降低成本。它消除了传统的中心转发,提高了效率,降低了成本。可追溯性和符合监管要求:没有规模、传统的点对点结算无法应用的原因除了信任问题,还有监管漏洞。区块链交易透明,信息公开,交易记录永久保存,实现可追溯性,符合监管要求。

9.13.6　应用场景:资产数字化

实体资产存在的问题:实体资产往往难以分割,不便于流通;实体资产的流通难以监控,存在洗黑钱等风险。

区块链实现资产数字化:资产数字化后,易于分割、流通方便,交易成本低。用区块链技术实现资产数字化后,所有资产交易记录公开、透明、永久存储、可追溯,完全符合监管需求。

以腾讯的微黄金应用为例,在资产数字化之后,流通更为方便了,不再依赖于发行机构;且购买0.001g黄金成为可能,降低了参与门槛。

9.13.7　应用场景:令牌代币

说到区块链,代币是无法绕过的。这是由于区块链起源于比特币,具有代币属性。

传统货币的问题:传统的货币发行权掌握在国家手中,有滥发货币的风险。传统的簿记权掌握在集中的中介手中,存在着中介制度瘫痪、中介违约甚至中介欺诈的风险。

比特币解决了货币发行和记账的信任问题。比特币只能通过挖掘获得,比特币总量为 2100 万,解决了发行环节的货币滥发问题;比特币交易记录通过链式存储和分散的全局节点形成网络,解决了账本修改问题。

链式存储可以简单地理解为:存储记录的块被一个接一个地连接成一条链;除第一个块外的所有块的记录都包含前一个块的验证信息。更改任何块的信息将导致后续的块验证错误。由于这种关联,不能在中间插入其他块,因此修改现有记录是困难的。

像两个豌豆一样分散的节点可以理解为:世界的中心节点都是相等的,并且具有相同的账户。因此,任何节点的问题都不会影响账户记录。要修改分类账,必须修改一半以上的全局节点,这在目前看来几乎是不可能的。由于分类账无法修改,那在记账时如果有作弊行为怎么办?首先,比特币的每一笔交易记录都有一个私钥签名,这是其他人无法伪造的,每个人只能修改自己发起的事务。

比特币的记账权是通过工作量证明获得的,可以理解为由算法决定,同一时刻世界上只有一个节点获得记账权。计算资源越多,获得簿记权的概率越大。

9.14　什么是突然爆火的 NFT

NFT 翻译成中文:非同质标记、不可分割、不可替代、独特。在区块链上,数字加密货币分为两类:本币和代币。前者,如比特币和以太币,有自己的主链,并使用链上的交易来维护分类账数据;代币附加到现有区块链,并使用智能合约记录分类账,如以太坊发行的代币。

同质令牌,即 FT(可替换令牌),可以相互替换,接近无限分割令牌。

非同质代币,即 NFT,是唯一且不可分割的代币,如加密猫、代币化数字票等。世界上不会有两个数字相同的人民币,也不会有两个数字完全相同的 NFT。与 FT 相比,NFT 的关键创新在于提供一种标记本地数字资产(存在于数字世界或源自数字世界的资产)所有权的方法,并且所有权可以存在于集中式服务或集中式图书馆之外。

NFT 的所有权并不妨碍其他人检查或阅读它。NFT 不会捕获信息然后将其隐藏,它只是捕获信息,然后发现信息与链上所有其他信息之间的关系和价值。

由于 NFT 的非同质性和不可分割性,它可以与现实世界中的某些商品绑定在一起。换句话说,它实际上是在区块链上发行的数字资产。该资产可以是游戏道具、数字艺术品、门票等,并且是唯一且不可复制的。由于 NFT 具有天然的收藏特性,并且易于交易,加密艺术家可以使用 NFT 来创作独特的数字艺术作品。

NFT 的诞生基于 2017 年以太坊一个名为 Cryptopunks 的像素化身项目。这些像素化身的总量限制为 10000,其中两个字符不能是相同的。拥有以太坊钱包的人可以免费领取并在二级市场进行交易。六个月后,区块链游戏 Cryptokitties(迷恋猫)迅速流行起来,这是一款在以太坊玩猫滚的游戏。Cryptokitty 是一只虚拟猫,如果买家有两只或更多,他们可以培育新的猫。这只虚拟猫经历了几轮价格的暴涨暴跌,但也让 NFT 被更多的人所认识。

Cryptokitty 设计的出发点是推广 NFT 的播放方法。因此，人们在以太坊区块链上开设了一家动物园。虚拟兔子和虚拟狗一个接一个地流行起来，然后出现了一棵虚拟树。采矿、买猫、卖猫赚钱买采矿机，然后再采矿，这可能是虚拟世界中一种新的生活方式。市场普遍认为，迷恋猫的游戏对于 NFT 的提出和实践来说是革命性的——价值不仅可以通过加密货币传递，还可以通过另一种新的独特方式传递。

2021 年 3 月 6 日，杰克·多尔西(Jack Dorsey)想将 2006 年发布的第一条推文作为非同质标记 NFT 出售。3 月 6 日下午，多尔西发布了平台"贵重物品"的链接。该页面打开后，他 2006 年发布的第一条推文"刚刚设置我的 Twitter"正在该页面上拍卖。最高出价来自数字货币交易公司 Bridge Oracle 首席执行官 Sina Estavi，他在 3 月 7 日下午出价 250 万美元。

此前，NFT 还引起了公牛皇后凯瑟琳·伍德的注意。她说她对 NFT 非常兴奋。在美国艺术界，越来越多的主流艺术家也将他们的作品与 NFT 绑定在一起。美国乐队林肯公园(Lincoln Park)的创始人兼联合主唱迈克·希诺达(Mike Shinoda)拍卖了他作为 NFT 制作的一段音乐，最终以 3 万美元的价格售出。Shinoda 利用拍卖所得的资金设立奖学金，资助经济困难的艺术学生。

当艺术家想要出售他们的作品时，他们将创建或"铸造"NFT，从那时起，NFT 将成为对作品所有权的主张。NFT 在开放区块链分类账中注册，以便跟踪所有权(或在现实世界中它们被称为"来源")、以前的销售价格和存在的副本数量。区块链技术提供的安全性意味着几乎不可能销售假代币。

艺术家和大量自媒体接触和使用 NFT 的优势是什么？如今，为了从数字内容中获利，内容创作者可以将其上传到社交媒体平台。然后，这些平台通过广告或订阅将内容货币化，并向内容创作者支付一定比例的利润。相比之下，数字创作者可以通过 NFT 直接从追随者那里获利，并且可以在没有中介的情况下销售独特的数字内容。

如果音乐家想要发行新歌，他们必须通过唱片公司，他们的大部分利润应该交给唱片公司；如果在短视频平台上发布作品，最终会吸引广告和订阅，但最终的创作者不会获得所有利润，平台肯定会获得很大比例的利润，其他艺术和创意领域也会出现同样的情况。

除了艺术创作，NFT 还可以用于哪些领域？

第一，知识产权领域。NFT 可以代表绘画、歌曲、专利、电影、照片或其他知识产权。NFT 扮演着专利局的角色：帮助每一个独特的事物注册版权并帮助它识别专利。

第二，实物资产。其他实物资产，如房地产，也可以通过 NFT 表示为代币。它可以作为一个金融市场，如资产的流通。

第三，记录和识别。NFT 是唯一的，因此它还可以用于验证身份和出生证明、驾驶执照、学历证书等。这些可以安全地以数字形式存储，以防止滥用或篡改。

第四，金融工具。各种金融票据在流通和交易过程中承载着大量的信息。如果与 NFT 相结合，不仅可以确认正确，而且便于跟踪。此外，未来各种非金融资产的交易可以形成一个细分的金融市场。

第五，票务。音乐会票、电影票、戏剧票等可以用 NFT 标记——看起来一样的票实际上有不同的座位号，这里也可以使用 NFT。

目前的 NFT 主要基于以太坊网络进行发行、交易和流通，但以太坊网络的拥塞和高昂的手续费限制了 NFT 的进一步发展。目前，NFT 的应用领域还比较单一，主要集中在小游戏圈、加密艺术品和卡片收藏上，尚未实现大规模应用。

9.15 什么是 DeFi

以太坊创始人曾说过，金融和游戏是区块链最先落地的两大行业，离钱最近的去中心化金融(Decentralized Finance，DeFi)产业究竟是什么呢？它和 FinTech(金融科技)是一回事吗？FinTech 主要是通过机器学习和人工智能去做更好的预测和判断。

FinTech 的核心是信用。FinTech 公司根据用户的历史消费记录，利用机器学习和人工智能进行大数据分析，计算出不同用户的信用水平，然后根据信用水平的不同推出不同的金融服务，比如贷款服务。FinTech 领域的巨头蚂蚁金服，就是通过支付宝每天产生的各种交易数据，计算分析后针对不同信用等级的人推出不同额度的花呗服务。

DeFi 为去中心化金融或者分布式金融。去中心化金融是指那些在开放的去中心化网络中发展而出的各类金融领域的应用，目标是建立一个多层面的金融系统，以区块链技术和密码货币为基础，重新创造并完善已有的金融体系。DeFi 更多的是指去中心化的金融衍生品和相关服务，背后是分布式账本和区块链技术。因为是去中心化的，所以 DeFi 没有信用体系。FinTech 会根据历史数据给用户评估一个信用等级，DeFi 主要存在于去中心化的区块链上，绝大部分 DeFi 产品没有身份链，使用者基本都是匿名或是半匿名状态。DeFi 的愿景是一切资产都可以 Token 化，自由地在全球开放的市场上交易。

在现有的金融系统中，金融服务主要由中央系统控制和调节，无论是最基本的存取转账还是贷款或衍生品交易。DeFi 希望通过构建开放式金融系统的去中心化协议，让世界上任何一个人都可以随时随地进行金融活动。

以跨境支付为例，一个人给位于另一个国家的人汇款，一般都需要找金融机构来完成这一支付任务，但金融机构会收取一定费用来作为回报。而 DeFi 可以把整个汇款过程去中介化，从自己的钱包直接发送数字货币给收款人，不需要金融机构服务，从而节省了昂贵的中介机构费用，有效降低了国际汇款的成本。

相对于传统金融而言，DeFi 还具备以下几大优势。

(1) 更广泛的全球金融服务。去中心化金融使任何人都可以通过互联网来获得金融服务。目前传统金融领域对用户的门槛要求很高，在身份、财富和地域方面都有严格的把控。去中心化金融体系中金融公司的金牌交易员与印度偏远地区的农民享受到的服务是没有区别的。

(2) 隐私性和安全性的提升。在去中心化金融系统中，由用户保管自己的财产，且无须中央方验证就可进行安全交易。与此同时，在传统金融领域里，托管机构负责保管用户的财产和信息,一旦发生泄露,后果不堪想象。

(3)交易的抗审查性。去中心化金融确保交易是不可被更改的。区块链无法被中心化机构所关闭。例如,在一些治理不善或政治因素不稳定的国家,人们可以使用去中心化金融来保护自己的财产。

(4)操作简单易懂。中心化机构的流程过于复杂烦琐,去中心化金融可以为用户提供更为简单便捷的服务,如图 9-7 所示。

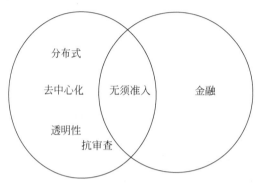

图 9-7　去中心化金融

DeFi 之所以能够获得热捧,就是因为它与金融领域能够无缝契合,且应用落地足够简单。目前,通过 DeFi,人们已经可以实现贷款、交易、支付、期货等,并随着它的应用发展不断成熟,也将会越来越多的人进入 DeFi 领域。

支付类应用,如数字货币钱包,这类应用可以为用户提供付款转账的功能,只需要提供钱包地址,就可以自由地进行资产转账,且不会受到任何中心化机构的干涉。

除了支付以外,很多企业开始考虑 DeFi 的贷款服务。在传统的金融体系中,贷款需要非常复杂的流程,需要向银行提交贷款资料、抵押物等,最后还得等待漫长的批准时间,非常低效。DeFi 贷款的模型中,用户和用户之间可以直接形成借贷关系,并且抵押物也是数字货币。例如,MarkerDAO,它通过以太坊的超额抵押来对用户发放 DAI 稳定币,完成去中心化的贷款体系。

去中心化金融虽然可以带来这么多好处,但是其中也有潜在的难题,那就是网络安全问题。区块链的安全问题就像是达摩克利斯之剑悬在头上,随时都可能产生系统性风险。

对于金融机构而言,网络安全性是重中之重,投资者将资金存放在此,最基本的是要保证资产的安全。中心化机构可以控制资金的流向,并且追查到账户信息,但是去中心化金融却很难做到这些。

很多数字货币交易所都遇到过黑客入侵的事件,由于数字货币的匿名性,并且转账无限制,最终很难追回资金。不仅如此,如果被盗金额巨大,还会造成市场恐慌,造成更多投资者的损失。因此,去中心化金融要保证用户资产的安全性,需要投入更多的时间和成本。

DeFi 的概念是去中心化的核心思想发展而来的,这种新型的金融系统可以为用户提供自由平等的金融服务,让用户可以真正享受到便宜且高效的金融体系。但是,目前的 DeFi

体系还没有非常完美，特别是在网络安全方面，还需要投入更多的精力。

相比于传统的金融服务机构，DeFi 确实有很多优势，如去中心化、透明度高、费用低等。DeFi 还是在初创期，面临着四大挑战：一是代码漏洞，可编程金融代表了科技的力量，但代码堆砌之后的漏洞总是难以避免；二是系统性风险，无论是传统金融还是可编程式金融，一定要思考到系统性风险，比如面临极端的行情波动时，DeFi 生态是否能承载；三是资产上链，资产上链的复杂程度和不确定性对于整个 DeFi 行业而言是非常大的挑战，需要先行者做出尝试；四是 DeFi 应用面临黑客攻击的风险。

DeFi 不会停下，DeFi 的机制在大方向上对传统金融仍然有极大的改进和优化作用，其对社会资源最优分配能力的潜力还没有完全发挥出来。技术在不断发展，制度也在不断完善。在短暂的调整之后，DeFi 在一定程度上将改进基础金融业务，但这需要时间，DeFi 协议的下沉可能会花费数十年之久。

习题

1. 中本聪提出的点对点的电子货币系统使用了哪些密码学的算法？基于何种密钥体制？
2. 什么是比特币中的"挖矿"？
3. 谈一下虚拟货币对实体经济的影响。
4. 区块链的特征是什么？以太坊区块链的特征是什么？
5. 试分析以太坊的架构和工作原理。
6. 区块链的应用场景有哪些？选择其中一个谈一谈。
7. 区块链的应用为创新创业提供了哪些思路？

第 10 章

创业场景：自媒体

近年来,随着互联网的快速发展,"自媒体"作为一种新生事物,也正在蓬勃发展中。通过自媒体,人们不仅可以实现对创业项目和产品的有效推广、营销,甚至还能把自媒体当作是一个职业,获取不错的收益。下面介绍自媒体的相关情况,创业者可以结合自媒体进行相关创业。

10.1 自媒体简介

我们最熟悉的电视、广播、报纸杂志等都属于传统媒体。自媒体是一种区别于传统媒体的新兴形式,它富有个性化,人人都可以借助互联网平台发表自己的言论和观点。

10.1.1 自媒体的定义

自媒体是指普通大众通过网络等途径向外发布他们本身的事实和新闻的传播方式。"自媒体",英文为 We Media,是普通大众经数字科技与全球知识体系相连之后,提供与分享他们本身的事实和新闻的一种途径,是私人化、平民化、普泛化、自主化的传播者,以现代化、电子化的手段,向不特定的大多数或者特定的单个人传递规范性及非规范性信息的新媒体的总称。

10.1.2 自媒体的发展历程

2003 年 7 月,谢因波曼与克里斯·威理斯明确提出了 We Media 这一概念,并对其进行了非常严谨的定义。至此,"自媒体"这一概念才真正进入大众的视野。

自媒体的发展经历了三个阶段:第一个阶段是自媒体初始化阶段,它以网络论坛(Bulletin Board System,BBS)为代表;第二个阶段是自媒体雏形阶段,主要以博客、个人网站、微博为代表;第三个阶段是自媒体意识觉醒时代。这三个阶段其实同时存在,只不过现阶段是以微博、微信公众平台、抖音为自媒体的主体,其他的就相对弱小。

在中国,自媒体的发展主要分为四个阶段:2009 年新浪微博上线,引起社交平台自媒体风潮;2012 年微信公众号上线,自媒体向移动端发展;2012—2014 年门户网站、视频、电商平台等纷纷涉足自媒体领域,平台多元化;2015年至今,直播、短视频等形式成为自媒体内容创业新热点。

10.1.3 自媒体的本质和逻辑

曾几何时,我们生活在一个中心化的时代里,就如知名媒体人许维所描述的那样,"我们的世界就像一座剧场,它分成舞台和观众席,舞台上面的人拥有传播权,他们用麦克风来放大音量,无论他们演什么,坐在下面的人都得看着,下面的人上不了舞台,他们的话也没有人能够听到"。可是,在传播的技术门槛和成本都被去中心化网络极大削弱的环境下,去中心化时代正在逐步来临。也正如许维所述,"在去中心化时代里,我们的世界就像一座广场,这里没有演员和观众的分别,大家互相自由地交谈,有些人的声音可能大一些,他们能够吸引到一群人围观,但也就仅此而已"。中心化与去中心化的区别如图10-1所示。可以说,今天一批以"自媒体"为标签的创作者们,无须依附于任何的媒体组织,其影响力日益增强,这些自媒体的拥有者更像是意见领袖。从传统传播学理论的视角看,意见领袖通常具有社会地位较高、社交范围大、信息源丰富、知识面广、人际交往能力强等特征。可是,在自媒体传播过程中,这个视角也在发生变化,判断是否为意见领袖不一定要着重于社会地位、社交范围和人际交往能力等,每个人都可能成为意见领袖。言论、观点、信息和群体的声音可能因为传播者在某一领域的特殊才能,或者是独到见解而得到其他公众的认可,甚至影响这些公众的行为,影响其采纳或主动征求传播者的意见,这些具有影响力的人或是群体就成为网络意见领袖。

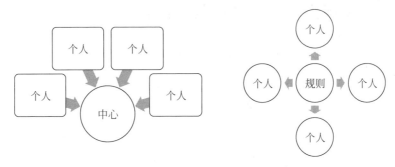

图10-1 中心化与去中心化的区别

因此,自媒体作为一种新网络媒体,它在改变传统社会传播体系中的固定模式,在改变人类记录和传播思想的方法和途径,也在改变以往的编辑活动和编辑方式。但是,无论是哪种新闻编辑形式,归根结底,目标都是要更好地传播新闻信息,而网络新闻编辑就是伴随着网络新闻传播的出现而兴起的。

10.1.4 自媒体的分类

新媒体平台主要分为三个类别,分别是图文、视频和直播。这三种内容形式有时候在一个平台集中,每个类别都有比较主流的平台。

1. 图文类

图文类的自媒体，主要以微博、微信公众号、头条号、百家号、企鹅号、知乎自媒体等为主，这些内容平台对图文形式相对友好。

微信公众号平台是较为主流的新媒体平台，优点在于平台对内容的开放度更大，以粉丝订阅为主，适合缓慢积累粉丝，虽然开放了类似"看一看""在看"等算法推荐，但对粉丝数量依赖较大，属于"私域"类型平台，不仅对运营者内容有要求，对使用者的运营能力要求也较高，常见的变现形式为流量主、第三方广告接单和私域流量变现。

头条号、百家号、企鹅号则是推荐算法类平台，对内容的要求更高，一篇好的内容，如果符合平台的推荐算法，即使粉丝较少，也能获得较高的阅读量。

知乎则属于问答类型的图文平台，变现形式以带货为主，对内容质量要求较高。

2. 视频类

视频类自媒体主要分为中视频、长视频和短视频平台，其中短视频平台最火，常见的有抖音、快手和视频号。

3. 直播类

直播是比较新型的内容形式，具体分为电商直播、游戏直播及娱乐直播等。常见的平台有视频号直播、淘宝京东直播和抖音快手直播等。

淘宝和京东的直播比较垂直，适合电商类有货源或者垂直可变现的领域作者。抖音和快手的直播则更加多元一些，无论是游戏娱乐还是电商都能吸引用户、获得收益。

10.2 自媒体典型代表：短视频自媒体

在自媒体的众多类型中，最具代表的是短视频自媒体，接下来将围绕当前主流的短视频平台展开介绍。

10.2.1 短视频平台介绍

在移动互联网和智能设备高速发展、高度普及的当下，短视频平台迅速走进人们的生活并逐渐成为不可或缺的一部分。短视频是指在各类新兴媒介或网络平台上播出的、适宜在移动状态或者短时碎片化娱乐状况下收看的、高频发布的音频信息内容，视频长度可由几秒至数分钟不等。短视频主要融合了技能分享、幽默搞怪、时尚潮流、社会热点话题、街头专访、公益教学、广告创意、商业定制等题材。但因为信息内容一般较短，可独立成片，也可能形成一系列节目。

因为网络的流量已基本饱和，所以现在网络与移动互联已经基本达到了全民互联网的发展阶段，导致互联网没有增量，因此需要自带流量的内容和IP解决流量的问题，如明星、意见领袖等。而短视频正是一个迅速创建IP、创造流量、创建大量自带流量，以及创建更多用户所依赖的大量自带流量的IP的最佳方式。同时，短视频由于时效较短、碎片化、与粉丝的互动性较强、创造参与门槛相对较低的优势，形成了继图文之后，又一迅速吸粉、迅速获得流量的新产品类型。资源的创业者可以利用短视频聚集自己的目标群体成为粉丝,从而获得流量,并可以利用这部分粉丝进行商业变现,包括电商和知识变现等。也因此资本可以将流量思想转化为目标人群思想,开发人性化、IP 化、短视频化的产品。

同时,移动社区中人群规模的日益扩大,表明提供社区功能的人群思维产品将会存在更多的市场可能性。成为网络主要使用者的年轻一代越来越成为国内社会化媒介市场的主力军,而年轻一代用户具有多元化的应用需求、喜好新潮有趣的社会场景、推崇简单方便的社会形态。在应用需求升级与技术升级的背景下,短视型社会化媒介平台逐步壮大,逐渐成为娱乐消遣市场的主体。当今主流的短视频平台有抖音、快手和哔哩哔哩。

1. 抖音

抖音于 2016 年 9 月 20 日上线,是字节跳动旗下的一款应用软件,也是一个旨在帮助大众表现自我、记录生活的短视频社群网络平台。

抖音面向所有年龄阶段的用户,让其在软件中能够轻轻松松地快速产出优秀的短视频,丰富多元的玩法应接不暇。抖音短视频 App 是一款受到很多年轻一代用户追捧的音乐应用软件,内容多元化,是制作歌曲短片的重要工具。它可以通过多段混剪的形式将短视频用不同的表达方式呈现出来,开展各种各样的挑战活动,用户还可以选择美颜滤镜和炫酷可爱的造型特效来丰富视频内容,在这个娱乐休闲的社区平台表现自我。抖音通过智能推荐算法将有趣、炫酷、时尚的内容推送给不同用户群体,运营平衡渠道、内容、用户、商品间的相互关联,并增强了商品变现、内容生产等功能。

抖音是一个提供休闲娱乐的社交平台,用户可以在其中结识到兴趣相投的朋友,在自己的好友圈分享生活来满足自身价值认同和社交需求,利用碎片化时间浏览各种奇闻轶事。

抖音的目标受众群体主要定位在年轻一代,他们易于接受新鲜事物,可以借助平台提供的技术支持,如视频录制的快慢、剪辑编辑、特效等使内容更具创意和趣味性,吸引更多的流量。

2021 年 3 月 24 日,为将用户群体扩大至全年龄阶段,彰显平台的社会使命感与传播正能量,抖音推出“老友计划”,致力于改善老龄用户的使用感受,并充实老龄用户的生活。同时,为了减少“代沟”,抖音有意增加年轻群体与老年群体的交流,碰撞两代人之间的创意灵感,在提高平台产品社会名誉的同时,进一步巩固目标用户群体。

2. 快手

快手由“GIF 快手”演进而来,是北京快手技术有限公司旗下的产品,诞生于 2011 年 3 月。2011 年 11 月,快手由原先用来制作、共享 GIF 图片的手机应用转变成为用户提供记录和分享生活的短视频社交平台。目前快手的信息内容已覆盖了日常生活的各个层面,应用范围遍布全国各地区。

作为一款操作非常简易的短视频 App,快手用户随时随地都可以拍照分享,轻松快捷地记录真实而有趣的自己。除了通过图片或者短视频的方式分享生活日常点滴,用户还受益于推荐算法和关注的协同关系,关注自己感兴趣的领域和亲朋好友,进入直播间与别人进行互动。快手内容发布迅速,为用户提供搜寻好物、追求时尚的平台,同时,它将目标受众人群定位在三、四线城市,也即"社会平均人",他们对互联网中新鲜事物的出现具有较高的包容度和探索欲,充满对未知的期待,也具有较高的创作激情,快手正是一个能让他们共享创作的平台。快手 CEO 期待人们可以借助快手"读懂中国",让一千年之后的中国人,也可以看见今天的新时代影像。我们也期待着,在几百年之后,快手将变成一座信息记录博物馆。

2016 年年初,快手推出直播功能,并将直播放在"关注"栏里,仅具附带功能。但直播也为平台带来了更多的流量。

快手的推荐算法核心是理解,其中包括理解内容的属性,理解人的属性,分析内容和人的历史交互数据,然后通过模型,预估内容与用户之间匹配度。快手为用户推荐匹配内容,宣传创意产品,增加用户黏性,吸引用户流量。

3. 哔哩哔哩

BiliBili 中文名称为哔哩哔哩,又称 B 站,2009 年 6 月 26 日建立。B 站由早期 ACG(动画、漫画、网络游戏)相关内容创造与共享的视频服务网络平台,逐渐形成了环绕着用户、创造者和相关内涵,覆盖了七千多种兴趣圈层的多元文化社群,优秀内容源源不断,深受用户青睐。

B 站也是中国国内著名的短视频弹幕门户网站,拥有人群思维黏性大、社会归属感高的社交文化圈,是一家垂直程度非常高的短视频平台,也一直在做聚合类平台。相较于以短视频为主的抖音和快手,B 站不仅限于此,电影、番剧、直播、综艺等极大丰富了 B 站的内容环境。同时,不同的粉丝圈层群体具有不同的兴趣追求,B 站的弹幕特性、弹幕文化很好地满足了用户的社交需求,增加了用户的黏性。

B 站目前设有动漫、番剧、国创、音乐、舞蹈、游戏、知识、生活、文娱、鬼畜、时尚、放映室等主要内容分区,生活、文娱、游戏、动漫、科学为基本内容种类,同时提供了直播间、游戏中心、其他商品等服务板块。B 站内容优质,线上线下活动丰富,业务板块众多,激发用户的创作积极性和用户黏性,以此产生持续不断的流量,变现手段也多种多样。总体而言,B 站功能众多,内容丰富,但更面向年轻人。

10.2.2　市场定位

1. 抖音的市场定位

当短视频行业的主打内容为宣传记录日常生活、实时拍摄、美化特效时,抖音另辟蹊径,选择以添加新奇音乐元素的方式打造 15 秒音乐短视频社区,以一、二线城市追求新奇潮流的年轻人为目标用户,以突出音乐、宣传创意和新型社交的差异化方式打造独特的市场地位。抖音以音乐短视频为主要内容,用户在使用抖音拍摄短视频之前,需要选择一段 15 秒的背景音乐。拍摄时,用户根据不同音乐的曲风、旋律、内容,对短视频内容进行创意性编排,还可以添加各种新奇的特效,完成短视频的创作。抖音也根据用户短视频制作的需求,将音乐的类型进行划分,如国风、流行歌曲等。抖音成功以"随着音乐抖动"为切口,抓住年轻人追随新奇潮流的心,满足年轻人的表现欲,撬动年轻人的新社交需求,让音乐和短视频充分结合,短视频成为音乐的记忆点,音乐成为短视频的"滤镜",短视频通过相同的音乐进行连接,产生奇妙的化学反应,发掘并放大了音乐短视频成为流行文化的潜质。抖音紧跟流行文化潮流,保持对流行文化的敏感度,挖掘满足年轻人表现欲的热点音乐。例如,2017年8月,抖音用户"贝贝叔叔"使用平台热推的流行歌曲Panama作为背景音乐,创作拍摄了一支舞蹈视频,并发起了"C哩C哩舞"的挑战,该舞蹈简单易学又具有魔性,在抖音平台大火,引发了大量抖音用户的跟拍,截至2017年12月15日,在抖音平台上以Panama为背景音乐的短视频播放量已经超过了2000万。还有不少音乐如Seve、我们不一样、123我爱你等,早在多年前发行,且一直不大火,由于其适合表现歌曲内容,受到抖音用户们的喜爱,作为抖音的背景音乐在网络上爆火。音乐短视频因其迎合现代生活时间碎片化、具有较高的参与度、音乐内容记忆性高的特点,成为音乐推广的重要渠道。

2. 快手的市场定位

快手相较于抖音在短视频行业中早发展5年。与抖音面向一、二线城市年轻人所自带的轻奢和华丽风格相比,快手则以接地气、平民化为风格,以"记录、分享和发现生活的平台"为定位,拉近人与人之间的距离。快手CEO说快手定位用户是"社会平均人",即指普通人。快手发展以来,一直关注普通人的生活,为"社会平均人"提供展示自己的舞台。快手的用户大多是生活在社会底层却怀有梦想的人,短视频内容包含从一线城市的艰苦奋斗到城镇、农村的生活百态,从鸡蛋雕刻、手掌劈砖的一技之长到工地劳作、汽车维修的工作展示,快手是真正意义上的记录生活的短视频社交平台。

相较于抖音关注年轻人的灵感创造,在快手中,平凡人都能感受到生活中处处常见的平常事都是值得记录的大事件。快手旨在打造一个记录真实而有趣的世界,平台每天都有数百万条原创视频被创造,内容涉及生活各方各面,不受局限。在快手中,人们能够找到真实喜爱的内容、能结识兴趣相同的朋友、能看到更有趣的世界,还能让更多网友发现真实而有趣的自己。

10.2.3　运营逻辑

1. 创新产品性能

目前,短视频平台的拍摄、制作、互动等功能大同小异,虽内容上各平台之间有所差异,但平台内有一定同质化,长此以往,观众用户易产生审美疲劳,创作用户失去拍摄制作的热情。因此,短视频平台要定期更新改善产品功能,添加新奇的工具,提升产品的创新性与趣味性。首先,可适当延长短视频时间并提高拍摄画面分辨率,提高画质。抖音和快手之前的短视频拍摄时长仅在30秒以内,这使拍摄者在创意、表演设计过程中受到时长的限制,平台可根据用户观看需求,选择性增加短视频录制时长,使一个视频的内容可以更加丰富。其次,5G时代短视频平台也应该提高拍摄时的画面质量,并可选择设置不同的拍摄特性,让用户可以只利用手机拍摄出具有电影质感的短视频。最后,短视频平台应定期更新增加风格主题、滤镜效果、剪辑效果、背景音乐等创作工具功能,推出社交性、互动性、亮点性的特色功能,避免各个平台性能同质化。如抖音可以大力支持原创音乐人,挖掘改编原创的优质音乐作为背景曲目,不仅能够帮助音乐人传播好作品,还能为用户不断添加潮流的短视频背景音乐素材,保持用户的新鲜感。

2. 鼓励用户参与

在当前的短视频市场中,仍存在众多的"围观者",一方面是由于部分用户不善于展现自我或对视频内容不感兴趣,另一方面也由于部分用户对拍摄制作功能不熟悉。在平台能改进的拍摄制作短视频方面,如果功能和流程设计过于烦琐复杂,将给初级创作者的用户体验带来较大的影响。并且为丰富短视频的观赏性,许多平台增加了视频转场剪辑、变速、倒慢放特效、变形效果等功能,没有一定后期剪辑技术的初级创作者也将会难以入手。因此,短视频平台可以从以下几方面改进。第一,短视频平台可以不定期发布官方基础和新增拍摄功能的教学指南,为用户提供热门视频的教学例子,可增加教程的趣味性,提升用户观看教程的主动性,培养用户对内容生产专业化的意识。第二,运营人员也可以根据难易程度、不同创造者的需求将制作教程划分为随意版、进阶版、高级专业版,合理引导用户进行创作,丰富用户专业创造技巧,如内容编排、构图、取景等。第三,短视频平台可在新用户的推送内容中提升热门高质量作品和拍摄技巧类作品的权重,激发用户的拍摄兴趣。

3. 内容策略:优质、精细、精准

目前,短视频平台普遍存在的问题是内容同质化、重复率高,若短视频创作者缺乏创新意识,将难以维持短视频平台的良性持续发展。同时,短视频受拍摄时长的限制,要在有限的时间内感染观众,意味着要对短视频内容提出更高的要求。短视频只有坚持"内容为王"的道路,以趣味性、个性化、多样化的原创内容为支撑,才能吸引并留住用户,积累大量的用户群;同时,只有高质量、有价值的短视频内容才能得到广泛传播。因此,短视频平台运营者应助力打造优质内容的生产体系,保证平台高质量优质短视频的持续生产输出,为平台提供竞争力。

4. 提升分发机制的精准性

短视频平台应改进推送算法,提升算法的精确度,为用户建立完善的内容推送体系。平台可以根据用户的浏览偏好与需推送内容的相关程度,选择版面对不同兴趣爱好的用户进行有所侧重的推送。同时,短视频平台应该关注社会实时热点、当前社会潮流,做到为用户进行兴趣爱好与实时热点的综合推送。除此之外,平台技术人员还应该提升算法系统的智能性,在推送的过程中要考虑同类型视频内容的出现频率,并适当加入新兴内容为用户扩展爱好范围。因为用户的喜好并不是一成不变的,如果长期推送同类内容,会令用户产生视觉审美疲劳,久而久之产生反感。所有平台要把握好推送的频率和最高阈值,平台应在推送相同内容频率达到引发用户反感的峰值后,停止并更换成用户可能感兴趣的其他内容。

5. 树立良好品牌形象

提高平台知名度需要针对各自的目标用户进行有效的宣传推广,综艺节目赞助、广告传播和品牌联合推广等方式都是短视频平台有效的推广方式。品牌联动推广,短视频平台与传统品牌进行合作宣传,如百事可乐在抖音上建立的企业号,与抖音合作开展"一起敢黑带感"活动,百事可乐通过此活动对"无糖星球大战限量罐"可乐进行宣传,号召喜欢百事可乐

的粉丝使用抖音短视频参与活动,抖音也通过活动获得大量流量和品牌曝光度。因此,短视频平台可以与目标消费者相同但不同领域品牌开展联动活动,借势进行营销,在平台开辟专门合作专区,让用户通过创作和观看联动活动相关视频的方式获得奖励,联动品牌相互宣传,获得双赢。品牌形象对短视频平台来说至关重要,树立良好的品牌形象可以让用户产生认同感、归属感,这不仅需要短视频平台营造良好的社区氛围,同时,也应在宣传活动中传播积极性、正能量的内容。例如,在抖音出现一些具有不良影响的短视频后,运营积极进行舆论引导,加强管理,推出"政务媒体号成长计划",并邀请政府部门和主流媒体进驻抖音,宣传正能量,如北京反恐特警队发布特警日常训练、南宁人民法院发布"老赖"悬赏信息、平安杭州发布警花说唱普法等。经过抖音官方的大力宣传支持,营造了正能量充盈的社区氛围,为抖音树立了良好的品牌形象。

6. 重视社会关系

短视频平台多为基于趣缘化形成的弱关系社交平台,虽然平台支持添加好友,但用户大多为单向度的关注、评论和点赞现象,从用户间的互动频率和形式来看,短视频平台的互动并未达到强关系社交的深度。因此,平台可以推动发展线下活动,利用线下活动将网络社群中用户聚集起来,促进用户社交关系发展。例如抖音在杭州、广州等地开展"抖音上瘾、线下party"的活动,既能增进用户间关系,又能起到显著的宣传效果。短视频平台鼓励用户之间进行自主连接,增进友谊和凝聚力,使用户在社群里获得归属感,进而在平台内建成具有独立人格的社群。基于短视频平台形成的社群群体进行彼此交流、互动和学习,在社群内,由于归属感,用户自觉维护社群、忠于社群、生产优质内容并促进二次传播,社群中自发的生产力和传播影响力都是不可估量的,将为短视频平台带来更多流量并产生经济效益。因此,短视频平台应重视用户之间社会关系的价值,利用好平台形成的社群,可以通过对不同兴趣的用户社群实行差异化、精细化的运营,如形成运动、舞蹈、美食、美妆、二次元、游戏等用户圈,在平台内,让不同的用户圈形成小组进行互动,激励用户转发分享社群相关短视频内容至平台,创造短视频领域的社群经济。

7. 以抖音为例的运营逻辑

1) 传播内容碎片化,生产分享互动化

随着现代社会的高速发展,互联网也迅速得到普及,并与现代人愈发快节奏的生活交织在一起。与当前社会发展背景下的文化、精神需求所相伴相生的,是一种新的媒体传播形式。这种新媒体传播形式的信息传播速度快,方式便捷,能够在短时间内将信息传播出去,大大满足了现代社会对信息资源的需求。在快节奏的生活状态下,碎片化时间成为人们生活的重要组成部分,也成为获取消息的重要途径,这也是短视频快速建立并发展起来的原因。在抖音发布内容的规则为:普通用户只能上传15秒以内的内容。普通用户只有通过不断积攒粉丝数量,当粉丝数量达到一定的要求时,就会打破视频长度的限制,这时原本15秒的时长会增加到60秒。一分钟左右的视频时长不会过多占用用户的时间,也不至于太短而使视频质量与内容大幅下降,完全迎合了现代人碎片化摄取信息的习惯。而生产优质的短视频内容,避免低俗等视频内容的出现,一直是短视频行业的竞争准则。在竞争激烈的短视频市场环境下,短视频平台只有提升自身的竞争力,也就是激励创作并分享更多互动性内容,增加视频内容的种类,避免视频内容生产朝着单一的方向发展,才能推动短视频行业的发展和进步。

2) 维护网络缓解,上线防沉迷系统

抖音自问世以来因其定位迎来了高速发展,但同时也遇到了很多问题。为了保持其短视频环境的健康发展,抖音平台先后对违规账号采取了封停处理,对视频低质量内容严厉打压,并逐渐加强了对于这方面不当内容的监管。抖音的强力监管有效维护了网络的健康环境,也遏制了不良网络风气传播和蔓延。此外,为了响应国家政策与社会风向,抖音平台还推出了防沉迷系统。该系统主要包含两种功能,其分别是锁屏和提醒,能够帮助用户合理地控制上网时间,杜绝因沉溺网络而造成的各种意外风险。

3) 宣传主流价值观,提高影响力

短视频平台的兴起满足了现代人精神和娱乐需求,但是近几年来短视频平台的泛娱乐化的现象逐渐盛行。短视频平台靠着明星效应带来的流量吸引用户,不断地吸引用户注册。这种做法虽然在一定程度上快速增加了短视频用户数量,但短视频平台依然注重主流价值的传播,利用短视频平台传播主流价值观,发展内容和形式多样的视频内容。目前,短视频平台不仅有搞笑、才艺表演等娱乐内容,也有宣传社会主流价值观的内容。为了宣传社会主流价值观,各大官方账号纷纷入驻抖音,诸如"中国警察网""共青团中央"等。这些账号的入驻对整治网络不良风气、宣传主流价值观以及提高主流价值影响力都发挥着巨大作用。短视频平台中并不是只有娱乐内容,短视频用户们也不单单只能关注娱乐明星和网红,短视频平台应该携手社会各界为用户提供健康的网络环境,并利用好互联网平台宣传和传播社会主流价值观,树立道德模范,激发用户的情感,这样才能使短视频平台得到长久的发展。

4) 强化社交基础,增强用户黏性

抖音短视频平台不光有丰富的视频内容,同时也是年轻人的社交平台。在这里,年轻人可以交流群体文化和价值观念。基于此,抖音短视频可以按照用户的属性,将其划分为不同的群体,每个群体都能从抖音短视频平台当中找到归属感。抖音短视频平台也渐渐成为用户打发时间、学会与人交流沟通的场所,为用户提供所需的服务和资源。抖音账号创作者可以依据自己的需要,拍摄父母、亲友以及与偶像在一起的视频,用来记录自己的日常生活。对于年轻一代的群体来讲,抖音短视频平台也成为现代父母了解他人的最佳途径或工具。抖音能够满足现代年轻人的需求,年轻人在这里可以获得价值认同,也能够从中实现自己的社会追求和社会目标。此外,抖音短视频平台还一个是有着不同于用户相关联、相互动的重要平台。短视频平台从根本上打破了明星和偶像对用户资源造成的垄断现象,粉丝互动方式的增加,让用户逐渐意识到短视频的发展实质是一种双向活动的过程。

调查研究显示,我国抖音用户的平均年龄在 35 岁以下,但是伴随着社会的不断发展,抖音用户在年龄上越来越注重年龄组成,抖音用户年龄分布越来越广泛。从抖音用户年龄分布上看,越来越多的中年人甚至是老年人愿意走近年轻人。现在越来越多的人希望摆脱现实生活压力的束缚，通过短视频虚拟平台寻找心灵和情感的慰藉。各大短视频平台很重视受众者心理情绪的变化，通过增强用户对自身的认识来提高用户的黏性。

5）扩张海外市场

从短视频活跃的人数上看，我国拥有数以亿计的活跃用户。而在国外，抖音短视频平台的发展更是使其成为越南、柬埔寨等国家最受欢迎的短视频 App，超高的下载量也奠定了抖音短视频在其他国家扩张和发展的基础。为了推动海外短视频平台的发展，抖音短视频不能只将公司发展的重心放在国内，也要注重海外市场的扩张和发展。在运营海外短视频公司时，可以通过投放广告的方式将本土化的产品推向全世界，通过树立地方品牌文化和形象，发掘海外市场的潜力。

6）与电商融合，流量变现

抖音短视频平台所具有的用户基数，为后期的营销活动打下了坚实的基础。抖音平台可以联合电商开展营销活动。利用短视频平台拥有的用户流量，启动直播带货等活动将流量变现。通过与电商相结合，抖音平台可以拓宽自己的收入渠道，同时也能加快资本的流通，更关键的在于前端内容生产和分享也会朝着特定的方向发展，这就提高了平台的创作能力，避免了内容同质化的出现。

10.2.4　变现逻辑

1. 抖音变现盈利模式

盈利模式即变现的方式，短视频行业尤其是抖音迅速崛起，拥有可观的流量，现有的短视频制作模式投入成本小、转化效果理想，因此抖音将虚拟的流量转化为真实的收入，是一种基础的盈利模式，流量成为商业变现的基础和前提。有学者认为能通过短视频平台实现稳定盈利的创作者并不多，且短视频盈利之路未形成较明确的可以遵循的模式，短视频行业成熟完善的商业化模式暂未形成。因此，短视频平台的商业模式和商业变现，以及如何实现收益最大化是互联网产品需要面临的发展难题。

目前的短视频盈利模式主要有以下模式：①以电商模式为代表的粉丝经济模式，拥有一定粉丝基础的自媒体可以在视频中插入商品链接引导粉丝购买；②根据广告主诉求定制商业视频模式，满足客户的需求做出相应内容的视频赚取收益；③商业植入广告模式，这是大多数短视频创作者的收入来源。

而以抖音为代表的短视频平台，其商业变现模式主要分为三种途径：广告收入、站内挑战收入以及电商变现。抖音因其巨大的流量支持、用户黏性高、对用户注意力资源的强大吸引力等特质，具有强大的商业变现潜力。

抖音具有强大的互动社交属性，原生广告成为品牌营销的主要手段，从而使广告收入作为抖音最主要的收入来源，抖音中的广告类型有开屏、横幅等传统广告和视频流广告。由于其强大的互动社交属性，原生广告成为品牌营销的主要手段，抖音短视频的原生广告主要有开屏和信息流两种形式。品牌在用户"第一眼可见的位置"进行视频展示，用户在打开抖音时，第一眼看到的启动页面的广告即为开屏广告，开屏广告的优势也使它成为转化率最高的广告形式之一。而视频流广告或信息流广告是指在用户观看的推荐视频内插入广告视频,这种广告形式将广告特性与短视频的内容巧妙结合,既能保证用户的沉浸式观看体验,也能提供有价值的广告内容。2017 年 9 月,抖音首次尝试使用全竖屏的视频流广告,投放 Airbnb、哈尔滨啤酒和雪佛兰三支广告。对抖音来说,这不只是传递商业信息的广告,也是平台中优质的原创短视频内容。

定制站内挑战是抖音另一种商业变现模式,平台与品牌主协商后定制话题作为短视频挑战内容,吸引用户参与话题挑战、拍摄主题短视频,从而实现品牌曝光和产品诉求传递。2017 年 9 月,抖音首次进行定制挑战尝试,为联想打造了"放肆 show 真我"的主题挑战,用户参与拍摄 13 万支短视频,实现了该挑战 8500 万次视频播放量。定制挑战的创新性、互动性和影响力,既提升了联想年轻化的品牌形象,也提升了抖音平台用户参与的活跃度,促进平台内容产出。2019 年 7 月,抖音平台发起经典国货品牌百雀羚抖音超级挑战赛,创造了播放量高达 34 亿次的现象级数据,充分利用流量为产品导流。目前,抖音正积极探索电商方向的盈利模式。

2018 年 3 月,抖音正式与淘宝达成合作,拥有 5 万以上粉丝的用户可申请电商橱窗,在发布的短视频内添加并售卖商品,选择商品后用户将直接跳转进入该商品的淘宝界面。电商为短视频的商品化、货币化提供了途径,电商导流变现的盈利模式值得尝试。抖音参与门槛低,用户互动积极性高。对于企业来说,商业变现途径简单。两方面互相影响、相互渗透,促进抖音的商业价值不断扩大,引导用户和企业之间进行良性互动。电商模式打通了用户即看即卖的链路,助推品牌实力吸粉,将产品购买的入口嵌入到超级挑战赛以及用户电商橱窗的页面中,充分利用流量为产品导流,完成"营"和"销"之间的顺利过渡。

2. 快手变现盈利模式

快手生于短视频百家争鸣的年代,经历多年沉淀,已经形成了一套较为成熟的商业模式,其作为短视频龙头企业,为研究短视频拉动新经济增长的内在逻辑提供了可行性。

在企业自身发展迅猛的同时,快手亦通过短视频和直播接口融合电商、广告营销、游戏、剧场、在线教育等业务,拉动了包括农业、物流运输业在内的传统行业的经济高速增长和人民生活水平提高。对快手盈利模式的有效研究能成为行业内其他企业借鉴的范本。其变现盈利方式有:直播分成、广告收入、增值服务、电商购物和内容付费。

直播抽成是快手最主要的营收来源。通过直播和短视频两部分内容可以更好地吸引受众,主播可以开拓新的内容版图,增强其用户黏性,更好地实时与粉丝沟通。对于视频创作者来说,直播拓宽了内容输出的方式,打开了新的内容版图。用户直播收到虚拟礼物后,快手抽取 50% 的礼物佣金,此模式也是专业直播平台的盈利模式。快手中的直播功能可以弥补短视频互动的滞后性,有助于增进用户之间的关系,而短视频也能作为直播后曝光的延续。目前,用户的直播权限需要官方平台授予,没有直播权限的用户无法进入直播入口。直播权限能有效控制直播准入门槛、优化直播环境。

与抖音不同,快手摒弃了开屏广告、闪页广告和横幅位置广告等,只保留视频流广告,广告信息多以手机游戏、金融理财类 App 等为主。快手中的视频流广告需用户自主选择后观看,基本不会干扰用户的观看体验。快手中视频流广告的出现频率远低于抖音。

"粉丝头条"作为快手的增值服务,对用户来说也是一项增值服务,能够满足高级需求用户的增粉意愿。用户支付推广费用后,平台将短视频推送到一定数量用户的"发现"推荐页面中,提升作品的曝光率。此功能对快手来说是一种利用粉丝效应实现盈利的手段,将买卖粉丝变得正规、标准化,通过主播粉丝团等功能进一步加强用户之间的互动。

同样,电商导流也是快手探索的盈利模式之一。快手推出"我的小店"板块,支持淘宝、有赞、魔筷星选等电商内容的发布与展示。用户短视频作品下方会出现购物店铺入口,在直播实时过程中也会直接弹出商品介绍与购买链接。

10.2.5 未来趋势

目前,虽然新入局的短视频平台越来越少,但当前的短视频行业依然处于发展期,短视频行业仍存在大量的潜在用户,并且市场上的大部分平台同质化程度较高,采用差异化竞争方式依然有机会获取大量用户。未来,当市场渗透率接近顶峰时,短视频平台必将面临行业洗牌的风险,地位稳固的头部短视频平台和深耕内容与垂直领域的腰部平台将逐步整合中小型平台,部分平台有被直接淘汰出局的可能。因此,短视频平台如何在内容、技术、商业变现三方面实现创新突破,对未来的行业发展和自身存亡都有重要意义。

1. 短视频的内容发展

当前,短视频内容多以娱乐为主,若想继续增强行业竞争力、影响力,短视频平台必须大力发展垂直领域内容。首先是大量资本的扶持和补贴,能让追求短期利益的内容创作者有更多的能力和精力持续创作优质内容;其次是用户在形成稳定的短视频消费习惯后必将进行消费升级,将在内容垂直领域产生更多的需求。因此,短视频在内容上应继续向垂直细分领域挖掘,进一步探索更多的内容维度,进一步提高短视频的内容质量。探索电商领域的短视频创作,形成可持续的商业价值并将内容稳定变现,是短视频平台发展的重中之重。

2. 短视频的技术发展

时代的进步离不开科技的发展,人工智能技术在短视频领域有着巨大的挖掘价值。就目前的短视频行业而言,利用更完善的智能算法和更全面的用户数据实现内容的智能化推荐,帮助目标用户获得更加精准的短视频内容是技术发展的关键方向。如果未来短视频平台能够在用户体验方面上增加 VR 和 AR 技术,在内容生产方面上实现智能化、规模化、商业化,在商业变现方面上升级为程序化购买,势必推动整个行业的发展和进步。

3. 短视频的商业变现

由于营销机制不健全,目前短视频的商业变现模式主要依托于广告。如果推进营销理论和实践操作均步入规范化,短视频的商业变现将迎来春天。从广告理念上看,未来业界将会形成更加健康的短视频营销认知理念,并正确认识短视频的营销价值;在广告创意上,短视频将会出现更多的营销形式和创新玩法;在广告传播上,短视频将形成规模化的投放机制;在广告效果上,短视频行业将形成规范的效果评估标准和评估体系。

10.3 自媒体所需能力

一个人若想成功做好自媒体,还需具备以下能力。

1. 个人定位

既然是个人自媒体,我们就需要对自己有一个准确的定位,要知道自己想做什么。在清楚了解自己的情况下,再来决定做什么方面的自媒体。

2. 提供价值

做自媒体的核心是"你帮助的人越多,你得到的就越多!"别人为什么要成为你的粉丝,你必须给他们一个支持你的理由,这个理由很简单,那就是给粉丝不断地提供价值。因为你在给粉丝提供价值的时候,帮助他们解决了不少问题,于是粉丝对你心存感激,就会信赖你,从而成为你的忠实粉丝,他们就会经常来看望你,关注你!

3. 扬长避短

现在网络上有很多跟风的朋友,他看别人的内容人气很旺,于是也去跟风做,但是没多久就放弃了,这是为什么呢? 因为那不是自己所擅长的。正确做法是学会扬长避短,在自己擅长的领域中做自媒体。另外,同质化竞争也让后续跟随者越来越难成功。正确的做法是:在提供价值的基础上,大力创新。

习题

1. 自媒体与传统媒体最本质的区别是什么?
2. 简述公众号、知乎、头条号的特点和区别。
3. 公众号有哪些变现模式?
4. 什么是碎片化时代? 其典型特征是什么?
5. 今日头条迅速发展的最根本逻辑是什么?
6. 试列举短视频自媒体成功的关键点。
7. 人工智能、5G 技术、AR 技术、元宇宙可能会对未来的自媒体产生什么样的影响?
8. 从法律法规的角度来看,开展自媒体创业或推广,有哪些需要注意的事项?

第 11 章

创业场景：跨境电商

跨境电商离不开网络的发展。网络空间是相对于物理空间的一个新的空间,是一个虚拟但客观存在的世界。网络空间的独特价值和行为模式对跨境电商产生了深刻的影响,使其与传统的交易方式不同,呈现出自身的特点。

11.1　跨境电商概述

跨境电商是一种新型贸易方式,具有广阔的市场空间和良好的发展前景。

11.1.1　什么是跨境电商

跨境电子商务,简称跨境电商,是指分属不同关境的交易主体通过电子商务平台达成交易、进行支付结算,并通过跨境物流送达商品、完成交易的一种国际贸易活动。

目前,对跨境电子商务的认知主要在四方面:政策领域、国际组织、咨询公司、学术研究。

政策领域:欧盟的电子商务统计中出现了跨境电子商务名称和有关内容,主要是指国家之间的电子商务,但并没有给出明确的含义。

国际组织:联合国于 2000 年就已经关注到国际贸易和电子商务的关系;2010 年国际邮政组织(IPC)在《跨境电子商务报告》中分析了 2009 年的跨境电子商务状况,但对跨境电子商务的概念也没有给出明确界定,而是出现了 internet shopping、Online shopping、online cross-border shopping 等多个不同的说法。

咨询公司:在 Ebay、尼尔森等著名公司及诸多学者的表述中运用了不同的名词表达,如跨境在线贸易、外贸电子、跨境网购、国际电子商务等。

学术研究:阿里巴巴电子商务研究中心在 2016 年报告中对跨境电子商务概念的界定是"跨境电子商务有广义和狭义之分,跨境网络零售是互联网发展到一定阶段所产生的新型贸易形态"。

总体来看,这些概念虽然表述不同,但还是反映了一些共同的特点:一是渠道上的现代性,即以现代信息技术和网络渠道为交易途径;二是空间上的国际性,即由一个经济体成员境内向另一个经济体成员境内提供的贸易服务；三是方式上的数字化，即以无纸化为主要交易方式。

跨境电商比单纯的境内贸易电商所涉及的工作环节或工作要件多很多，包括商品引入、线上平台、线下门店、境外物流、保税仓储、报关报险、订单配送、结算、结汇、营销推广及售后服务等。

由此，跨境电商市场上派生出许多第三方专业服务的服务公司，如境外物流、保税仓储、报关报险、订单配送、结算结汇等。如果将上述环节委托第三方专业公司来完成，那么组建跨境电商工作的核心内容就是商品引入、线上平台和线下体验店。

11.1.2 跨境电商的发展趋势

1. 无牌到有牌的转换

经过跨境电商多年的发展，很多跨境卖家开始从后端走向前台，构建属于自己的海外销售渠道，改变了传统的贴牌模式，在扩大交易额的同时，构建了独特的竞争壁垒，海外客户对品牌有了更深刻的认知。

2. 业余到专业的转换

之前，中国制造商的海外销售是通过跨境贸易公司进行的，缺点是容易被赚取差价，容易出现一些假货。慢慢地，随着跨境电商逐步成熟，信息透明度也增加了，各国版权打击力度增强，这种现象越来越少。跨境电商已经从业余走向专业。

11.2 跨境电商的运营模式

跨境电商发展至今，各大企业纷纷竞争从而形成了跨境电商企业运营的几大模式：一是跨境电商企业自营的 B2C 模式，这种模式就是自己采购在自己官方网站上售卖；二是海外仓存储、直发平台售卖模式；三是通过用户分享返利的模式。

跨境电商企业自营的 B2C 模式，海外供应链的管理能力很强，而且有较完善的物流管理系统和解决方案。

在海外仓存储、直发平台售卖模式下，跨境电商企业建立平台，商品统一发到平台，用户下单后平台统一管理，然后从海外仓发货。这种模式保证了商品的质量，对跨境电商企业的供应链管理也有较高的要求，后续发展潜力较大。

通过用户分享返利的模式是比较轻的电商模式，其定位于信息流的整合，容易开展业务，吸引用户。但是长期而言，如果供应链较弱，进入门槛低，相对缺乏竞争优势。

11.2.1 跨境电商运营模式的分类

根据不同的分类维度，跨境电商运营模式可以分成不同的类别。

按商品流向，可以分为跨境出口电商和跨境进口电商。

按销售经营模式，可以分为纯平台、自营＋平台、自营。纯平台企业仅提供平台，不涉及采购和配送等。自营＋平台企业一方面通过自营部分产品赚差价，另一方面作为平台提供方收取佣金。自营企业则通过自营赚差价，往往涉及采购和配送领域。

按业务专业性，可以分为综合型跨境电商和垂直型跨境电商。综合型跨境电商的业务呈现多元化的特点，其用户流量及商家商品数量巨大。垂直型跨境电商的业务比较专业化，专注核心品类的深耕细作。

按照产业模式和交易对象，可以分为 B2B 平台、B2C 平台、C2C 平台。

11.2.2　跨境电商运营模式的特点

1. C2C 买手模式

优点：相对商家而言，买手的数量极大。在无法找到合适的商家之前，买手模式是最适合做平台的。SKU 的问题解决容易，另外买手自己也会将自己圈子的客户引入平台，帮助平台营销。

缺点：管理成本高，售后客诉量巨大；后台功能如果做得不好，容易流失买手；物流时效性无法控制；同质化竞争过于激烈，商品重复太多；纯 App 的界面展示有限，会造成大量冗余信息，能否有效组织好商品信息的展现是个需要思考的问题；无盈利模式。

2. B2C 模式

越来越多的巨头开始参与到跨境电商的行列之中，竞争异常激烈，对 B2C 资金、团队、货源、物流，少一个环节都不行。跨境电商和国内电商不同，要解决的问题很多，不仅要做好本土的电商运营，还要解决物流仓储、货源采购以及庞大的良性现金流。

优点：采购价格低，所以容易以便宜的价格吸引消费者，因为跨境海淘的本质就是"我要既便宜又好的商品"，便宜是很重要的一个特质，商品质量容易把控，售后难度不大，投诉率不高。由于物流统一，在时效上更容易控制。由于有足够的资金支持，在品类上又可以横向铺得很开，比较容易丰富产品线。

缺点：盈利微薄，虽然有商品的利差，但是由于人员成本、物流成本、货款资金过高，所以初期基本是靠烧钱抢市场的。模式过重，门槛高。

3. M2C 模式

优点：模式轻、投入低，虽然没有盈利模式，但是由于跨境本身的特殊时效性，现金流的周转期非常长，手上可以沉淀大把现钞，怎么赚钱已经无所谓了。平台要做的实际就是成交量，无所谓赚不赚钱。平台模式最重要的是将互联网本质发挥到最大，简化所有中间环节，这才是电子商务的本质。

缺点：无盈利点；对商品质量无法控制；售后服务差，跨境纠纷毕竟和国内不同，一旦有问题，退换货是个非常麻烦的事情。

4. 特卖会模式

优点：特卖本身的性质符合海淘的特征，海淘本身的货源采购通常都是不确定的，正好符合特卖会的本质。有钱可以拿到很低折扣，有足够的利润空间。特卖会本身容易提高用户的回头率，每天都有新商品，新鲜感是互联网的营销核心。由于跨境海淘的时效特殊性，所以基本上跨境的现金都是先收取然后再采购的,特卖会最大化地利用现金流,这才是跨境特卖模式的核心价值之一。

缺点:与 B2C 一样,无论你有多少钱,面对世界依然远远不够。所以开放平台是特卖会以及 B2C 都会做的事情,第一阶段的自营只会持续一小段时间,供应链的完善就是为了后面渠道商接入服务的。进入门槛低,谁都可以尝试,竞争激烈。

5.社交导购类

小而美的本质是细分市场。导购类的优势就是借助社交的口碑效应、粉丝效应去强化品牌,很容易在人群中获取属于自己的忠实粉丝。

优点:团队小,模式轻,投入不多。有品牌效应,用户忠诚度高,有权威。擅长炒作一些商品和打造爆款。

缺点:由于模式很轻,所以极度依赖于外部供应商,供应链都需要外包,比较不容易把控质量及时效。即使找到合适的供应商以及供应链的外包公司,但是商业模式的复制性不强,规模不容易快速增长。

11.3　新手跨境电商的分销运营

新手做跨境电商首先要解决客源的问题。目前大多数商家都在借助分销裂变的模式拓客,商家做分销要解决以下几个问题。

11.3.1　招募种子分销员

发动客户:一个好的产品可以让客户关系更加紧密,在用心分享产品的同时,收获团队、成长、财富。

活动聚会:公司聚会、同学聚会等集体活动是一个批量吸粉的绝佳机会。现场扫二维码、关注或者下单就送一包试用,引导购买和体验,暂时没有购买的朋友,可以先让他们了解体验产品的品质,后续适时跟进。

线下门店:在店铺放置展架、海报等宣传推广资料。方法一:可以在门口等醒目位置摆放店长的二维码。方法二:可以让店员扫描店长的二维码,直接进行销售推广。

企业推广:方法一:建议统一开会,管理层直接扫描领导二维码,直接推广。方法二:对于组织结构比较复杂的公司,建议设置一个公共点位,所有人都在这个下面,体现公平原则。公共点的收益可以参照公司管理架构进行分配。同时,因为每个人都在公共点下有自己的点位,可以独立拓展会员,既不影响整体团队,又不影响个人积极性。

11.3.2　选择分销爆品

与其将所有的商品一股脑全拿出来进行分享推广,不如先尝试挑选几款爆款,调动分销员的积极性,在商品选择上建议考虑 5 点原则:①复购率高:必须让少量的人对你的商品进行多次购买;②利润率高:利润率不低于 50%,没有好的利润率,是很难有不错的收益的;

③易传播：要选择那种让人使用过后有种想炫耀的冲动的商品，这样有利于商品的传播；④大众接受度高：选择大众能够接受的商品更加适合销售；⑤对价格无压力：在价格上让大家接受且没有压力，才有可能在你这里产生多次消费。

11.3.3　提升分销员业绩

将分销员当作自己公司的员工看待，你应当制定一个行之有效的绩效奖励政策，若分销员是客户、粉丝，可奖不可罚；若分销员是员工，可奖亦可罚。

奖励体系：除佣金以外，提供更多的荣誉、证书、授权、特殊的奖品、个性化定制的奖励，并且设置分销员的级别作为管理晋升体系的依据之一。

服务体系：多数情况下，招募而来的"分销员"并非专业的销售工作人员，为了让他们的推广动力更强劲、更持久、转化更高，光靠佣金还不够，需要全方位的服务支持，帮助他们解除后顾之忧。

培训体系：这一部分主要针对内部员工的销售团队，分销员以员工为主，便于集中培训和管理，对分销员的约束力也更强，可以通过现身说法、视频讲解等方式定期培训，提升员工战斗力。

11.4　跨境物流与海外仓库操作

海外仓库是跨境电子商务的突破口，了解海外仓库的成本、操作方式对于做好跨境电子商务具有重大意义。

11.4.1　海外仓库

在本区域以外的国家设立的海外仓库通常用于电子商务。货物从本国出口，以海运、陆运和空运的形式储存在该国仓库内。买方在线订购所需货物，卖方只需在线操作并向海外仓库发出指令即可完成订单。货物从买方国家发送，这大大缩短了从国外进行物流所需的时间。

仓库是现代物流中连接买卖双方的关键节点。将该节点放置在海外，不仅有利于拓展海外市场，还可以降低物流成本。拥有自己的海外仓库，可以从买方国家本地发货，从而缩短订单周期，改善用户体验，提高重复采购率，将销售瓶颈突破到更高的水平。

总之，根据中国电商卖家的需求，为卖家提供仓储、分拣、包装、配送等项目的一站式服务。卖方将货物存放在国外仓库。当买方有需求时，卖方可在第一时间做出快速响应，及时通知国外仓库对货物进行分拣和包装，从而缩短物流响应时间。同时，结合国外仓库的本地物流特点，可以确保货物能够安全、准确、及时、低成本地到达买家手中。

11.4.2　成本分析

海外仓储成本＝首程成本＋仓储及搬运费＋本地配送成本。

首程成本：从中国到海外仓库的货物产生的运费。

仓储及搬运费：客户将货物存放在海外仓库并在当地配送所产生的费用。

本地配送成本：交付客户货物所产生的本地快递成本。

客户提供要注册开户的用户名（英文或数字）和常用电子邮件。开户后，需要将产品目录导入系统以生成条形码，然后准备货物并粘贴条形码，联系客户服务总部将装箱单放在箱子中发送到海外仓库。收到货物后，海外仓库扫描装箱单的条形码进行仓储。订单发出后，系统立即发回 USPS 号。海外仓库根据订单挑选和发放货物，系统自动扣除费用。

11.4.3 海外仓库的意义

众所周知，跨境电商物流服务难以实现标准化，其困难在于不同买家国家法律和政策的复杂性以及不同国家买家类别和购买需求的差异。如果卖家在实际操作中发现海外仓库不能完全满足解决物流服务的所有需求，说明目前跨境电商物流卖家对物流服务的个性化需求及供应链服务提供商提出了新的要求。甚至一些大卖家虽然高度信任海外仓库模式，但不能完全信任海外仓库供应商，不得不冒险建设自己的海外仓库。然而，自建仓库的成本很高，门槛也很高，因此不如选择专业的海外仓库供应商。

11.4.4 五种主流跨境物流模式

1. 模式一：邮包

据不完全统计，中国跨境电商出口业务 70% 的包裹通过邮政系统交付，其中中国邮政约占 50%。香港邮政和新加坡邮政也是中国跨境电子商务卖家常用的物流方式。

优势：邮政网络基本覆盖全球，比其他任何物流渠道都要广泛。此外，由于邮政服务通常是国有的，并且有国家税收补贴，因此价格便宜。

缺点：一般以私人包裹出境，不便于海关统计，不能享受正常的出口退税。同时，速度慢，丢包率高。

2. 模式二：国际快递服务

国际快递主要指 UPS、联邦快递、DHL 和 TNT。UPS 和联邦快递的总部设在美国，DHL 的总部设在德国，TNT 的总部设在荷兰。国际快递在全球自建网络和国际信息系统的支持下，对信息的提供、收集和管理有很高的要求。

优点：速度快，服务好，丢包率低，特别是发送到欧美发达国家非常方便。例如，如果一个包裹由 UPS 从中国发送到美国，它最快可以在 48 小时内到达，TNT 可以在 3 个工作日内到达欧洲。

缺点：价格昂贵，价格和关税变化很大。一般来说，跨境电商卖家只有在客户强烈要求及时性时才会使用它，并会向客户收取运费。

3. 模式三：专线物流

跨境专线物流是一种流行的物流方式，通常通过包机将货物运输到国外，然后通过合作公司将货物发送到目的地。

目前,业内最常用的物流线路有美国线、欧洲线、澳大利亚线、俄罗斯线等,很多物流公司也推出了中东线和南美线。EMS的"国际邮件宝"、中环运的"俄罗斯邮件宝"和"澳大利亚邮件宝"、俄罗斯快递的拉斯顿中俄专线都属于跨境物流专线推出的特定产品。

优点:将大量货物集中运送到目的地,通过规模效应降低成本。因此,价格低于商业快递,速度快于小型邮包,且丢包率相对较低。

缺点:与小型邮包相比,运费成本仍然高得多,范围相对有限,覆盖范围需扩大。

4. 模式四:海外仓储

在线外贸交易平台和物流服务商在销售目的地独立或共同为卖方提供货物仓储、分拣、包装、配送的一站式管控服务。卖方把货物存放在当地仓库。当买方有需求时,将在第一时间快速响应,并及时分拣、包装和交付货物。整个过程包括首程运输、仓库管理和本地配送。

目前,由于诸多优势,海外仓储已成为业界较为推崇的物流模式。

优点:采用传统的外贸方式到达仓库,可以降低物流成本;可以提供灵活可靠的退货和换货方案,提高海外客户的购买信心;更短的交货周期和更快的交货速度可以降低跨境物流缺陷交易率。此外,海外仓库可以帮助卖家拓展销售门类,突破"大而重"的发展瓶颈。

缺点:并非所有产品都适合海外仓库。最好使用库存周转快的热销单品,否则容易压货。同时,海外仓储在供应链管理、库存控制、移动销售管理等方面对销售商提出了更高的要求。

5. 模式五:国内快递的跨国经营

随着跨境电子商务的兴起,国内快递也开始加快国际业务的布局。例如,EMS和SF在跨境物流方面做出了巨大努力。依托邮政渠道,EMS的国际业务相对成熟,可覆盖全球60多个国家。

优势:速度快,成本低于国际快递巨头,EMS在中国具有较强的通关能力。

劣势:市场控制能力有待提高,海外市场覆盖面也相对有限。

11.4.5　海外仓储的优势

(1)交货及时。节省了运输、报关和清关等复杂操作流程所需的时间,实现更快、更有效的海外交货。

(2)更好的仓库管理经验。不需担心仓库管理员的货物管理问题,海外仓储配备了专业的管理人员。

(3)订单处理更方便。订单与发货同步,实现了订单自动批量处理。

(4)库存管理和库存盘点更加清晰。系统自动显示月销售额和剩余库存,每个订单的物流成本一目了然。不需要雇佣结算人员来整理和报告。

(5)远程控制方便快捷。不必在仓库里包装和递送快递,只需在电脑前发布订单发货指令,海外仓储专业团队将完成这些任务。

(6)自动、高效的退货处理流程。如果客户因各种原因退货,可以直接将其退回海外仓库,避免国内外双重结算的损失。

11.4.6　海外仓储的特色

1. 可以大大降低物流成本

以发货为例,批量货物从国内发往海外仓库,然后由海外仓库境内快递配送至客户,远远比一单单从国内直接发货给客户来的便宜。没有海外仓情况下如果碰到客户退换货物问题,就非常棘手,来回费用不敢想象。如果使用了海外仓储,就可以避免高昂的国际物流成本。

2. 可以有效避免物流高峰

每逢特殊节假日将会集中在节后大量发货,囤积的货物将会严重影响国际物流商的运转操作,从而影响派送时效,进而影响客户收件时间。要知道,漫长的等待往往会焦躁不安,产生不满情绪,这样就很容易直接流失掉大量的海外客户。如果使用了海外仓储,就可以预估物品销售量,提前将货物发至仓库,避免物流堵塞造成的麻烦。

3. 可以清晰管理货物

以订单为例,每笔订单的录入录出,库存货物的清点和盘查,是非常耗时耗力耗资的。数据的核查,货物的清查,人工费是不可避免的,这就增加了成本,降低了利润。如果使用海外仓储,就可以省去这项支出,免费提供的仓库管理员,经验丰富,实时监控;专业高效的系统平台,操作简单,轻松点击,数据全出,省时省心省力。

11.5　跨境电商第三方平台与自营平台的区别

跨境电商有两种主要的运营方式,一种是跨境电子商务 B2C 第三方平台,在亚马逊、eBay、速卖通、wish 等第三方平台销售,另一种是建立自己独立网站商城。下面分析跨境电商第三方平台与自营平台的特点与区别。

11.5.1　跨境电商第三方平台的特点

1. 优点

第一,轻松上手,可以直接使用平台的运营模式在平台上开设店铺,上传产品,如亚马逊、易趣、Etsy 等成熟的跨境电商平台。只要知道开店的方式和程序就可以开始。

第二,节约成本。平台不需要网站维护和网站推广,可以节省大量人力成本,这就是为什么很多人选择 SOHO 平台的原因。

第三,短期结果。因为平台本身的流量已经很大,所以发布单个站点要比独立站点简单得多,而且效果也很快。想看到效果的商家可以试试。

第四,通过平台本身的品牌效应获取流量。成熟的跨境电商平台有固定的消费群体,不需要进一步推广。如果产品对顾客有吸引力,人们自然会浏览并下订单。

2. 缺点

第一，平台规则有很多限制，平台的规则会发生变化，必须对更改做出响应，否则平台操作员将干预。

第二，无法访问客户资源。平台客户只属于该平台。在平台上运行商店并获得大量流量，但无法获得客户邮箱等资源。

第三，价格竞争激烈。第三方平台上有很多商家。如果你销售的产品不是独一无二的，那么客户将不可避免地需要比较平台上其他商店相同产品的价格，并通过比较性价比来下订单，这要求产品质量非常高。

11.5.2 自营平台的特点

1. 优点

第一，平台规则没有限制。个性化独立网站可以自由发布产品，不受平台规则限制。

第二，客户资源属于自己。通过后台预留的客户邮箱，客户信息可以作为后期分析和推广资源。对于 B2C 外贸店类网站，客户可以直接在网站上购买，并通过银联、国际信用卡接口等方式向独立店网站付款。

第三，没有价格竞争。当客户访问独立网站时，所有产品都属于独立网站。与平台上销售同一商品的许多商店不同，顾客会相互比较然后购买。

2. 缺点

第一，很难开始。由于网站建设涉及域名采购、网站开发、风险控制、后端技术维护等多个技术方面，需要更多的专业技术知识。因此，对于一个不懂技术的人来说，很难。

第二，建立一个良好的独立网站困难，因为很难找到一家可靠的跨境电子商务技术网络开发公司。

第三，成本相对较高。建立一个独立的站点意味着必须花费建造站点的成本。平台没有稳定的流量支持。后期的推广、运营、支持和售后服务需要大量的人才支持和成本。

第四，效果缓慢。因为建立一个独立的网站是一个新的平台，没有客户知道，需要投入大量的促销费用来带来流量和订单，而且需要三五个月才能看到一些效果。

每个卖家都有不同的定位，看自己更适合哪种方式，从而选择相应的跨境电商运营模式。

11.5.3 跨境电商不同平台的详细区别

1. 按照销售市场区分

亚马逊虽是全球开店，但也分不同站点，如欧洲站、北美站、日本站、印度站。想做不同市场，就得开对应的站点。

速卖通针对全球市场，故一个产品若在某国不好卖可以向其他国家和地区销售。

Shopee 主要针对东南亚市场。

不同站点，因目标用户文化、消费偏好有所不同而需要不同的运营重点。

2．按照平台模式区分

1）亚马逊

亚马逊有 FBA 和 FBM 两种模式。FBA 是将货运到亚马逊的海外仓后由官方负责配送发货，FBM 是卖家自发货。

前者的优势是时效比较快，对因物流问题引起的纠纷有保护免责；劣势是前期需要囤一定货量，对资金投入有要求，若货物卖不出会亏钱，且放在 FBA 仓库时间过长，卖家也要出仓储费。

FBM 自发货优势是可更好地控制销售业务、产品库存、退货，能赚取更多利润，方便直接为用户服务；劣势是赢得 Buy Box 概率要比 FBA 概率低，无法使用亚马逊 Prime，物流处理耗时。

2）速卖通

速卖通有线上、线下渠道发货。线上发货是通过官方合作的物流商发货，若卖家想使用海外仓库发货，也可以选择官方海外仓或第三方海外仓进行；线下发货是卖家找物流商自发货。

线上与线下发货有着各自的优劣势，线上发货可在线支付运费，线下发货一般来说需预缴费用；线上发货商家因物流问题可在线投诉索赔，线下发货物流出问题货代不会承担；线上发货因物流引起的纠纷，官方不计入运营数据保护店铺，线下发货没有此权益。

3）Shopee

Shopee 不同站点的物流商使用略有不同。中国台湾站使用圆通、顺丰和 Shopee 自己的渠道 SLS。Shopee 提供两种服务类型：送货上门和商店送货；新加坡、马来西亚和泰国站使用以下三种渠道：SLS(Shopee 物流服务)，LWE 和 EasyExport(CK1)中国邮政包裹服务；印尼站使用 SLS 和 LWE 的印尼物流渠道；菲律宾和越南站使用 SLS。

Shopee 站点多，不同国家能走的渠道不同，且各国家禁售产品不同，卖家使用哪种物流、能不能走要结合站点物流渠道的要求。

3．按照开店条件区分

1）亚马逊开店所需资料

(1) 法人实体营业执照扫描件(中国香港公司则为公司注册证明书＋商业登记条例)；

(2) 身份证正反两面的扫描件(应清晰可读)；

(3) 公司账单或者法人个人账单；

(4) 一张 VISA 信用卡；

(5) 一个海外收款账号。

2）速卖通开店所需资料

(1) 查看并选择自己想要经营的类目，进行入驻前的资料准备；

(2) 注册账号及完成企业认证(企业营业执照、已认证的企业支付宝或法人支付宝)；

(3) 提交类目入驻资质审核；

(4) 准备好类目保证金；

(5) 商标资质权限的申请（大部分类目不需要，具体以平台提供的为主）。

3) Shopee 开店所需资料

(1) 中国大陆公司注册：营业执照、税务登记证、法人身份证（原件扫描/拍照）；

(2) 个人注册：个人身份证；

(3) 中国香港公司注册：营业执照（CR 证及 NC，股本和创始人页），税务登记证（商业登记证，董事/法人）；

(4) 企业账号认证需要准备好企业营业执照，法人身份证信息；

(5) 邮件地址。

4. 按照开店成本区分

1) 亚马逊开店费用

(1) 亚马逊卖家计划有两种类型：个人计划和专业计划。专业卖家计划每月收取39.99 美元的订阅费，个人卖家计划无须缴纳每月的订阅费；个人卖家需要为每笔交易支付 0.99 美元的费用，专业卖家计划不需要。

(2) 店铺注册成功后，专业卖家月租金：欧洲站每月 39 欧元或者 25 英镑；北美站每月39.99 美元；日本站每月 4900 日元。月租金是每个月要交的。

(3) 单件销售费用专业计划：无须按件收费；个人计划：每售一件，亚马逊收 0.99美元。

(4) 销售佣金（每件售出的商品支付给平台的销售佣金）：不同品类商品的销售佣金比例和按件最低佣金都有不同的规定，8%～20%不等。

(5) 不同城市注册公司的成本略有不同，如有可挂靠的公司，此项无须出钱。

若单纯计算开店费用，不算卖家所需的开店资料、产品采购成本、人工成本，初期投入的金额成本＝店铺月租金＋公司注册费。

2) 速卖通开店费用

(1) 店铺保证金，按类目收费，不同类目保证金额度不同，具体以公告为准。

(2) 类目佣金，指平台按订单销售额的一定百分比扣除佣金。速卖通各类目交易佣金比例不同，5%～8%不等，交易产生才会扣。

(3) 商标（R 标或 TM 标）费用，若卖家手上已有授权商标，或所申请的类目不需要商标授权就可售卖，无商标费用。

(4) 若所需类目需要商标，而卖家自己没有或没得到商标持有人的授权，需花商标注册费用，不同国家的商标注册费用不同。

(5) 提现手续费。

速卖通单纯计算开店费用，开店所需成本＝办公司的费用（如若可以挂靠，此费用不用出）＋类目保证金。

3) Shopee 开店费用

卖家不需支付任何开店费、入驻服务费、年费及上架费，仅需通过官方招商渠道提供符合要求的资料即可。

新卖家前 3 个月全免佣金，3 个月后按经营类目收取不同百分比例的佣金。

Shopee 单纯计算开店费用，无开店成本。

5. 按照运营特点区分

1）亚马逊店铺运营特点

亚马逊是跨境电商的第一大平台，是许多新卖家入驻的第一选择。官方对入驻的卖家的企业资质进行严格审核，如遇账号关联，店铺被关是常事。

因为亚马逊很关注买家的购物体验，甚至早早就做出了行业领先的 FBA 物流模式，对于自发货的卖家要努力做好售后服务。

亚马逊重产品轻店铺，所以卖家上传的产品必须符合亚马逊的要求，而且质量必须要过硬，若被官方多次检测到假货，卖家会受到严厉处罚。

2）速卖通店铺运营特点

速卖通面向全球用户，它在俄罗斯、西班牙、法国、荷兰等地流量不错，后台的操作易上手，比较适合学习型的创业者，从淘宝转型、外贸从业者以及零起步的电商创业者。

在弄懂后台操作后应多学习运营技巧、营销转化的能力，卖家若会选品＋运营，在此平台发展能取得不错成绩。

3）Shopee 店铺运营特点

Shopee 覆盖 7 亿人，它是铺货型平台，要求卖家铺货，新品会有流量扶持。Shopee 面对的是东南亚消费群体，服装、母婴用品、家居生活、美妆、3C 类目是平台的热门，客单价低是事实，故利润也低，做此平台的卖家应从性价比上下功夫。

6. 按照物流时效区分

1）亚马逊物流时效

自发货物流速度比较：海外仓储派送＜国际快递＜国际专线＜国际小包。

物流运价对比：国际小包＜海外仓储派送＜国际专线＜国际快递。除了时效最慢的国际小包外，亚马逊站点当地的海外仓发货是最经济省钱的发货渠道。

FBA 发货：FBA 头程服务一般包括直发快递、FBA 空＋派、FBA 海运头程、海外仓调拨。

2）速卖通物流时效

无忧简易：正常情况下 15～20 天可以实现俄罗斯大部分地区妥投，个别偏远地区在20～35 天。

无忧标准：正常情况下 16～35 天左右到达目的地。

3）Shopee 物流时效

Shopee 的物流时效相对于亚马逊是比较快的，因为东南亚等地离中国大陆较近，一般在 5～15 天。

以上各平台的物流时效在特殊时期可能会受到影响，具体以各平台相关信息为准。

7. 按照费用结算区分

1) 亚马逊费用结算

亚马逊的结算方式是绑定自己的第三方收款账户，第三方收款账户再绑定本人的储蓄卡，会有一个汇率转换费用，亚马逊的回款周期是 14 天，加上客户收货 10 天左右，差不多是25 天。

2) 速卖通费用结算

平台根据买家不同的支付方式，由不同的收款账户接收交易款项。

(1) 买家通过信用卡(人民币通道)进行支付时，国际支付宝(Escrow)会按照买家支付当天的汇率将美元转换成人民币支付到国内支付宝或银行账户中。

(2) 买家通过 paypal、信用卡(美元通道)、西联、MoneyBookers、Bank Transfer(T/T 银行转账)等方式进行支付时，国际支付宝将支付美元到美元收款账户。

也就是说，买家采用不同的支付方式，其货款将打入不同的收款账户，因此卖家需设置人民币和美元两个收款账户。

3) Shopee 费用结算

Shopee 支持 P 卡和 pingpong(第三方收款平台)两种方式打款，Shopee 的打款周期通常是一个月两次，分别是月初和月中。

而结算币种除了新加坡站用新币、越南站用越南盾外其他站点都通过美元进行结算。

亚马逊的客单价高，重产品轻店铺，利润高，操作和物流时效尚可；速卖通客单价一般，重产品也重店铺，利润度看自己把握；Shopee 利润低，容易做量，操作不复杂。

哪个平台更适合新手卖家做，也要结合自身资源、供应链、成本综合考虑。

11.6　跨境电商关键词描述

关键词和产品描述的重要性已经不言而喻，那么如何才能找到合适的关键词，怎样的关键词能带来点击量和转发率呢？其实方法有很多，各大平台和各卖家的方法不尽相同，百花齐放，大致常用的是下面几种方法。

1. 可利用世界范围内使用广泛的浏览器

无论经营的是亚马逊、eBay 还是 wish 等电子商务平台，目标和方向都是将产品推向国外的消费者。Google 可以说是在全球应用最广的一种浏览器之一，它提供的信息和方法都是非常有参考价值的，对于开展关键词和产品的描述也有重要的借鉴作用，在 Google 的搜索框中输入产品相关或者相近的关键字，就会得到非常丰富的搜索结果，通过这些结果和提示，优化自己产品描述和关键词是很重要也是最直接的一种方法。

2. 可利用一些电商平台的评论区进行分析

做产品的描述和产品关键词时，除了可以借鉴对手卖家的相关产品关键词，还可以利用热销产品下方的买家评论。一般平台热销的产品评论多，而且借鉴作用也很大，买家对产品的要求有哪些，对产品有哪些想了解的点，价格和物流方面的问题等都可以在产品的相关评论中体现出来,可以从这些评价中开发用户真正的需求信息,更好满足买家的信息需要。

3. 借助好用的翻译软件和国外社交网站

很多从事跨境电商的卖家的外语水平还不到能处理好产品的关键词和产品描述的地步,这样就可以借用一些翻译软件,但大部分翻译软件在翻译某些词句时不很准确,甚至有些与外语的语法严重不符,这种情况常有发生,所以我们在选择翻译用软件时就要有所选择,用一个更贴近外语语言习惯的关键词可以更好地让买家搜索到和接受,远远比生硬不通俗的词汇更能打动外国消费者。

4. 一些门户网站的贴吧、论坛等

一些门户网站比如 Yahoo 等都会有论坛形式的交流区域,大家可以在里面问答和交流,从而提高自己的知识水平和结交到更多的朋友,卖家借此可以改进自己的产品描述和关键词,去里面找到与之相关的 Yahoo 问答的问题。抓不住买家的真正需求,产品的描述就不能抓住买家的心,导致店铺的转化率低,而这些贴吧和论坛中的问答,往往能提供适合卖家产品描述的信息,让产品关键词和描述更有针对性。

5. 专业的关键词分析工具

比如做 Amazon、eBay 的卖家,这些专业的关键词工具可以做关键词调研,还能分析相关产品的销售和排名的情况,各类跨境电商平台都可以使用,如紫鸟等,它能分析出买家经常用哪些关键词来搜索和购买类似产品,这些信息对开发和优化产品有很大的价值。

11.7　跨境电商工具介绍

下面介绍工具软件收录。

11.7.1　选品网站

以下是五个亚马逊站内的工具。

(1) 美国亚马逊销售排行榜。

(2) 美国亚马逊新品排行榜,帮助快速观察平台最新产品动态。

(3) 亚马逊飙升排行榜,基本上看到的新品爆款都在这里,提供选品参考。

(4) 亚马逊产品收藏榜,可以预测出哪些产品是潜在爆款,提供选品参考。

(5) Today's Deals,亚马逊每日促销,提供选品思路。

下面是继续综合选品的网站。

(1) Jungle Scout,大数据选品＋运营,从选品到运营多维度帮助卖家打造热销爆款。是比较实用性的网站,通过大数据找到极具潜力的亚马逊产品,全面、快速、高效、准确可靠。

(2) AMScoutZ。

销售额估算:只需点击一下即可获得估算的销售额,以分析利基市场。

履行细节:获取有关 FBA 费用的所有数据。

销售排名:获取最佳卖家排名的相关信息。

历史数据：获取价格和排名变化的历史数据。

查看趋势：分析正在研究的每种产品的 Google 趋势。

（3）谷歌趋势。

（4）CamelCamelCamel，一个免费的亚马逊价格跟踪器，使用链接查找在亚马逊购买的产品，然后返回此处并将产品的 URL 放入搜索框中即可查找其价格历史记录和/或创建价格观察，很实用。

（5）Marketplace Pulse，收集跨境平台市场数据，可以监控市场上的数百万个数据点，包括亚马逊、eBay、沃尔玛、Etsy、阿里巴巴、乐天、Mercado Libre 等。

（6）watcheditem。

11.7.2　关键词工具

1. Merchant Words

Merchant Words 通过专有算法来梳理广泛的数据库，计算每个搜索短语的排名，并产生估计的搜索量。

2. SurTime

SurTime 是一款支持关键词一键筛选重组，快速复制符合 Amazon 规定的精确 Search Terms，同时也是拥有亚马逊全套解决方案的强大工具。

3. Google Ads

Google Ads 提供丰富资料，包括有多少人看过广告、造访过网站或是拨电话给商家。

4. SEO chat

因为免费，所以 SEO chat 拥有超过 100 万名用户和超过 50 万个线程，是网络营销中所有内容的权威资源。

5. Sonar

Sonar 是一个在 Google 浏览器安装使用的扩展程序，Sonar 的数据库包含 1.8 亿个关键词，供卖家搜索，帮助卖家提高某些关键词下产品 listing 的自然排名，以及优化 PPC 广告活动的效果。

6. keywordinspector

keywordinspector 是一个常规的关键词搜索工具和查看关键词趋势工具，其中有一个可搜索的数据库，通过它可以找到亚马逊客户用来查找产品的所有关键词。

每个关键词都有一个真正的亚马逊搜索量，每天更新，以使其在市场上最准确，现在已经完成数据库中有 11 亿多个独特的 ASIN 关键词组合。每周都会更新 ASIN / Keyword Combinations 的当前排名。

7. ScientificSeller

这个工具实时搜索亚马逊，所以它总能找到最当下的关键词。关键词不那么频繁地变更，但是当新品牌或新产品开始被搜索时，可以立即找到它们。

真正的秘诀是关键词工具支配者如何模拟真实用户输入搜索词，以便在很短的时间内找到多个关键词建议。

11.8 跨境电商 SaaS、DTC 和独立站

尽管跨境电商第三方平台具有成本低、见效快、轻松上手的特点,但是第三方平台可能会出现大规模封号的现象。这时,跨境电商 DTC 的优先级便提高了。

11.8.1 SaaS

SaaS(Software as a Service,软件即服务),软件和服务放在一起是什么意思呢? 我们往往习惯于体验现实生活中、面对面、直接由人提供的具体服务。如进入一家理发店,理发师为你量身打造一款新发型;进入一家餐厅,服务生为你提供餐饮。

如今由于劳动力集成和互联网的便利性,服务的形态也在随之改变。它可能不再由某个具体人员提供,而是搭载于某个软件之中。如 Shoplazza 店匠就是一款为跨境卖家提供专业建站服务的 SaaS 服务系统。客户可以根据自身实际情况,任意选择相应的 SaaS 软件服务满足业务需求。

11.8.2 DTC

DTC 直接触达消费者的商业模式,在消费升级的背景下,电商 DTC 模式能帮助品牌卖家培养忠实消费者、长期获益,商业前景开阔。亚马逊、淘宝、京东等这样的传统 B2C 电商平台自有方便之处,但也存在诸多局限。作为消费者,一般只在有消费需求的时候才会光顾平台,所以平台本身流量就是有一定上限的。作为商家,入驻后一般受到平台规则制约。比如想清货、做促销,也需要等平台购物节等时候才有机会推出,想获取流量也需要服从平台推荐机制,并且需要付出一定的平台抽成费用。

在 DTC 的电商模式下,由于减少了中间环节,对于品牌卖家而言灵活性更大。简单来说至少有以下几点好处。

没有中间抽成,减少流通成本,获得更大利润空间。

及时收集反馈,获取第一手客户数据。DTC 独立站商家能获取到每位消费者行为数据,可以轻易描绘出消费者画像,知道流量从何而来,知晓消费者偏好以及在什么环节放弃购买。这些数据都可以让商家动态把握市场信息和消费者反馈,是调整市场定位和营销策略、改进产品和服务、提升消费体验的有力依据。

打造个性化产品和服务体验,提升品牌黏性。

商家可以自己制定规则,推出更灵活的营销活动。在自己的"官网"中,商家拥有独立自主的运营空间。

与消费者建立联系,培养品牌忠实客户。通过会员制、品牌营销等,满足消费者的个性化需求,打造独特的消费和服务体验,提升品牌信任度。

11.8.3 独立站

跨境电商 DTC 模式和在 B2C 平台开店一样，首先需要有一个"门店"，然后保持持续运营（包括但不限于站内运维和站外推广引流）。

跨境电商 DTC 的门店一般叫"独立站"，可以投入技术和软硬件搭建自己的网站——包括申请域名、购买服务器、网站设计开发和运维等；也可以选择使用 SaaS 服务一站式完成，即在一套专业系统中，有引导地一步步操作完成搭建出属于自己的"品牌独立站"。每个工具有针对性的一方面。如果要做跨境电商的独立站，下面推荐一些开源代码工具。

（1）Shopify。Shopify 不仅仅是一个电子商务软件，还是很好的电子商务平台，拥有在线销售或面对面销售所需的一切。

（2）BigCommerce。BigCommerce 是很好的电子商务平台，由它提供支持的商店增长速度比行业平均水平快 2 倍，并且提供 15 天的免费试用期。

（3）Beeketing。Beeketing 是一个营销自动化平台，可自动提高转化率并增加电子商务网站的收入。

（4）ECShop。ECShop 是一款开源的 B2C 独立网店系统，适合企业及个人快速构建个性化网上商店。系统是基于 PHP 语言及 mySQL 数据库构架开发的跨平台开源程序。

（5）Ecomz。Ecomz 能创建令人惊叹的在线商店，店面美丽，并拥有强大的管理系统和移动优化的简单方法。

（6）小老板云自建站（Littleboss）。小老板云自建站是跨境电商外贸网站、亚马逊品牌备案网站的首选，支持 paypal 支付、域名解析、手机端自适应，可与速卖通、亚马逊、wish 等平台订单实现多渠道管理库存、统一发货。

（7）Magento。Magento 是专业的开源电商系统，为数千家零售商和品牌提供最佳的电子商务平台和灵活的云解决方案，以实现快速创新和发展。

（8）OpenCart。OpenCart 是一个免费购物车系统，能提供基于 PHP 的开源在线电子商务解决方案。

（9）Creating Online Stores Worldwide（Oscommerce）。提供工具，可以建立自己的和自托管的在线商店和网站，免费安全地向全球客户销售产品和服务。

（10）Prestashop。PrestaShop 是一个现成的解决方案，用于创建和管理在线业务。

（11）PinnacleCart。PinnacleCart 通过专为快速增长而设计的电子商务平台而加速业务发展。

（12）Shopyy。Shopyy 是 SaaS 云商城，安全，省心，便宜，自助开店，自主域名，打造真正属于自己的品牌之路，个人 SOHO、小额批发商、传统实体、平台卖家、跨境营销专家等，Shopyy 都能提供服务。

（13）Ueeshop。Ueeshop 是外贸建站系统开发商，运营 8 年，服务全球 12000 名客户，为跨境电商用户提供多种专业的外贸建站和外贸网店系统的 PC 与移动端一站式解决方案。

（14）Volusion。Volusion 通过知名的电子商务软件创建在线商店，并可免费试用14 天。

（15）WOOcommerce。WOOcommerce 可为 WordPress 构建完全可定制的开源电子商务平台。

（16）Web。Web 可以帮助发展小型企业，让在线销售变得简单。

（17）Xorder 奇单。Xorder 奇单是国内领先的外贸领域技术服务商，拥有多项技术专利，是一站式外贸营销服务平台，主要产品包括外贸网站建设、海外营销、外贸管理软件解决方案。

（18）X-cart。这是一款电子商务网站软件且没有月租费，可使用可扩展的 PHP 购物车平台在线销售更多产品，并且可以免费下载、自定义和启动。

（19）零售易外贸建站平台。零售易是国内专业的外贸建站平台，提供快速的网站搭建体验，具备强大的建站功能。

11.8.4　SaaS 的优点

1. 降低成本投入

使用电商 SaaS 服务，可大大减少固定的人员成本、软硬件投入成本、运维成本等，同时可满足业务需求。

2. 获得专业、稳定、优质的服务效果

一款电商 SaaS 平台背后有一群专业人士在打磨软件，建站、装修操作简单，平台中集成了一系列信息管理、促销活动、支付和物流等系统和插件。只需在引导下，完成几步简单操作，小白用户也能通过电商 SaaS 实现专业的服务效果、体验最新的技术应用。

3. 围绕卖家需求迭代服务，获得优质的体验

不同于传统 B2C 电商单纯的"平台"属性，电商 SaaS 服务更强调个性化的"量身定制"，客户拥有更多自主性。电商 SaaS 服务提供商会围绕客户不同的建站、推广需求，持续提供相应的专业服务，并持续根据反馈迭代优化产品和服务体验。

习题

1. 跨境电商企业运营有几大模式？它们各自有什么优缺点？
2. 海外仓库对于跨境电商有何意义？
3. 新手做跨境电商应如何做好分销运营？
4. 如何做好跨境电商的关键词和产品描述？
5. 跨境电商第三方平台与自营平台相比，优劣势各体现在哪里？
6. 什么是 DTC？
7. 结合自己的资源和兴趣，开一个网店进行实践。

第 12 章

创业计划书及创业公司注册、资金规划

12.1 创业团队

创业团队是为创业而形成的集体。它使各成员联合起来,在行为上形成彼此影响的交互作用,在心理上意识到其他成员的存在及彼此相互归属的感受和工作精神。这种集体不同于一般意义上的社会团体,它存在于企业之中,因创业的关系而连接起来却又超乎个人、领导和组织之外。

创业团队的要素有目标、人员、角色分配和创业计划。目标将人们的努力凝聚起来,从本质上来说创业团队的根本目标都在于创造新价值;人员是实施计划的主体,人作为知识的载体,所拥有的知识对创业团队的贡献程度将决定企业在市场中的命运;团队成员角色分配的作用是明确各人在新创企业中担任的职务和承担的责任;创业计划是制订成员在不同阶段分别要做哪些工作以及怎样做的指导计划。

创业团队是由一群人组织起来的一个共同体,这个团队要有优秀的人才,更需要有组织者和领导者,还要有共同的强烈需求和明确的目标。

1. 优秀创业团队的基本特征

一支优秀的团队,塑造出优秀团队文化,优秀的团队文化,酿造出优秀的人。优秀创业团队具有以下基本特征。

1) 富有魅力的领导者

对于创业企业而言,创业团队的实力和团队精神直接影响到创业的成败。一个合格的创业团队,应该相互协作,共同承担风险,不能出现太多的领导者,否则在执行的过程中,很有可能会出现决策上面的冲突,出现各种各样的问题,这会让实际效果与美好的初衷背道而驰,所以创业企业领导者不宜过多,并且要求领导者要有魅力。

2) 具有凝聚力

团队就是一个整体,既然是整体,那么成败并非个人的事情,团队中的每个成员都必须同甘共苦,公开合理地相互分享经营成果,这样团队内就会形成强大的凝聚力。团队中的每个成员都应该将团队的利益放在首位,愿意牺牲短期利益来换取长期的成功果实。

3）拥有打败竞争者的经验

任何一个行业都会存在竞争,在激烈的市场角逐中,作为创业者必须要勇敢面对那些希望彻底打败你的人,不仅要检测到这些信息,还要推动员工闯过充满竞争的战场,让员工在此战场中得到一定的锻炼和成长。

4）重视大局

创业团队必须要重视大局,服务大局,因为团队中所有成员的长远目标都是一致的,都希望创业能够成功,都希望公司能够发展得越来越好。因此,若发现公司有不合适的人,一定要让其离开,否则会给创业企业发展带来不好的影响和结果。

5）相互信任

团队成员之间最重要的就是信任,团队能力大小受团队内部成员信任程度的影响。任何一个团队,由于团队中每个人的性格、教育背景、生活环境的不同,团队成员在工作中难免会有不同的意见,创业者要学着鼓励团队成员将想法自由地表达出来,在团队成立之初就应当让成员彼此之间建立信任。

2. 创业团队的组建

创业团队的组建受到多种因素的影响,这些因素相互作用,共同影响着组建过程并进一步影响着团队建成后的运行效率。

1）适应力超强的团队成员

在飞速发展时代,创业团队的成员假如没有很强的适应力,那就一定会拖累整个创业团队的发展。适应力强的团队成员需要具备可塑性、创造力和服务意识等品质。

2）有创业经验的成员

对创业团队而言,不仅要做好熟悉项目运作、行业分布、市场现状等工作,还要完善团队内部的人际关系,做好凝聚团队精神、提高团队协作力和战斗力等工作。这时,如果团队中刚好有一个或几个有着丰富创业经验的成员,那就可以最大限度地减少不必要的阻力和麻烦,促进整个创业团队的快速成熟。

3）队长和团队成员同心

团队成员风雨同舟,共享富贵,共同承担后果。在创业团队中,假如有人的报酬根据利润来定,有的人却领固定的薪水,那整个创业团队的方向就可能不一致;假如有人更注重短期能得到利益,有人目光则更为长远,那团队的方向也会不一致。这些都是创业者要尽力避免的,要让大家的目标一致,所受到的待遇也基本一致。

3. 团队执行力

一个创业团队,最重要的就是团队的执行力。在团队作战的时代,团队中成员执行力强弱,决定了整个部门的水平高低。最怕的是整个队伍都拖拉成性、倦怠松懈。执行力的要求很简单,就是要没有任何理由,没有任何借口,行动起来全力以赴去办好一件事情。创业成功的人各有各的闪光点,但共有的一点就是高效的执行力,这个执行力不仅仅是自身的执行力,更重要的是整个团队的执行力。如何提升团队的执行力显得尤为重要,包括以下几方面。

1）领导者做好表率

身教胜于言教，领导者表率对执行力的影响是决定性的，因此领导要做好强执行力的表率。在工作中一个团队经理不会分析基本的指标，不会帮助员工提升，而只是要求员工去执行、去提升，那只会形成恶性循环，导致员工的流失。

2）完善制度、简化流程

无论是制度还是流程，都要简洁、精练，要便于理解，更要便于执行。简单才最有力量，简单才最有执行力。领导者宣布执行一个命令，例如我们要完成一个什么样的指标，有执行力的领导人通常都言简意赅，直陈己见，化繁为简，让别人容易了解、评估并且展开实际行动，所以他们的话语常能成为众所遵循的常规。

3）制订一个合理有效的执行流程时间表

领导者要在工作中总结整理出一套自己的管理流程。例如，整理一个每天执行的流程，然后每天对流程表的完成度做一个总结。

4）选择有执行力的员工

积极选拔合适的人到合适的岗位上，即选好人、用好人。例如，在管理岗位中，有人愿意去承担一些管理任务，愿意去负责一些事，承担一些责任，那我们就要去锻炼他，培养他，让他带动更多的员工自觉去执行。

12.2　创业计划书

12.2.1　创业计划书的意义

创业计划书是创业者就某一项具有市场前景的新产品或服务，向潜在投资者、风险投资公司、合作伙伴等游说以取得合作支持或风险投资的可行性商业报告，又叫作商业计划书。创业计划书的编写一般按照相对标准的文本格式进行，是全面介绍公司或项目发展前景、阐述产品、市场、竞争、风险及投资收益和融资要求的书面报告。创业计划书是创业者的创业蓝图与指南，也是企业的行动纲领和执行方案，对创业成功具有重要意义。

12.2.2　创业计划书的撰写

写好商业计划书，必须把握"三大部分"，即计划摘要、主体、附录。

1．第一部分：计划摘要

一份具有综合性并且经过精心策划的商业计划是使创业者和公司经理人走向成功的不可或缺的条件。不同行业的商业计划形式有所不同，但是从总的结构方面来看，所有的商业计划书都应该包括计划摘要、主体和附录三大部分。其中，商业计划书的第一部分就是计划摘要。

摘要是对整个计划书最高度的概括。计划摘要用最精练的语言，浓缩了商业计划书的精华，以最有吸引力和冲击力的方式突出重点，主要用来激起投资者的兴趣，以便投资者能在几分钟时间内评审计划并做出初步判断,就像电梯陈述,创业者在电梯里遇到投资者,他只有几分钟机会,需要简明扼要地陈述概括,在短时间内把创业理念表达出来吸引投资者。计划摘要是引路人,把投资者引入文章的主体。

(1) 简单介绍公司情况:主要介绍公司的一些基本情况,包括注册情况、历史情况、发展策略、财务产品或服务的基本情况等。

(2) 宗旨和目标:简要介绍公司市场目标和财务目标。

(3) 目前股权结构:简要说明公司的股权集中度和股权构成。

(4) 已投入的资金及用途:介绍公司主要资本的运用情况。

(5) 主要产品或服务介绍:公司的产品或服务的特殊性及目标客户。

(6) 市场概况和营销策略:公司面向的主要市场和营销的主要策略。

(7) 业务部门及业绩:对公司主要部门结构进行大致描述。

(8) 核心经营团队:描述主要的团队成员。

(9) 优势说明:阐明公司的优势所在。

(10) 增资需求:说明公司为实现目标需要的资金数额。

(11) 融资方案:介绍公司要采取筹措资金的方式。

(12) 财务分析:真实反映公司现在的财务状况,包括现金情况和盈利状况。主要介绍企业财务管理的基本情况。现在正在运行的企业需要提供过去 3 年的财务报表、现金流量表、损益平衡表等,还要介绍资金的用途,投资者如何收回投资,什么时间收回投资,大约有多少回报率等情况。

摘要是整个商业计划书的精要,是能否吸引投资者继续关注整个计划书的关键,需要对整个计划书做最高度的概括。好的摘要能够回答"这是什么产品""由谁来制造""为什么人们会买"等问题。摘要还要回答"你要卖什么,卖给谁"等问题。因此摘要的重点是讲清楚产品的主要特点、市场情况、销售队伍情况、广告销售技巧等。摘要还要说明产品的成本、成本构成、产品构成部分的可靠性和稳定性,以及产品的实际售价等问题。

摘要部分是整个商业计划书的精华所在,也是打动投资人的关键环节,许多投资人就是在看了商业计划书概要部分之后才决定是否要看全文的。从某种程度上说,投资者是否中意创业项目,主要取决于摘要部分,没有好的摘要,就没有投资。

在摘要部分,创业者需要向投资者重点传达以下信息。

(1) 你的基本经营思想是正确的,是合乎逻辑的。

(2) 你的经营计划是有科学根据和充分准备的。

(3) 你有能力管理好这个企业,你有一支坚强的领导班子和执行队伍。

(4) 你清楚地知道进入市场的最佳时机,并且预料到什么时候适合退出市场。

(5) 你有符合实际的财务计划。

(6) 投资者肯定能得到回报。

如果你能简洁清楚地把这些内容阐述明白,投资者一定会有兴趣读完你的商业计划书,很高兴地把钱投入你的项目。

2．第二部分：主体

商业计划书的第二部分即主体部分，是整个商业计划书的核心。在主体部分，创业者向投资者总体概述企业的各方面情况，展示他们要知道的所有内容。主体部分的功能是最终说服投资者，使他们充分相信创业者的项目是一个值得投资的好项目，以及创业者和其带领的团队有能力让他们的投资产生最佳的投资回报。主体部分要翔实，在有限的篇幅之内充分展示创业者要说的全部内容，让投资者知道他想知道的全部东西。主体部分按照顺序一般包括以下几方面。

1）公司介绍

主要介绍公司的一些具体情况，如公司的名称、地址、联系方式、宗旨等，以及公司的发展策略、财务情况、产品或服务的基本情况、管理团队、各部门职能等。

2）项目产品或服务介绍

主要介绍项目的基本情况、企业主要设施和设备、生产工艺基本情况、生产力和生产率的基本情况，以及质量控制、库存管理、售后服务、研究发展等内容。

3）行业分析

主要介绍产品或服务的市场情况，包括目标市场、在市场竞争中的位置、竞争对手的情况、目标客户购买力、未来市场的发展趋势等。具体可以从市场结构与划分、目标市场的设定、产品消费群体、产品所处市场发展阶段、市场趋势预测和市场机会、行业政策等这几方面阐释。

4）项目竞争分析

主要介绍企业所归属的产业领域的基本情况，如行业结果分析、竞争者市场份额、主要竞争对手情况、潜在竞争对手情况和市场变化分析、公司产品竞争优势等以及企业在整个产业或行业中的地位，企业的竞争对手的相关情况等。

5）项目市场营销计划

主要介绍企业的发展目标、市场营销策略、发展计划、实施步骤、销售结构、整体营销战略的制定以及风险因素的分析等。具体可以从营销方式、销售政策的制定、销售渠道主要业务关系状况、销售队伍情况及销售福利分配政策、促销和市场渗透、产品价格、市场开发规划和销售目标等方面介绍。

6）企业的管理介绍

主要介绍公司的管理理念、管理结构、管理方式、主要管理人员等情况。

7）项目投资说明

主要介绍企业在投资过程中相关说明，包括资金的需求、使用以及投资的形式，如资金需求说明、资金使用计划及进度、投资形成、资本结构、回报、偿还计划、资本负债结构说明、投资抵押、投资担保、吸纳投资后股权结构、股权成本、投资者介入公司管理的程度说明等。

8）项目投资报酬与退出

主要告诉投资者如何收回投资，什么时间收回投资，大约有多少回报率等情况。

9）项目风险分析

主要介绍项目将来会遇到的各种风险，如资源风险、市场不确定性风险、生产不确定性风险、成本控制风险、研发风险、竞争风险、政策风险、财政风险、管理风险、破产风险等，以及应对这些风险的具体措施。

10）经营预测分析

增资后 5 年内公司销售数量、销售额、毛利率、成长率、投资报酬率预估及计算依据。

11）项目财务分析

主要对未来 5 年的营业收入和成本进行估算，计算制作销售估算表、成本估算表、损益表、现金流量表、盈亏平衡点、投资回收期、投资回报率等。

一份成熟的商业计划书不但能够描述出创业公司的成长历史，展示出未来的成长方向和愿景，还将量化出潜在盈利能力。这都需要创业者对自己公司有一个通盘的了解，对所有存在的问题都有所思考，对可能存在的隐患做好预案，并能够推出行之有效的工作计划。商业计划书的第二部分就是展示企业各方面情况的一个平台。创业者对自己的企业越了解，也就越能以最快的速度抓住投资者的眼球，有效融资。

3. 第三部分：附录

附录经常作为商业计划书的补充说明部分。由于篇幅的限制，有些内容不宜在主体部分过多描述，附录的功能就是提供更多的、更详细的补充，完成主题部分中言犹未尽的内容或需要提供参考资料的内容，供投资者阅读时参考。商业计划书在附录中都有大量的财务预测，作为执行计划和财务计划中有关财务的总结。

1）附件

（1）营业执照影印本。

（2）董事会名单及简历。

（3）主要经营团队名单及简历。

（4）专业术语说明。

（5）专利证书、生产许可证、鉴定证书等。

（6）注册商标。

（7）企业形象设计、宣传资料（标志设计、说明书、出版物、包装说明等）。

（8）简报及报道。

（9）场地租用证明。

（10）工艺流程图。

（11）产品市场成长预测图。

2）附表

（1）主要产品目录。

（2）主要客户名单。

（3）主要供货商及经销商名单。

（4）主要设备清单。

（5）主场调查表。

（6）预估分析表。

（7）各种财务报表及财务预估表。

一般来说,商业计划书的内容格式都有一定规范,大同小异,但几个重点方面还要多加斟酌:

（1）产品独特之处,特别是该项目的进入壁垒。

（2）盈利模式,即客户为何必须购买你的产品,增长潜力有多大。

（3）市场分析,一定要给投资者清晰的目标顾客概念,潜力分析要有理有据。

（4）公司战略与产品竞争策略,这也是投资者关心的焦点问题。

（5）近期和中期资金使用计划。

（6）营销模式的有效性。

12.2.3　创业计划书的组成与要点

1. 创业计划书的组成

创业计划书一般包括执行总结,创业背景和公司概况,市场调查和分析,公司战略与生产运作,总体进度安排,关键的风险、问题与假定,团队管理,经济状况,财务预测假定,公司能提供的利益。

1) 执行总结

执行总结是创业计划的概括,包括:本创业的简单描述、机会概述、目标市场的描述和预测、竞争优势、经济状况和盈利能力预测、团队概述。

2) 创业背景和公司概况

创业背景应包括详细的市场描述、主要竞争对手、市场驱动力。公司概况应包括详细的产品/服务描述以及它如何满足关键的顾客需求,进入策略。

3) 市场调查和分析

应阐释:顾客、市场容量和趋势、竞争和各自的竞争优势、估计的市场份额和销售额、市场发展的走势。

4) 公司战略与生产运作

阐述公司如何进行竞争,它包括三个问题。

（1）营销计划:定价和分销,广告和促销。

（2）规划和开发计划:开发组织和目标,困难和风险。

（3）制造和运作计划:运作计划,设备和改进。

5) 总体进度安排

公司的进度包括以下重要问题:收入、收支平衡和现金流、市场份额、产品开发、主要合作伙伴、融资。

6) 关键的风险、问题与假定

说明要如何应对风险的问题(紧急计划)。

7) 团队管理

介绍公司的团队管理,其中要注意介绍成员的教育和工作背景(注意管理分工和互补)。介绍领导层成员、创业顾问以及主要的投资人和持股情况。

8) 经济状况

介绍公司的财务计划,讨论关键的财务表现驱动因素。一定要讨论如下几个杠杆:毛利和净利、盈利能力和持久性、固定成本与可变成本、达到收支平衡所需的时间、达到正现金流所需的时间。

9) 财务预测

包括收入平衡报表,前两年为季度报表;同一时期的估计现金流分析;成本控制系统。

10) 公司能提供的利益

这是创业计划的"卖点",包括总体的资金需求、融资中需要的资金、如何使用这些资金、投资人可以得到的回报、可能的投资人退出策略。

2. 创业计划书的要点

(1) 资金规划,应包括个人与他人出资金、银行贷款数额等,这决定了企业以后的股份和红利分配。另外,还应清楚地记载整个创业计划的资金总额的分配比例,如果要以创业计划书来申请贷款,应同时说明贷款的具体用途。

(2) 阶段目标,指创业后的短期目标、中期目标和长期目标,主要是让创业者明晰自己创业发展的可能性与各个阶段的目标。

(3) 财务预估,创业计划书要详细记录预估的收入和预估的支出,列述企业成立后3~5年内每年预估的营业收入和支出费用的明细表,这些预估数字可以让创业者准确地计算利润及何时能达到收支平衡。

(4) 风险评估,对于创业者而言,可能会创业失败,因此风险评估是创业计划书中不可缺少的一项。

12.2.4　注意事项

创业计划书的编写有以下几点注意事项。

(1) 关注产品。在创业计划书中,应提供所有与企业的产品或服务有关的细节,包括企业所实施的所有调查。这些问题包括:产品正处于什么样的发展阶段?它的独特性怎样?企业分销产品的方法是什么?谁会使用企业的产品,为什么?产品的生产成本是多少,售价是多少?企业发展新的现代化产品的计划是什么?把出资者拉到企业的产品或服务中来,这样出资者就会和创业者一样对产品有兴趣。

在创业计划书中,企业家应尽量用简单的词语来描述每件事——商品及其属性的定义对企业家来说是非常明确的,但其他人却不一定清楚它们的含义。制订创业计划书的目的不仅是要出资者相信企业的产品会有价值,同时也要使他们相信企业有证明它的论据。

创业计划书对产品的阐述要让出资者感到这种产品是多么美妙、多么令人鼓舞。

（2）敢于竞争。在创业计划书中，创业者应细致分析竞争对手的情况。竞争对手都是谁？他们的产品是如何工作的？竞争对手的产品与本企业的产品相比，有哪些相同点和不同点？竞争对手所采用的营销策略是什么？要明确每个竞争者的销售额、毛利润、收入以及市场份额，然后再讨论本企业相对于每个竞争者所具有的竞争优势，要向投资者展示顾客偏爱本企业的原因，创业计划书要使它的读者相信，本企业不仅是行业中的有力竞争者，而且将来还会是确定行业标准的领先者。

（3）在创业计划书中，企业家还应阐明竞争者给本企业带来的风险以及本企业所采取的对策。

（4）了解市场。创业计划书要给投资者提供企业对目标市场的深入分析和理解，要细致分析经济、地理、职业以及心理等因素对消费者选择购买本企业产品这一行为的影响，以及各个因素所起的作用。

（5）创业计划书中还应包括一个主要的营销计划，计划中应列出本企业打算开展广告、促销以及公共关系活动的地区，明确每项活动的预算和收益。创业计划书中还应简述企业的销售战略：企业是使用外面的销售代表还是使用内部职员？企业是使用转卖商、分销商还是特许商？企业将提供何种类型的销售培训？此外，创业计划书还应特别关注销售中的细节问题。

（6）表明行动的方针。企业的行动计划应该是无懈可击的。创业计划书中应该明确下列问题：企业如何把产品推向市场？如何设计生产线？如何组装产品？企业生产需要哪些原料？企业拥有哪些生产资源，还需要什么生产资源？生产和设备的成本是多少？企业是买设备还是租设备？解释与产品组装、储存以及发送有关的固定成本和变动成本的情况。

（7）展示你的管理队伍。把一个思想转化为一个成功的企业，其关键的因素就是要有一支强有力的管理队伍。这支队伍的成员必须有较高的专业技术知识、管理才能和多年工作经验。管理者的职能就是计划、组织、控制和指导公司实现目标的行动。

（8）在创业计划书中，应首先描述一下整个管理队伍及其职责，然后再分别介绍每位管理人员的特殊才能、特点和造诣，细致描述每个管理者将对公司所做的贡献。创业计划书中还应明确管理目标以及组织机构图。

12.3　创业公司注册

企业有独创和合办两种形式，其中独创主要包括注册个人独资企业或一人有限责任公司，合办主要包括注册合伙企业、有限责任公司和股份有限公司。

1. 个人独资企业的注册

注册个人独资企业需要提交的文件资料：

（1）申请书；

（2）投资人身份证明；

（3）企业住所证明和生产经营场所使用证明（如土地使用证明、房屋产权证或租赁合同）等文件；

（4）按规定需提交的其他文件资料。

2. 合伙企业的注册

（1）企业设立登记申请书（企业设立登记申请表、投资者名录、企业经营场所证明等表格）；

（2）公司章程（提交打印件一式两份，请全体股东亲笔签字，有法人股东的，要加盖该法人单位公章并由其法定代表人亲笔签字）；

（3）验资报告；

（4）出资权属证明；

（5）名称预先核准申请书及企业名称预先核准通知书；

（6）股东资格证明；

（7）指定（授权）委托书。

经营范围涉及前置审批项目的，应提交有关审批部门的批准文件。除上述必备文件外还应提交打印的股东名录和董事、经理、监事成员名录各一份，然后按照相应的程序，递交申请材料，领取受理通知书、缴纳登记费并领取执照。

3. 有限责任公司（包括一人有限责任公司）和股份有限公司的注册

（1）登记注册文件、证件，包括企业设立登记申请书（内含企业设立登记申请表，投资者名录，企业法定代表人登记表，董事会成员、经理、监事任职证明，企业住所证明等表格）；

（2）公司章程（提交打印件一式两份，请全体股东亲笔签字）；

（3）有法人股东的，要盖该法人单位公章并由其法定代表人亲笔签字；

（4）验资报告；

（5）以非货币方式出资的，还应提交资产评估报告（涉及国有资产评估的，应提交国有资产管理部门的确认文件）；

（6）名称预先核准申请书及企业名称预先核准通知书；

（7）股东资格证明；

（8）指定（委托）书；

（9）经营范围涉及前置审批项目的，应提交有关审批部门的批准文件。

除上述必备文件外，还应提交打印的股东名录和董事、经理、监事成员名录各一份。根据规定的程序，递交申请材料，领取受理通知书、缴纳登记费并领取执照。

12.4　创业公司的特点

个体户创办的一般是生存型企业，不能开分公司，不可以转让也不能够上市，而注册公司则是一种机会型的企业，是对社会发展过程中涌现的机会的一种把握。就责任来说，个体户需承担的是无限责任,而公司承担的则是有限责任,也就是说个体户破产由自己承担责任,公司的破产则有法律来保护所承担的责任。

1．大学生创业的特点

(1) 项目来源包括基于本专业科研方向的产物或延伸,与专业有关的项目或产品,与个人爱好有关的项目或领域,从当前商业热点所引发的项目及创新点。

(2) 资金来源:自身积蓄,创业伙伴自身筹集,朋友的借款,家庭资助,天使投资及其他项目的转投资。

(3) 创业团队成员:同学或校友,熟人以及朋友,他人推荐,社会招募的相关人员。

(4) 创业场地来源包括租房、宿舍、家中、借用等形式。

初次创业的特点是起点低、团队稚嫩、项目选择范围较窄、项目相对简单、成功率比较低。大学生创业不同于二次创业,二次创业选择项目的范围宽,项目考虑得比较周全,资金筹集量大,团队有经验,成功率高。

2．创业注册公司的优势

(1) 一般创业的成本较低,目前注册公司的资金门槛低,可以根据自身的实际情况承担甚至不用出资;注册地址可以是选择住宅、民房,而且公司地址可以挂靠,没有太多的硬性要求;如果注册公司位于一、二线城市,就可以方便建立较好的品牌效应,大大扩展未来事业的发展空间。

(2) 创业者进入市场选择注册公司的方式,一是可以使个人创业经营的时候更加正规化,使经营主体合法化,在开展业务的时候更能获得客户的信任,便于融资和信贷,更容易拓宽市场发展渠道;二是注册公司独立承担民事责任,购买社保,承担有限的法律责任,在增加自身诚信度的同时,有利于提升对产品的服务和推广,以此增加竞争力,避免传销陷阱;三是注册公司有法人,需要受到法律的监督约束,犯法成本高,这样可以规范创业者的行为,营造良好的市场氛围。

(3) 在注册公司后,在税收上便可享受国家的政策优惠。近年来国家出台了不少创业鼓励政策,比如对于小微企业可免收增值税,而且在满足一定的条件后,还可以申请创业补贴,领取补贴金额。

(4) 注册公司后,对于不懂的账务问题,可以聘请专业的财务中介机构解决,在经济可承受范围内还可以大大减少因为创业初期对财务等专业知识不了解而可能造成的损失。

注册公司虽然有很多优势,但需要根据自己的能力范围和实际情况来定,并且需要经过慎重思考避免盲目从众。注册公司虽然很简单,但也不是儿戏,毕竟注册公司容易注销难。同时注册公司会增加启动成本(包括场地费、人工费以及一定的注册费用等)。并且在公司注册后,每个月需要记账报税和正常业务申报以及每年的工商年检,增加了不少事情。但综合对比来看,注册公司利大于弊。

3．公司注册的注意事项

(1) 选择公司的形式。注册公司需注意公司分类,我国公司法规定公司只有两种类型:

一种是有限责任公司,一种是股份有限公司。这两类公司均是企业法人,拥有独立的法人财产,享有法人财产权,并且以公司全部财产对公司的债务承担责任。股东以其认缴的出资额为限对公司债务承担责任,所以责任都是有限的。其次还有一些组织形式,比如个体工商户、个人独资企业、合伙企业、农民专业合作社等。但以上这几种形式均不是企业法人,没有独立的财产权,投资人所负的是无限连带责任(新的合伙企业里面有特殊情况,新增了有限合伙),因此可以选择一种组织形式注册。注册公司有最低的出资限额,即人民币3万元(如果法律法规有较高规定的,从其规定),而且需要验资机构如会计师事务所出具验资报告。也要准备好其他材料如住所证明文件、公司设立申请书等,准备好材料后即可向公司登记机关申请登记。而公司不同,它是独立法人,拥有自己的财产,股东只是以出资额为限承担责任,所以必须有实际缴付的注册资金。

所以创业者在考虑如何注册公司时,首先要确定是所要注册公司的形式。普通的有限责任公司,需要两个或以上股东,一个股东注册有限责任公司为自然人独资。

(2)建立健全的会计制度。注册公司必须建立健全会计制度,如果自身缺乏该方面的专业知识也不用过于担心,一般刚开始成立的公司,业务量相对较少,对会计工作量的要求也非常小,因此可以雇佣代理记账公司协助账务处理,每月支付的费用基本在公司的可承受范围内。这样,在积累经验建立自身财务队伍的同时也可以大大减少因为创业初期对财务不了解而可能造成的损失。

(3)公司的税额。注册公司成功后,基本的税务主要涉及增值税和企业所得税两种。增值税纳税人的税率一般是17%,小规模纳税人3%,小规模纳税人可以转为一般纳税人,但是转为一般纳税人需要满足一定的条件。企业所得税率是25%。

(4)关于公司行业选择的注意事项。对于投资者来说,注册公司时所选择的行业也非常重要。比如创业者想要在零售业以及其他服务行业中发展,可以选择私营形式,但是如果想要从事法律咨询以及公关顾问等类似行业,单靠个人的力量是不行的,需要组建一流的团队,建立私营合伙性质的公司,吸引投资。

(5)关于税收的注意事项。税收是不管什么形式的公司都需要考虑到的问题。不同的公司组织形式会有不同的税收政策,它们会自始至终对公司的发展产生影响,所以在注册公司时,也要综合考虑不同组织形式的公司会遇到的税收政策,综合选择更好的形式,避免未来公司发展时会遇到的双重征税等问题。

4. 注册公司需要准备的材料

(1)公司名称(5个以上公司备选名称,因为时常会出现创业者选择的公司名称已经被他人注册的情况)。常见的公司名称一般有三种组合形式,不同组合形式之间并没有本质区别,注册公司时任选其一即可。详细请见下例:

"地区+字号+行业+组织"的形式,例如:北京深广企业服务有限公司;

"字号+(地区)+行业+组织"的形式,例如:深广(北京)企业服务有限公司;

"字号+行业+(地区)+组织"的形式,例如:深广企业服务(北京)有限责任公司。

在起名时,将所选字号在"国家企业信用信息公示系统"上查询是否已经被注册,尽量保证没有重名,以提高注册的通过率。

(2)公司注册地址的房产证及房主身份证复印件(单位房产需在房产证复印件及房屋租赁合同上加盖产权单位的公章;居民住宅房需要提供房产证原件给工商局进行核对)。

(3)法定代表人和全体股东身份证原件(如果注册资金由客户自己提供,只需提供身份证复印件;法人是外地户口的还需要提供暂住证原件)。

(4)公司监事人的信息。

(5)公司注册资本(注册公司准备承担多少金额的责任)以及全体股东的出资比例(股东占公司股份的具体安排)。

(6)公司经营范围(公司主要经营什么业务,因为有的经营范围可能涉及办理资质或许可证)。

5.公司注册的具体流程

步骤一:资料准备阶段。

(1)法人身份证正反面。

(2)股东人数确认、每位股东的身份证信息(身份证正反面照片)。

(3)法人、全体股东、监事的电子签章。

(4)注册地址,即地址租赁红本(须有其中一项:商用房屋租赁红本或租赁凭证或合同/自有房屋地址提供房产证明/连续三个月租赁凭证或水电费缴费单据/所在地街道办盖章租赁凭证)等。

步骤二:核名,前往工商局进行名称核准登记。

(1)确定公司类型、名称、注册资本、股东及出资比例。

(2)去工商局现场或线上提交核名申请。

(3)等待核名通过。

步骤三:租房或确定其他形式的创业场地。

创业场地需要有房产证或相关的产权证明,如果是租房的形式则在签订租房合同的同时,让房东提供房产证的复印件。

步骤四:申请设立登记(注册资料提交)。

(1)核名通过后,确认地址信息、投资人信息、经营范围等,在线提交预申请。

(2)在线预审通过之后,按照预约时间去工商局递交申请材料,最终到收到准予设立登记通知书为止。

步骤五:通过会计师事务所领取"银行询证函"。

步骤六:开立公司验资户,需要前往银行开立公司验资户,银行会给每个股东派发缴款单并在询证函上盖章,询证费根据各银行有所不同。

步骤七:办理验资报告,一般由会计师事务所出具验资报告。

步骤八:到工商局领取营业执照。

设立登记资料提交后,按照结果提示,去工商局领取营业执照即可,必须带上经办人的身份证(使用谁的电子网银申请的就带谁的身份证,法人自主办理的带上法人身份证即可)。

步骤九：刻制印章。公司注册一般需要三章：公章、财务章、法人章（看具体需要，有必要的还需要刻发票章）。一般在领取营业执照时，工商局会有一份附带二维码的文件和一条短信（短信上有刻章编号等信息），带上营业执照和该文件以及短信和办理人身份证，前往可以对接工商局系统的刻章店里面刻章即可。

步骤十：申请开通银行对公账户。带上刻章时的三章、营业执照、法人以及全体股东的身份证、注册地址证明文件等，前往银行申请开设银行对公账户。针对不同城市申请开设对公账户的要求不同，需要做相应的准备。

步骤十一：开设税务登记账户、社保账户、公积金账户等。

（1）开设税务登记账户：公司设立登记批准后，必须建立企业账簿，进行报税和每年的企业年报提交，否则会被工商局列入异常名录。

（2）开设社保账户：当公司在当地工商局注册成功一个月之后，可以前往当地政府的社保局开通公司社保缴纳账户，可以到社保中心的经办机构办事窗口办理，也可以开通网上办理。

至此整个公司注册登记设立流程走完，公司也可以正式开始进入正常运作阶段。

12.5　创业资金规划

对于创业的资金规划，尽量量入为出，做到节流、开源。

1. 节流——对费用分类进行合理规划管理

（1）控制房租及基础设施费用：尽量租用大学生创业园；有条件的可以租用专业科技孵化器；还可以租用商住两用的房子，节约成本也方便企业的发展扩大。

（2）控制团队人员成本：创业团队尽量采用股权激励的方式（成本较高，取决于对项目预期）；适当采用兼职的方式（合作模式）；尽量少聘用社会人员（因为会增大社保、劳动合同等负担）。

（3）控制研发费用：采取合作的方式和利润分成的方式等。

（4）控制销售费用：尽量利用费用少流量大的销售渠道（比如利用微信公众号、微博、论坛、门户网站、应用 App 等）。

（5）合理规划税金：比如申请高新技术企业，利用小微企业减免增值税的国家政策等。

（6）控制财务管理方面的费用：聘用信誉良好的记账公司，聘用兼职会计以及使用孵化器提供的配套服务等。

2. 开源——增加企业的现金流（寻找创业融资）

初创企业融资时，常常会想到去找天使投资人。什么是天使投资人呢？当下比较流行的说法是 3F，即家人、朋友和傻瓜（Family、Friend、Fool）。

当前常见的融资方式包括合作伙伴出资、借款（家人、朋友）、公益贷款（YBC）、商业贷款（银行类金融机构、知识产权抵押贷款）、政府扶持基金（高新技术企业和项目）、天使投资、众筹、引入风险投资（VC）和引入私人股权投资（PE）等。

12.6　创业融资方法

虽然创业活动并不都需要大量资金,但缺乏必要的启动资金还是会成为创业路上的障碍。而且创业融资往往是创业过程中最大的难题之一。

1. 创业融资的困境

创业融资的困境是相对于既有企业融资而言的。一项对六家城市商业银行及其分支机构的抽样调查显示,企业规模和贷款申请被拒绝次数呈现负相关关系;同样,企业经营年限与贷款被拒绝次数的比例也是负相关关系。由此可见,企业规模越小、成立时间越短越难以获得银行资金的支持,因此对创业企业而言,其融资困境尤为显著。所以与既有企业相比,创业企业在融资条件上具有以下明显的劣势。

(1) 创业企业缺少可以抵押的资产。创业启动资金极为有限,既有企业在获得银行贷款资金时,可以用企业的资产作为抵押,而创业企业几乎没有可以提供抵押的资产,因此选择为创业企业提供资金,可能比为其他企业提供资金面临更大的风险。

(2) 创业企业没有可参考的经营记录。对既有企业来说,可以通过分析其已有的盈利能力来预测未来的经营情况,银行或其他投资人在向企业提供资金时也都会对企业的财务报表进行分析。而创业企业既缺少资产,也没有以往的经营业绩,所能提供的资料也仅仅是一份商业计划书,未来的经营情况具有更大的不确定性。

(3) 创业企业的融资规模相对较小。创业企业向银行申请借款时,其金额往往比既有企业少,而银行办理一次业务的成本相差不大,使得创业企业的单位融资成本远远高于既有企业。据调查,对中小企业贷款的管理成本为大型企业的 5 倍左右,银行理所当然愿意向大企业而不是向创业企业贷款,因而加大了创业企业融资的难度。

2. 创业融资的有利因素

创业者在融资方面也存在有利因素甚至优势。例如,比起有少量营业额的既有企业,创业企业在零收入、零顾客数、零进展的状况下,更容易筹到资金或寻求其他资源。

创业者融资的有利因素,首先是他们拥有创新性强的创意,他们所识别甚至创造出来的创业机会,本身就是在创造价值。其次新创企业未来的不确定性本身也是机会。从统计数据看,在成长性强的企业群体中,新创企业所占的比例更大,这并不仅仅因为新创企业的基数小,更多的是因为新创企业通过产品、服务以及商业模式等方面的创新,创造出巨大价值,开拓了新市场甚至新产业。并且新创企业的潜在成长性是创业者融资的最大优势,随着创业者素质和创业质量的提升,随着有利于创业的因素增多,也随着银行竞争的激烈,对创业者和新创企业的投资成为金融机构和资金拥有者关注的热点,进而带动创业融资的不断增长。

那么在初步了解了创业融资的这些困境和优势之后,融资前我们还应该明白几个问题:首先得明白自己需要多少资金;其次是选择债权还是选择股权作为资金来源;再者选择什么东西给投资人作保障以及资金的来源渠道如何,等等。

3. 测算资金需求量

创业者需要考虑：需要多少钱来开启创业？项目启动需要多少资金？如何确定未来需要多少资金来启动项目？主要涉及的方面便是测算创业所需的资金需求，大致包含测算启动资金、流动资金需求和预测销售收入等几方面，通过这些进而对创业资金需求进行大致的规划。

（1）启动资金需求分析。启动资金是开办企业的必要开支，包括固定资产、流动资金和开办费用等的需求。

固定资产是指在开业初，需要投入价值较高、使用寿命较长的资产。企业开办时必须购置，但应尽可能压缩资产以折旧方式回收；流动资金需求是指企业日常运转所需要支出的资金，也称营运资金；开办费用是指企业在筹建期间所发生的各种费用。其需求分析包括预估固定资产、预测流动资金和预计开办费用三部分，之后进行汇总便可形成启动资金表。

① 预估固定资产。包括用地建筑和设备设施，包括预估土地、厂房、店铺、机器、交通工具、工作设施、办公家具和设备等项目的价值，最后汇总形成固定资产表。

② 预测流动资金。包括原材料和包装、工资（含业主工资、雇员工资等）、租金、保险和营销费用，以及电费、文具用品费、交通费等其他费用，形成流动资金表。

③ 预计开办费用。开办费用指企业在筹建期间所发生的各种费用，包括市场调查费、培训费、资料费，购买无形资产费用，支付连锁加盟等费用，工商注册、税务登记费，各种许可证审批费用，业务费及开业前的其他费用等项目费用，并形成开办费用表。

（2）销售收入预测。销售收入预测是指预计企业在未来一段时间内的产品销售数量以及产品销售额，它一般包含以下几个特征。

① 销售收入是企业利润的来源。

② 销售收入预测是制订资金需求计划、资金使用计划和现金流量计划的依据。

③ 销售收入预测是否合理、可行，是决定创业能否成功的关键因素。

同时，销售收入预测也是制订创业计划中最重要和最困难的。那么如何进行销售收入预测呢？可使用以下五个方法：一是依照经验；二是与同类企业比较；三是进行实地测试（试销）；四是制定售前信函或意向书；五是开展实地调查。

在选取合适的方法后，首先列出公司各个产品及其单价，之后预测各个产品的销售数量，进而计算各个产品的销售收入（单价×销售数量），最后汇总形成公司的销售收入（计算各个产品的销售收入之和）。

在进行销售收入预测时需要注重几个原则：一是预测需要具有客观合理性和实现可能性，因此必须有市场调研、STP 和 4P 决策的支持；二是预测需要留有余地，切勿高估。还需要注意的是尽量采用尽可能多的方法（上述五种方法）进行预测，以便通过比较做出较可靠的预测。之后将不同的预测方法对应的预测结果汇总形成销售预测综合表以便进一步分析应用，销售预测综合表示例如表 12-1 所示。

表 12-1　销售预测综合表示例

预测方法	产品 1			产品 2			其他产品		
	数量	单价	金额	数量	单价	金额	数量	单价	金额
经验									
与同类企业比较									
实地测试(试销)									
售前信函或意向书									
实地调查									

（3）资金规划。初创企业一般要估算未来三年的资金需求。创业早期对未来 3 个月成本的估算，主要是为了筹集启动阶段的资金，解决短暂的资金需求。从初始净资本投入到实现盈利，往往还要经历 1～5 年的时间。在此期间，创业者会不断面对持续融资问题，此时编制预算财务报表，对企业现有资本结构、偿债能力、盈利能力和现金流状况进行把握，进而确定融资需求。

创业者在拥有一定的自有启动资金的基础上，根据自己在创办企业所需购买的物资和其他的必要开支，确定包括固定资产投入、流动资产和开办费用等需求，以此估算启动资金。之后通过预测未来销售收入制订合适的创业计划，做出合理的资金规划，并针对可能或已经出现的资金缺口做出应对措施，确定融资需求以及未来融资的方向和方式。

4．分析融资渠道

我们都知道，创业一定离不开资金，所以创业者往往会面临从哪些渠道融到资金、各渠道又各有什么要求和利弊这些问题。根据创业发展阶段可以将创业时期划分为种子期、培育期、成长期和成熟期四个阶段，不同的阶段对应相应的融资渠道。

1）种子期

创业的种子期主要是指产品处于创意或开发研究阶段，尚无正式的产品，无销售收入，无正式的销售渠道。企业在这一阶段面临技术风险、市场风险和管理风险。其主要任务是确定技术上和商业上的可能性。该阶段主要涉及的资金来源包括创始人自有资金、亲朋融资、合伙人融资、天使融资、中小企业担保贷款和互联网融资等。

2）培育期

企业进入创业阶段时已经获得新产品的样品、样机或具备较为完善的生产工艺路线和生产方案，但还需要在与市场结合的过程中加以完善，为批量化生产和应用做准备。这一阶段的资金主要用于形成生产能力和开拓市场，其目标是尽快实现盈亏平衡，解决生存问题。天使投资、风险投资（VC）、互联网金融（IT FIN）和民间资本（Folkloan）等是培育期主要的融资渠道。

3）成长期

经受了前期创业的考验后，企业在生产、销售、服务等方面已具备较好的基础，产品和工艺已经定型，并具备批量生产的能力。但完善的销售渠道和网络还没有建立，企业品牌和形象也需要进一步巩固；企业在提高产品质量、降低成本的同时，开始着手开发第二代产品，以保证企业的可持续发展，以确立企业在行业中的主导地位。其主要融资渠道包括企业自身积累、银行贷款、私募股权投资(PE)和公开上市之前投资(Pre-IPO)等。

4) 成熟期

成熟期企业技术开发成功并且市场需求迅速扩大，开始进行大规模生产。此时企业已开始大量盈利，风险最小。但企业为适应市场需求状况，必须进行大批量的生产，购置更多的设备和材料，扩建厂房，招聘员工，因此资金需求量极大。该阶段常用的融资方式包括公开发行股票(IPO)和银行贷款等。

如图 12-1 所示是不同融资渠道在企业发展阶段与资本介入时间的关系，天使投资多处于创业阶段的种子期和培育期，随着资本的介入，企业经过培育期进入成长期，VC 和 PE 投资开始增加，到企业成熟期以 IPO 形式为主。这四个阶段分别对应的主要外部融资方式如图 12-2 所示。

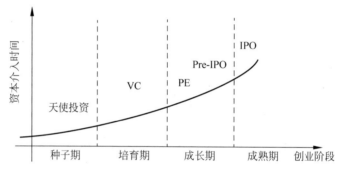

图 12-1　企业发展阶段与资本介入时间关系

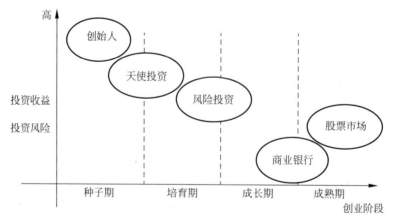

图 12-2　创业发展阶段和主要外部融资方式

(1) 亲情融资。亲情融资是成本最低的创业"贷款"。个人筹集创业启动资金最常见、最简单而且最有效的途径就是向亲友借钱。它属于负债筹资的一种方式。其优点是一般不需要承担利息,没有财务成本,只在借钱和还钱时增加现金的流入和流出。因此,这种方式筹措资金速度快、风险小、成本低。但是缺陷是会给亲友带来资金风险,甚至是资金损失,如果创业失败就会影响双方感情。

(2)合伙融资。寻找合伙人投资是指按照"共同投资、共同经营、共担风险、共享利润"的原则,直接吸收单位或个人投资、合伙创业的一种筹资途径和方法。合伙创业的优势是不但可以有效筹集到资金,还可以充分发挥人才的作用,并且有利于对各种资源的利用和整合,能尽快形成生产能力,降低创业风险。但人人是老板,容易产生意见分歧,降低办事效率,也有可能因为权利与义务的不对等而产生合伙人之间的矛盾,不利于合伙基础的稳定。

(3)政策基金。政策基金包括各类创新基金,科技含量高的扶持基金,大学生创业基金,下岗人员创业基金等,还有各类优惠政策。政策基金的优势是利用政府资金不用担心投资方的信用问题,政府的投资一般都是免费的,进而降低或免除了筹资成本。但是申请创业基金有严格的申报要求,政府每年的投入有限,筹资者需面对其他筹资者的竞争的缺陷也十分明显。

(4)中小企业担保贷款。担保贷款是创业者的"安神汤",它是指借款人在不能足额提供抵押质押时,应有贷款人认可的第三方提供承担连带责任的保证。

(5)天使投资。天使投资是权益资本投资的一种形式,是指富有的个人出资协助具有专业技术或独特概念的原创项目或小型初创企业,进行一次性的前期投资,并承担创业中的高风险和享受创业成功后的高收益,是风险投资的一种形式。而天使投资人通常是指投资于非常年轻的公司以帮助这些公司迅速启动的投资人。天使投资是最早期的,风险也最高,但是风险高的同时也意味着高收益。

天使投资的特征是它的投资对象是那些处于早期发展阶段急需资金的企业,一般只对规模较小的项目进行较小资金规模的投资。它是一种直接权益投资方式,是创业企业最初形成阶段(种子期)的主要融资方式。天使投资不仅能够提供现金,还可以提供专业知识和社会资源方面的支持;办理程序简单灵活,短时期内资金就可到位,并且时效性更强。

天使投资的灵活性很强,团队人才在争取天使投资时是关键因素。团队人才包括创业者的个人素质以及创业团队的骨干成员能力,天使投资者在经过分析创业者个人素质和团队能力后,听取创业者对其创业项目和商品计划书的展示和陈述(计划书一般不超过一页纸,并且需要在5分钟内说明项目的盈利模式),进而分析该项目所处的市场空间(包括市场总量和市场占有率等),最终决定是否对创业项目进行投资。天使投资者包括机构类投资和天使投资人。机构类一般为创新工场、真格创业基金和企业孵化器等机构。天使投资人一般为曾经的创业者,以及大型高科技公司或跨国公司的高级管理者等。

(6)风险投资。风险投资是一种高风险高回报的投资,风险投资人以参股的形式进入创业企业,目的在于获取股息、红利及资本所得。风险投资又称"创业投资",是指投入新兴的、迅速发展的、有巨大竞争力的企业中的一种权益资本。风险投资在创业企业发展初期投入风险资本,待其发育相对成熟后,通过市场退出机制将所投入的资本由股权形态转化为资金形态,以收回投资。

风险投资的特点是以股权方式投资,实行共担风险,共享投资;风险投资比较青睐高科技创业企业;风险投资的企业,一般是处于成长期的企业,也就是说,已经有比较成熟的盈利模式后,他们才会介入;相比创业者手中的技术,风险投资人更关注创业企业的盈利模式和创业者团队。

风险投资选项的一般标准为投资的企业的商业模式简单、清晰、可复制;管理团队专业、专注、有激情、有理想;企业的产品服务有特色、有竞争力;企业的财务状况健康,符合法律法规规范等。

(7)民间资本。民间资本指的是非金融机构的自然人、企业及其他经济主体之间以货币资金为标的的价值转移及本息支付。简单来说,该资本是游离于国家正规金融机构之外的、以资金筹措为主的融资活动。

民间资本的投资操作程序较为简单,融资速度快,门槛也较低。但是民间资本容易产生纠纷,因此在融资时双方应把所有问题清清楚楚地用书面形式表达出来。并且,还需要对民间资本进行调研,而且民间资本的利率相对较高。

(8)银行贷款。银行贷款被誉为创业融资的"蓄水池",在创业者中很有"群众基础"。它的优势是利息支出可以在税前抵扣,融资成本低;运营良好的企业在债务到期时可以续贷。但劣势是一般要提供抵押(担保)品,还要有不低于30%的自筹资金。由于要按期还本付息,如果企业经营状况不好,就有可能导致债务危机,并且贷款办理周期长、手续烦琐。

银行贷款的形式一般包括借款者以一定的抵押品作为物品保证向银行取得的抵押贷款;银行仅凭对借款人资信的信任而发放的贷款,借款人无须向银行提供抵押物的信用贷款;以担保人的信用为担保而发放的担保贷款;以及借款人在急需资金时,以未到期的票据向银行申请贴现而融通资金的贴现贷款。

(9)私募股权投资。私募股权投资俗称私人股权投资基金。指定向募集、投资于未公开上市公司股权的投资,即非上市企业进行的权益性投资,在交易实施过程中附带考虑了将来的退出机制,即通过上市、并购或管理层回购等方式,出售持股获利。

私募股权投资的特点是其投资的对象往往是未公开上市的公司股权,投资的进入阶段一般关注扩张期投资和 Pre-IPO 的投资,在创业投资后期,注重投资高成长性的企业;投资的退出时间以上市退出为主要目的。希望企业能够在未来少至 1~2 年、多至 3~5 年内可以上市;具有风险小、回收快的优点,并且在企业股票受到投资者追逐情况下,可以获得较高的投资回报。

(10)Pre-IPO。Pre-IPO 投资是指于企业上市之前,或预期企业可近期上市时的私募股权投资。其退出方式是上市后,从公开资本市场出售股票退出。Pre-IPO 投资具有更明显的风险小、回收快的优点,并且在企业股票受到投资者追逐情况下,可以获得较高的投资回报。

了解了创业所经历的阶段和各个阶段常用的融资方式之后,创业者需要根据自身企业的实际情况去选择适当的发展策略和融资渠道。同时在融资过程中还应该注意一些创业资金的筹集原则:首先一定要自备一定的创业资金,并给自己和家庭留足必要的生活费用;

其次,向外借款量力而行,合理选择筹资渠道和方式以降低资金成本;再者,要防止股权的过度稀释,把握好企业的掌控权;最后,可以通过天使投资人、网络平台熟人引荐,参加各类创业大赛和各类投资会议,走访被投资过的公司接触投资人与投资机构,为自己的创业之路开辟一条康庄大道。

习题

1. 一个创业团队最重要的是要有哪些特质?
2. 组建你的创业团队,并分工。
3. 创业计划书有哪些内容? 找一份成功的创业计划书并进行分析。
4. 撰写自己的创业计划书。
5. 公司注册主要流程有哪些?
6. 公司融资渠道有哪些?

第 13 章
创业交互、创业实践与项目路演

创业需要通过对外交流互动,特别是通过项目路演来展示创业项目、创业团队,项目路演是获取外部资源和资金支持的重要渠道,因此对外交互、项目路演对于创业者来说非常重要。

13.1 创业交互

13.1.1 交互的概念

交互(Interaction)源自联系的哲学思想,万事万物之间都存在一定的联系,联系是客观的。同时,交互与信息理论紧密相关,交互主体之间通过某种途径进行信息或者能量的传递,而这一系列相关的交互活动又构成了某一个特定的系统。交互 A 方(B 方)既可以是某单个个体(如某一个人),也可以是某一个组织(如企业、团队),还可以是一个系统,如图 13-1 所示。

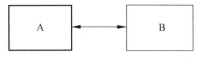

图 13-1　AB 交互示意图

如大学生创业过程中,大学生创业主体与家人、合伙人、朋友等之间的交互是不可避免的;而以多个合伙人构成的创业团队与其他社会组织之间也需要交互,他们的交互行为就构成一个个交互系统,所以这些交互系统之间也存在着一定的关联。

13.1.2 创业交互的概念

创业交互是围绕创业活动、在各创业相关者及创业环境之间进行、以资源的传递和流通为主要内容的交流互动活动。创业交互解释了创业生态系统的本质和关键。创业交互内容和形式多样,贯穿创业活动的始终。创业交互并不仅仅只存在于创业者与创业生态因子之间,还存在于创业生态系统中的各要素之间。创业交互的主要内容和目的是资源的流通,这种资源包括技术、渠道、人脉资源、资金、信息、人力、物力、思路等。创业交互是双向的交互,资源在各要素之间传递、流通,各取所需,多方共赢。

13.1.3　创业交互的基本内涵

1. 创业交互的主体

创业生态系统是彼此进行信息能量交互的因子构成的集合,创业交互的主体是创业生态中的生态因子和环境。创业交互系统中的交互双方是创业者与组织,包括创业者之间、支持组织之间、创业者与支持组织之间,以及创业者与杂项支持组织之间。创业生态系统中的参与主体主要包括创业者、高校、政府部门、社会企业或组织、关联个体、环境。这六类主体归结为三个维度(见图 13-2)。创业者 A 端是核心主体。关联个体、政府部门、高校以及社会企业或组织在内的创业生态因子 B 端是关联主体。政治、经济、文化、社会、区域等在内的环境因子用 C 端表示。

关联个体具体包括创业者亲属、朋友以及其他创业者,这一类个体之间的交互联系对创业者往往具有非常重要的意义,提供包括资金、渠道、人脉资源、信息、人力、精神等在内的支持。高校在创业生态系统中扮演着重要角色,如创业教育和培训、渠道、人脉资源、创业项目、创业场地、创业人才、创业资金等。政府部门的作用主要通过主管创新创业的机关单位实现,例如科技部门、人力资源和社会保障部等,并提供创业政策、创业资金、创业制度保障、创业场地、创业项目、创业咨询服务等。社会企业或组织则包括参与创新创业相关的社会企业以及组织团体,他们往往扮演着投

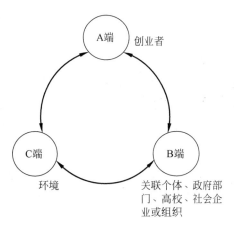

图 13-2　创业交互主体示意图

资人、合伙人或中间人的角色,提供创业资金、创业管理、创业技术、创业服务等。环境要素多种多样,包括市场、经济、政策、政治、社会、文化、区域、国际形势等。环境因素是整个创业生态系统所面临的大背景,另外,两大主体 A 端和 B 端既与之交互,又受其限制。

2. 创业交互的内容

创业交互是以资源要素为核心的交流互动。创业是重新配置资源,重新调整设计生产函数。在信息、资源不对称前提下,任何创业者都无法做到充分掌握所有必需资源,因此资源获取与整合成为创业过程中最为关键的环节。企业是资源的集合体,有内部资源和外部资源,还可以通过资源交换获取所需要的各种资源。内部资源、外部资源和重要程度如图 13-3 所示。

表 13-1 进一步对高度重要的创业资源进行了细分。

创业生态系统、创业者、创业活动都具有特定的生命周期,不同的生命周期,其创业交互的资源结构存在差异。创业者需要的资源要素和其他生态因子都可以从创业生态系统的交互过程中获取。

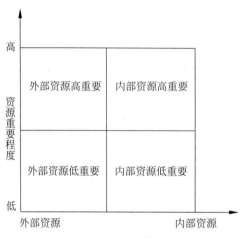

图 13-3　内部资源、外部资源和重要程度

注：①资源重要程度即某种资源对某交互主体的重要程度；②内部资源即某交互主体自身拥有的资源，外部资源则是可以通过他人获取的资源。

表 13-1　高度重要的创业资源分类

资源类型	资源描述
内部资源高重要	① 人力资源：创业者经验与知识 ② 物力资源：土地、设施设备等 ③ 财务资源：创业者资金状况 ④ 信息资源：技术专利、原创商业点子等 ⑤ 经营拓展资源：人力资源、物力资源、财务资源
外部资源高重要	① 人力资源：创业团队、关键员工、创业教育或培训、精神资源等 ② 物力资源：土地、设施设备、政府/高校提供的场地等 ③ 财务资源：外部融资来源与渠道、政府财税政策、政府创贷准入 ④ 信息渠道资源：市场行业信息、产品服务信息、顾客服务方式信息等 ⑤ 经营拓展资源：人力资源、物力资源、财务资源

3. 创业交互的类型

1）按照交互路径划分

（1）直接交互。

直接交互即交互双方两两进行交互（见图 13-1），如 A2B（A to B）或 B2A。图 13-4 描述了以创业者为核心的创业交互路径，按照创业生态系统主体要素划分，这种能够交互路径有：①创业者——B 端主体，这一交互又可细分为创业者——政府部门、创业者——高校、创业者——社会企业或组织、创业者——关联个体四种类型；②创业者——环境要素。

事实上，创业生态系统各要素之间都存在一定的交互（见表 13-2）。

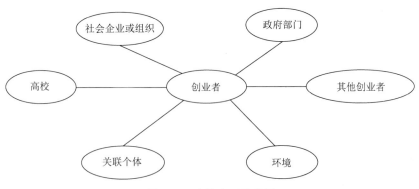

图 13-4　直接交互示意图

表 13-2　直接交互的分类

资源传递 A	直接交互双方	资源传递 B
政策、资金、项目等资源	创业者—政府部门	创业数据、合作收益等
教育、人才、项目等资源	创业者—高校部门	创业数据、合作收益等
资金、技术、人才等资源	创业者—社会企业或组织	合作收益
资金、创意、精神等支持	创业者—关联个体	合作收益
市场数据、创业点子等	创业者—创业环境	—
创业教育、政策等情况	政府部门—教育部门	资金、项目、政策等支持
数据、模式等信息	政府部门—社会企业或组织	资金、项目、政策等支持
创业者禀赋信息等	政府部门—关联个体	政策、项目等信息
市场数据信息等	政府部门—创业环境	—
数据、模式、合作收益等	高校部门—社会企业或组织	合作收益、资源共享等
—	高校部门—关联个体	教育、资源共享等
市场数据信息等	高校部门—创业环境	—
—	社会组织—关联个体	创业相关信息等
市场数据信息等	社会组织—创业环境	—
市场数据信息等	关联个体—创业环境	—

（2）间接交互。

在实际的创业交互中，还存在一种间接的交互方式，如图 13-5 所示。

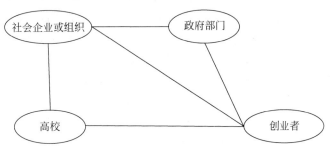

图 13-5　间接交互示意图

图 13-5 描述了两个间接交互的路径：其一是创业者—高校—社会企业或组织，其二是创业者—社会企业或组织—政府部门。在创业生态系统中，高校教育部门除了是直接参与者，还扮演着中间人的角色，创业者可以通过高校部门与社会企业或组织进行交互，社会企业或组织同样可以通过高校这个中间人与创业者进行交互，"校企结合"的模式是最好的例证。在另外一条路径中，创业者会通过一些社会组织（如中介机构）与政府部门进行交互。另外，政府部门也需要通过一些组织机构与创业者进行交互，如政府部门会通过一些创业组织、创业园等了解创业者状况，以作为决策依据。这些交互在一定程度上可缓解交互渠道不足、资源获取受限等问题，这些交互形式也越来越普遍，并且起着重要作用。

2）按照交互程度划分

创业交互按照交互程度划分为初级交互、中级交互和深度交互。交互的程度是反映交互质量的一种度量，例如交互次数、交互内容是否达成、交互路径通达度与多元化程度、单向交互与双向交互的状况等都是反映交互程度的可视化指标，还包括全要素交互率和关键要素交互率。按照创业成长路径来看，从潜在创业者到成熟创业者，其交互的程度也在发生变化，交互程度由初级交互向深度交互的演变与创业者成熟度保持一致性。创业者成熟度是创业者胜任创业行为活动能力与意愿的大小。随着创业者成熟度的提高，其创业交互的程度亦随之加深。

3）按照交互双方性质划分

创业交互按照交互双方性质划分为创业者之间的交互（内部交互）、创业者与其他生态因子之间的交互（关联交互）、其他生态因子之间的交互（外部交互）。创业者之间的交互在很大程度上影响着创业交互的效果，创业者之间的交互又分为两种：独立创业者同其他创业者之间的交互，创业者团队成员之间的交互。创业者之间的交互对创业活动至关重要，至少在优势互补和协作上表现出明显的优势，团队创业比个人创业更容易成功，更能够识别并捕捉创业机会。

13.1.4　创业交互的基本逻辑

1. 交互逻辑（Interaction Logic）

交互逻辑即对创业交互系统中各要素之间普遍存在的能量、信息交互进行阐述的逻辑。受某种创业动机的驱使，创业者开展创业活动，由于资源分布不对称，创业者必然需要通过一定的途径和手段从资源占有方获取资源，从而出现了资源由占有方向匮乏方流动的现象。创业者在创业之初，自身具备的资源往往是十分有限的，这就需要向政府部门获取必要的政策支持和咨询服务，向关联个体获取必要的辅助支持，向社会企业或组织寻求支持，以及向高校教育部门获取相关培训资源，从而提升创业能力，增加创业资本。资源由资源占有方向资源匮乏方的流动并不是单方面的，这种流动基于一定的利益驱动，将推动资源的双向流动，从而形成创业交互的基本逻辑。其中，创业交互是一个动态的过程逻辑，不同创业阶段，其交互特征也有所差异，整个创业交互的逻辑实际上就是一个横向交互（交互层）与纵向交互（不同阶段交互）相结合的立体交互系统（见图 13-6）。

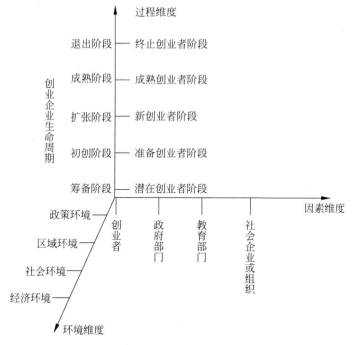

图 13-6 创业生态系统三维度模型图

创业交互系统内在地包含创业企业的生命周期和创业者个人的创业发展周期。正如创业者创业动机的变化路径,创业者的创业动机会随着自身发展从完全的经济动机向社会动机变化,创业者或者创业企业处在不同的创业阶段层,其交互也有所不同。创业者或者创业企业的创业交互演变总是随着自身发展而逐渐由单一、浅层次的低级交互向复杂、高层次的高级交互变化,如以与关联个体交互为主向以与社会组织交互为主演变、由亲友筹资向金融筹资演变等多种变化。

2. 反交互逻辑(Anti-Interaction Logic)

反交互逻辑是对干扰创业交互现象的特殊描述,在一定程度上来讲,反交互逻辑侧重的是在创业生态系统中对创业交互的不利因素分析。按照创业交互的基本逻辑,反交互逻辑具体体现为交互主体、交互路径以及其他干扰因素的作用机制(见图 13-7)。

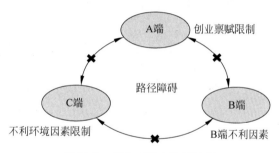

图 13-7 创业交互主体示意图

　　由于交互双方的内在原因、交互路径的中介原因、客观环境的外在诱因以及其他原因的普遍存在,反交互逻辑也将深植于生态系统之中。

　　1) 创业者因素

　　创业交互是交互双方通过一定的路径、渠道实现能量、信息的流通,其中创业者的素质能力以及创业动机等深刻影响着创业交互的效果。创业者创业动机决心、自身素质、能力对其创业过程具有重要影响。

　　机会识别能力是影响创业的关键因素,与受教育程度等其他因素相比,具备一定的经验更有助于创业者识别并把握机会。创业资源禀赋决定着创业的第二步,资源是创业交互的核心内容,创业资源多种多样,包括资金资源、信息资源、物力资源、人力资源、知识技术资源、市场渠道资源、创意资源、社会网络资源等。资源对于创业十分重要,通过社会关系网络,创业者能够以较快的速度整合到丰富的创业资源,创业是整合资源的过程,资源整合能力也是创业者必备的一项重要能力。

　　财务资源、实物资源、技术资源和人力资源是成熟企业资源体系的"四足"。创业资源的来源主要包括两种: 创业者自身拥有的内部资源和外部资源(杠杆资源)。

　　创业动机对持续创业能力的影响是极其关键的,是由内在决定的,同时来自客观的、外在或内在的现实因素,如资金链、资源链、人力资源、政策、市场、突发状况(自然或人为事故)等会影响持续创业。立足于机会动机的创业不易陷入短期经济陷阱,但是容易半途而废;经济动机目标明确,容易达到,但是长期发展容易受到股权等影响。驱动创业者从事创业活动的创业动机类型会影响后续创业是否持续,持有某种创业动机的强烈程度同样会影响这种持续能力。创业动机会随着创业次数的增加由经济性动机向社会性动机演变。

　　2) 政府与高校因素

　　政府扶持创业的政策主要包括创业教育、创业金融、创业培训和创业服务四类。事实上,政府部门以及高校教育部门在创业方面扮演着举足轻重的角色,其重要性不仅体现在政府部门或高校提供的实质性的帮助,更体现在为创业者搭桥牵线方面,政府、企业与大学是相互独立又相互联系、相互作用的三个核心社会机构。

　　政府部门在创业干预方面最为关键的一种手段是制度环境营造,其中第一类制度环境就是能够促进创业的政策和制度,包括创业扶持资金、税收优惠与减免、行政性收费减免、政府创业项目带动、创业服务建设等。政策归结为"推动型政策",这一类政策着力于推动、促进创业,构建完善的创业支持体系。政府部门为创新创业营造一个健康的运营环境,包括法律基础、制度规范、行政规定等在内的规制政策是极为必要的。

　　高校教育部门在大学生创业教育与扶持方面有重要作用,创业教育与培训是提升大学生创业能力的重要途径。高校教育部门在创业方面发挥重要作用,主要体现在创业教育(包括创业教育的师资队伍建设、教育模式与课程建设、创业教育的基础设施设备等)、创业扶持(创业资金扶持、创业项目扶持、创业场地扶持等)以及其他服务(如通过校企合作为大学生创业提供更多的资源)。

　　在创业基金管理方面,高校一般的做法是成立分管大学生创业工作的创业部门、财务部门、审计部门等职能部门组成"大学生创业基金管理委员会",负责大学生创业基金的计划安排、资金划拨、立项审批和监督管理等具体工作。

关联个体中的亲人、朋友等,以及合伙人的个性特征都是参考的因素。创业是一个复杂的过程,团队和合伙人是必要的,合伙人之间的默契以及性格特征等因素必然会对合伙人之间的交互产生影响。考虑到自身利益问题,在对待"资源"交互的活动上,各个主体都极有可能基于自身利益决定是否交互,以及交互的深度与广度。

交互路径与渠道是连接交互双方的纽带,渠道多元性、通畅性对交互效果至关重要。创业者在创业过程中必不可少地需要与多方建立交互路径,以获取多方资源和信息,创业生态系统的构建在一定程度上缓解了这一困局。

在创业实践中反交互逻辑所折射出来的现象是多种多样的。创业者素质能力欠缺,使得创业交互表现出畸形的特征;关联个体的反向作用等使得创业交互反向发展;突发的环境变故,如金融危机、局域市场波动等也会干扰创业交互。除此之外,交互路径的障碍,如路径闭塞、不通畅,直接阻碍创业交互的进行。反交互逻辑在很大程度上反映了创业率与创业成活率以及有关"创业绩效"的问题。

13.1.5 如何衡量创业交互

1. 全要素交互率

创业活动本质上就是一系列交互活动的集合,在很大程度上,创业交互状况的好坏直接关系着创业的质量。可采用全要素交互率衡量创业交互的状况,全要素交互率包括:标准全要素交互率(创业者实际交互相关主体的双向排列数量与全部参与要素主体的双向交互排列数量之间的比率)和浮动全要素交互率(创业者实际交互相关主体的双向排列数量与交互质量指数之间的比率)。分母为全部要素的双向排列,分子为创业者实际相关的交互要素的双向排列。交互是双向的交流互动,分母的含义为假定全部要素之间两两充分交互;分子的含义在于创业者实际交互状况。以此比率反映创业者的创业交互状况。

2. 关键要素交互率

全要素交互率的基本前提是假定全要素是确定的,且两两存在交互,但在实践中一些交互不存在或者作用甚微。一些比较关键的交互支撑起了整个创业交互系统,因此对这些关键交互的把握是十分必要的。关键要素交互率是反映关键要素之间交互状况的一个指标,包括标准关键要素交互率(创业者实际交互关键主体的双向排列数量与关键参与要素主体的双向交互排列数量之间的比率)和浮动关键要素交互率(创业者实际交互关键主体的双向排列数量与交互质量指数之间的比率)。

13.1.6 投资人互动

创业投资是一项风险性极高的投资,在极高的投资风险性之下自然有极高的收益作为回报。创业投资的风险是不可捉摸的且带来风险的原因是各种各样的。创业投资的风险性,不仅体现在人才技术上,也体现在资金上,同样也会对创业投资人的心理造成极大的影响。

1. 投资人投资

面对创业的种种困难,大多数创业者以失败而告终,但是创业成功的也大有人在。成功的创业者是如何在重重的压力之下创业成功的?他们作为被投资人是如何让创业投资人选中自己并对自己的事业进行投资的?我们分析投资人比较重视的方面:

(1) 创业者需要具有的强烈的责任意识。对于有些创业者,当有创业投资选择他们的时候,他们认为创业投资对自己的创业投入的资金是别人的钱而不是自己的,或者把吸引创业投资当成"圈钱游戏"。这都是创业者缺乏责任感的表现,很容易失败。所以即使以后这样的人还想要继续创业,创业投资也不再会选择他们,即使侥幸蒙上一回,也会留下信用"案底"。创业者作为被投资人,其自身的品行和责任心十分重要,这就需要创业者在创业中有极强的责任心,才有可能获得创业投资的青睐,从而在一定的程度上促进自己创业的成功。

(2) 创业者应该有足够让企业盈利的能力。创业投资归根到底是投资人通过资金的投入,从所投的企业获得资金的回收和盈利,所投资的创业对象必须具有让自己公司盈利的能力,创业投资才会选择他们。创业投资人还会对投资项目进行调查和评估,包括创业企业的总体状况以及发展规划、企业所处行业的发展状况、竞争对手的分析、企业管理方面调查、市场销售分析和财务分析等。

(3) 创业者应拥有一流的创业团队。一流的创业团队是创业出奇制胜的法宝。创业投资人选择投资的对象是一家企业,而不是具体个人或者专利技术。在创投界,投资企业宁投二流技术、一流团队,也不投一流技术、二流团队。创业投资者看重的是创业团队企业经营能力,目标市场等综合因素,技术仅是投资决策考察的一方面。出色的创业计划是可以复制的,而出色的团队是任何东西都换不来的,他们是智慧和技能的合成。优秀的团队更可能让创业投资稳赚不赔,投资的风险性会更低。因此投资者的投资决策往往更注重有合作能力的创业团队,而非那些只有创业想法的单干者,因此一流的创业团队是吸引创业投资的关键。

(4) 创业企业应具有出色的商业计划书。一份优秀的商业计划书作为创业的基本规划,有远见又切实可行的商业计划书能够极好地推动创业企业获得融资,商业计划书需要表明自己创业的基本思路是什么,能够给企业带来多大的价值和收益,企业发展的方向是什么,未来要达到的目标是什么,在众多的创业者之中自己的优势是什么,同时列出所需的资金情况。具有明确目标以及极大发展前景的商业计划书能够帮助企业获得创业投资。

2. 投资保障

(1) 创业投资为创业者带来资金保障。对刚开始的创业者而言,他们没有太多的启动资金,资金来源通常是家庭或熟人、银行贷款等。但由于家人、熟人可能会对创业者不放心,银行贷款也需要有担保才能获得贷款资金,因此创业投资是创业者最有力的支持。创业者想成为被投资的对象,需要用自己的智慧和能力获得创业投资的信赖,为自己的创业之路带来资金保障。

（2）创业投资对创业者有监督管理的作用。投资公司对自己所投资的企业没有任何的担保,具有很大的风险性,而且风险企业早期的管理运作还没有达到制度化和规范化,所以投资公司会对自己所投的风险企业进行监督管理。因此,创业投资人会积极地介入创业公司的经营管理,当面临潜在的投资风险时,他们会迅速采取相应的补救措施,将风险带来的损失降到最低。对刚起步的创业者来说,缺乏经验容易导致公司管理不善等问题的出现,这就需要创业投资人这样的市场老手积极参与,为创业者提供安全的保障。

（3）带来资源。创业投资为创业团队带来资源甚至比资金更重要,可以为创业团队对接上下游,对接市场渠道。同时创业投资人会对企业所处的市场环境做出正确的分析和判断,以寻求潜在的市场机会,从而全力应对市场的挑战。投资人依靠其技术专家为企业的改进和革新提供可持续发展的战略支持,从而实现资本收益的最大化。创业投资人也会帮助被投资人的企业制订详尽的资金计划,并做好风险企业经营过程中的财务管理和风险控制工作。

13.2　创业实践

当决定去创业的时候,先想好最坏的结果,然后再思考自己能承受的最坏的结果,如果能承受,那么就可以开启创业实践活动了。

1．项目框架搭建

创业实践的第一步是收集和整理身边的项目资源和人脉资源。不管是个人创业还是团队创业,这都是必须经历的过程。把身边能赚钱的并且自己能做的项目全部罗列出来,进行一个排序。

（1）地推（目前正在做,有自己的兼职群,有自己的地推团队）。

（2）刷单（依靠兼职群可以迅速组建刷单群,有朋友正在做）。

（3）开奶茶店（正好有一家地理位置不错的门面转让）。

（4）淘宝客（当时做火的一个项目）。

（5）卖粉丝流量（发小正在做这个项目）。

（6）承接公众号代运营（已运营的公众号,累计10万粉丝,经验充足）。

（7）独到的资源（富硒健康食材,符合国家支持方向和人们的健康需求;元宇宙技术）。

……

2．减法原则

大道至简,从小做起,在有限的精力下,不可能兼顾多的项目,顶多主做一个项目,再兼顾一个副项目。要从成本、利润、团队情况等各方面综合考虑。

3．执行前先学习

当我们明确自己的方向后,可能立马会想到的是去执行,然而应该是先去学习控制成本,并努力获取各类资源。做项目和创业,就像挖井一样,挖到还是挖不到水,取决于选没选对挖的位置和挖的深度而不是井的宽度。获取知识就是选择挖井的合适位置,当今能够免费获得信息的途径很多,每天都花一定的时间去学习,去获取有用的信息。向比你做得好的同行去请教。需要对自己想做的项目有很深入的了解之后再去行动,这才是正确的思路,也是风险可控的因素。只有充分了解同行、了解市场、充分了解发展态势,才能稳步前进。

4. 注重资本和资源的积累

如果是新手,要明白但凡创业都是需要资本、资源来支撑的,当项目盈利后,首先不要想着先去扩大规模,因为盲目做大,不可控因素也会加大。

5. 想清楚了就要立即去做

如果创业的目标定位很清晰了,就要立即投入行动,不折不扣地执行计划。在执行的过程中遇到失败,应先总结经验,然后再执行,反复操作,不知不觉中会发现自己收获很多,这个阶段,新手不要轻易半途而废。

6. 坚守做人底线和做事原则

新手创业者心里必须要有一杆秤,用于衡量什么该做,什么不该做。社会上诱惑很多,很容易沦陷,有些东西知道不要碰,就一定不要去碰。

13.3 项目路演

13.3.1 项目路演的概念

项目路演就是创业项目代表以一定的形式向投资人讲解自己的产品项目、发展规划、融资计划等。项目路演分为线上项目路演和线下项目路演。线上项目路演主要是通过腾讯会议、ZOOM、钉钉会议等互联网在线视频进行讲解;线下项目路演主要通过活动专场对相关人员进行面对面的交流。

项目路演的好处在于可以同时让多个投资人认真听你的讲解和说明,同时还可以有一个交流的过程。通常情况下,投资人每天看到的计划书和接触的项目很多,甚至有的投资人一天阅读上百份项目计划书,所以筛选项目往往只能凭借一些市场份额、盈利水平等硬性指标去粗略判断,很难了解项目的精彩之处,很多优质的创业项目都因此与投资机会擦肩而过。

路演可以让投资人在安静的环境里,在创业项目代表声情并茂的展示下,真正读懂创业项目的需求,从而做出更为准确的判断。特别对于一些技术性强的项目,更能减少投资人看不懂和不理解项目的弊端。创业项目代表可以通过自己的讲解和与投资人的交流,快速对接自己的项目,减少融资之路上的弯路。项目路演形式除创业项目和投资机构代表之外,全程没有无关人员参观,具有较高的效率。

13.3.2 项目路演的形式

项目路演通过自愿报名、审核通过、直接沟通的形式,快速实现创业项目与投资人的零距离直面对话、平等交流、专业切磋,促进创业项目与投资人的充分沟通和加深了解,最终推动融资进程。

1. 项目路演具备的条件

(1) 项目团队人数≥2 人。

(2) 项目成功运作 1 年以上。

(3) 项目必须有内容可供演示。

(4) 项目必须有完整的商业计划及其历史财务资料。

(5) 项目必须是拥有独特商业模式和商业价值的创业型项目。

(6) 项目必须有明确的融资需求和融资标的范围。

2. 项目路演的流程

(1) 报名:1 页项目说明,以及 4～5 页项目简介或执行摘要。项目说明包括但不限于商业名称、管理团队成员、联系方式、融资标的、所属行业等。

(2) 审核:由组织者负责程序审核,看是否符合项目条件和报名条件。

(3) 实施:在具体时间、具体地点,由通过审核的项目演示人进行项目演示。

一般由以下 4 个程序组成:一是"10 分钟项目演示",演示人有 10 分钟时间介绍自己的项目;二是投资人提问,时间是 5 分钟;三是投资人对项目进行点评;四是项目方与投资人交流。

13.3.3　项目路演的成功关键点

项目路演是一种对接投资人的直接路径,能否一击即中打动投资人,是路演能否成功的关键。创业项目代表要努力从以下几方面提高要求。

1. 目标

在创业路演中,建议创业项目代表要时刻牢记自己想要达到的目标,将创业路演目标拆解为"把事说明白""充分展现团队风采""恰当留白"。

2. 时间

时间是创业路演中唯一客观的变量,最佳策略是恰到好处,将时间最大化利用。要把一个创业故事讲好,需要在有限的时间内涵盖团队、产品及 BP,并事先准备好精彩的 PPT,一场创业路演相当于一次演讲,创业项目代表还需兼顾感性和理性、情怀和商业,才能引发聆听者共鸣。脱离 BP 演讲有助于创业项目代表凝练演讲,抓大放小,把区别于其他路演者的优势重点传递给投资人。

3. 内容:路演过程中需要注意的事项

一是严格守时:很多创业项目代表路演的时候时间到了还没讲完,这是最不好的,守时很重要。

二是回答问题简明扼要:在路演过程中,投资人问什么答什么就可以了,同时也不要滔滔不绝回复投资人的问题,使对方抓不住重点,要简明扼要,该说什么就说什么。

三是不能怯场:在进行项目路演中,很多创业项目代表会怯场,这给评委的感觉是最差的。

四是不要轻易改变立场：有些创业项目代表被投资人问到最后，可能真的会觉得自己选错了方向，你的方向可以微调，但是不能轻易改变自己的立场。

五是不要怕说不知道：路演过程中投资人的很多问题创业项目代表不一定能回答上来，实在回答不上来，可以向投资人请教，千万不要编。

13.3.4　项目路演常见的四大欠缺

一场成功的创业路演可以立刻吸引投资人，让投资人从被吸引到关注，从关注到投钱。

路演不仅是展示项目，更是有效的沟通。什么样的创业路演算成功？内容又该如何设计？有哪些要避免的坑？作为创业项目代表，要知道路演背后的方法和思路，努力破解创业路演常见的问题。

1．内容散乱

内容讲得散乱、啰唆，这是90％创业项目路演容易出现的问题。在准备的时候，会觉得需要讲的内容很多，要讲团队，要讲产品，又要讲商业模式，不舍得删减，这就很容易造成信息量过大、过散，不够凝练。对于听众（投资人或评委）来说，在短短的几分钟内，他们能接受到的信息量其实很有限。所以路演的时候不能塞入太多的内容，一定要提炼。

2．主角模糊

路演的主角模糊，有些人一直埋头念稿子，这会让听众的注意力都集中在PPT上，听众坚持不了多久注意力就不在你身上了。决定路演效果的是创业者在台上的表现，创业者通过他的肢体语言、语音语调、神色感情来呈现演讲内容，从而打动投资人。

3．过于理性

很多人在路演的时候，会罗列很多数据，逻辑也很严谨，但听起来就是觉得无聊、枯燥。路演时，需要理性跟感性相结合，如果你想打动投资人，要适当加一些感性的内容，才能有情感上的共鸣。

4．方法不当

很多创业者花了大部分时间做PPT，却没有充分的时间去演练路演的全过程。路演需要花较多的时间进行内容构思、精心演练，要完整排练多遍以后再上台。

13.3.5　项目路演时要小心的五个问题

融资对大部分初创公司来说是一个挑战。说服陌生人本是一件难事，说服陌生人从他们的口袋里掏出钱来更是难上加难。但往往越困难的事情价值就越大。融资是创业者不断走出自己的心理舒适区的过程。很多创始人表示自己在融资之前从来没有公开演讲展示过，但为了融资得不断地"抛头露面"。在与投资人/投资机构不断的PK过程中，逐步厘清自己的思路，最终说服投资人。

路演过程中投资人最常问的问题是什么？提问的动机又是什么？由于投资人偏好不同，看问题的角度也不同，提出的问题自然多种多样。

（1）你的团队成员这么强，他们是怎么加入你的公司的？

解读：项目早期很难说服优秀人才加入。团队成员是兼职还是全职？为什么会加入公司？这家公司是否有过人之处？

很多创业者在路演的时候，喜欢夸大团队的背景，甚至有些把只是和公司有过一点交集的人或者是顾问成员写到团队介绍里面。投资人看到公司团队成员能力水平和公司成长阶段差别太大，心中就会有疑虑。创业者在介绍团队成员时应据实描述，正视团队的短板反而会帮你赢得一个靠谱的好印象。

（2）为什么这轮融资的金额这么高？

解读：项目本身盈利能力这么强/项目这么早期，为什么需要这么多钱？有什么理由支持吗？

对于投资人来说，融资资金是和估值紧密相关的，太高的估值会直接影响到企业的后续融资过程。创业者一定要有明确的融资目标，不是越多越好。

（3）项目打算如何变现和盈利？

解读：这个项目最终怎样才能挣钱？创始人心里是否有清晰明确的商业模式？

投资人有时对创业者的商业模式心里没底，或者有些地方跟他所设想的不太一样，因此他会希望听到创业者的意见。如果路演时创业者对变现节点和节奏毫无想法，就很难拿到融资。商业模式环节越长，可控的就越少，最终的结果就像是在赌博。创业者要有一个清晰简洁的商业模式，且离钱相对比较近，甚至能掌握资源或定价权，这样就能够消除投资人对过长的商业变现路径的担心。

（4）你想做这么多东西怎么实现？

早期创业讲究单点突破，一个点扎根做深之后，再围绕相应的场景和服务做复制和突破；而很多创业者目标太多不聚焦，这也想做，那也想做。对于早期创业者来说，资源是有限的，什么都做导致的最终结果就是什么都做不好。这不仅是投资人担心的问题，也是创业者需要时刻关注的问题。路演机会弥足珍贵，创业者最好能够在一次路演中，把事情讲清楚，留下好印象。

（5）你这个项目，到底在做什么？

这个问题一出，基本上可以判创业者现场路演的"死刑"。没有什么比洋洋洒洒说了半天，投资人还搞不懂你在说什么更令人沮丧了。出现这种情况主要有两个原因：一是投资人并不懂行，也就是你找错了路演对象；二是你无关的东西说了太多，以至于在特定的时间段里没有说到重点。创业者需要反思：是否自己的 BP 或者路演内容过于空泛，情怀过多，而忽略了最核心的业务；是否找错了投资人，下一次融资路演时怎样找到对的投资人；怎样提高自己的路演演讲能力。

融资路难走，如果能在这条曲折的道路中愈战愈勇最终顺利融资，相信无论是对项目的发展或者自身的认知，都会越来越坚定和清晰；如果暂时融资失败也不要气馁，毕竟投资人做出的判断都比较主观，否定你也没什么，一切都是阶段性的。创业是长跑，更注重耐力，活下来就是一种成功。

13.3.6　项目路演成功的演讲技巧

很多时候只有 5 分钟或者更少的时间去表达项目,这就需要一个充满热情和吸引力的演讲,把商业计划书传达给投资人。5 分钟的时间尚无法让路演者完全把项目阐述清楚,所以,取胜之道不仅在内容和 BP 上,更要在演讲的技巧上去胜人一筹。

1. 良好的精神状态

路演前保证充足的休息,才能呈现饱满的精神状态,另外重要路演场合,适当的化妆也可以提升镜头前的精神状态。如果演讲人自己都不够自信,那凭什么要求投资人相信你呢?投资人下结论很大一方面要看你是否对自己的产品有自信,要不断强化自己一定能成功的信心和意念,并传递给投资人。

2. 恰当的语言模式

面对投资人,"说"是与投资人真诚的沟通和交流。不要盯着屏幕,屏幕应该只是演讲人身后的提纲。演讲时语言要有起伏,有情感、有停顿,如果担心"背不出",可以准备一些小的笔记在手上。可以是场景描述,可以是互动,最重要的是要投入其中,将听众带入你营造的情境里,如果怕冷场或者可能的技术故障,预想几个可能尴尬的场景,抛出你的段子,化解尴尬、缓和气氛。

3. 合适的语速

大部分人都不是天生的演讲家,但是控制语速能让讲解更清晰。讲得慢一些不容易犯错,如果感觉自己的语速很慢,通常对听众来说是语速恰到好处。少用形容词,用故事叙述。把复杂的问题简单化,不要把问题说得太抽象,用翔实的数据、具体的事例和故事进行讲述,展示清晰的故事叙述能力。

4. 缜密的逻辑思维

项目演示的逻辑结构不清晰、重点不突出,都难以打动投资人。可以在脑海中规划自己的演讲地图,找到关键点,把演讲的结构弄清楚弄明白,思路和脉络自然就清晰了,这样既可以克服忘词的恐惧,又能让听众一目了然。

5. 及时抛出心锚

想办法让投资人记住你。投资人听了太多的展示演讲,无法一一记住。可以用一句足够吸引人的口号、句子或观点,并在展示过程中多次提及,让投资人牢记,给他们留下印象你就成功了一半。

6. 重视提问

要重视最后的提问环节。路演结束时,如果有点评环节,演讲人要认真倾听投资人提出的项目改进意见(要避免与投资人抗辩),尽量给对方留下一些良好的印象。演讲人在回答投资人问题时,应避免犹豫、迟疑等现象发生。

对以上内容进行反复演练,并严格控制好时间。激情、气场、语速、语调、手势动作等演讲基础技巧要勤练习,把演讲内容烂熟在心头上。在团队面前进行试讲,让他们计时,反馈演讲效果并时时改进,力求正式演讲时万无一失、取得成功。

习题

1. 创业路演需要注意什么？
2. 对自己的创业项目邀请有经验的专家交流指导。
3. 对自己的创业项目进行创业路演实践演讲，并参加创业大赛。
4. 对自己的创业项目实践进行总结。

附录 A 39×39 矛盾矩阵表.xls 　　　　 附录 B～K 科学效应知识库.docx